D1727711

Corinna Dörrich
Poetik des Rituals

Symbolische Kommunikation in der Vormoderne

Studien zur Geschichte, Literatur und Kunst

Herausgegeben von
Gerd Althoff, Barbara Stollberg-Rilinger
und Horst Wenzel

Corinna Dörrich

Poetik des Rituals

Konstruktion und Funktion politischen Handelns
in mittelalterlicher Literatur

Wissenschaftliche Buchgesellschaft

Die Deutsche Bibliothek – CIP-Einheitsaufnahme
Ein Titeldatensatz für diese Publikation ist bei
Der Deutschen Bibliothek erhältlich.

© 2002 by Wissenschaftliche Buchgesellschaft, Darmstadt
Gedruckt auf säurefreiem und alterungsbeständigem Papier
Printed in Germany

Besuchen Sie uns im Internet: www.wbg-darmstadt.de

ISBN 3-534-15954-3

Inhalt

Vorwort

Die vorliegende Untersuchung wurde im Wintersemester 1999/2000 als Dissertation an der Philosophischen Fakultät II der Ludwig-Maximilians-Universität München angenommen und für den Druck überarbeitet.

Ich danke all denjenigen, die mich während der Arbeit an der Dissertation unterstützt haben: Jan-Dirk Müller für die Betreuung der Dissertation, aber ebenso für die Zusammenarbeit am Institut. Daß es überhaupt möglich war, den Anforderungen der Lehrtätigkeit, der Doktorarbeit und der Betreuung meines kleinen Sohnes zugleich gerecht zu werden, ist wesentlich seiner Förderung, seinem stets flexiblen Entgegenkommen und den von ihm gebotenen Freiräumen zu verdanken. Für die Übernahme des Zweitgutachtens, für die kontinuierliche Betreuung und freundschaftliche Unterstützung danke ich zudem Dietmar Peil. Begleitet hat mich bei der Arbeit an der Dissertation auch der umsichtige Rat von Andreas Kraß, bei der Überarbeitung für den Druck waren die Gespräche mit Udo Friedrich und seine konstruktive Kritik unersetzlich: dafür herzlichen Dank. Armin Schulz danke ich besonders für seine uneingeschränkte Hilfsbereitschaft.

Mein Dank gilt auch der Wissenschaftlichen Buchgesellschaft, allen voran Verena Artz, Daniel Zimmermann und Gabi Gumbel für die nicht nur kompetente Betreuung, sondern auch noch nette Zusammenarbeit, und den Herausgebern Horst Wenzel, Barbara Stollberg-Rilinger und Gerd Althoff für die Aufnahme der Arbeit in die Reihe ,Symbolische Kommunikation in der Vormoderne'. Als ,Vermittler' (!) war hier Gerd Althoff tätig, dem ich für sein Engagement nachdrücklich danken möchte.

Erwähnt seien auch alle anderen, die mich in dieser Zeit unterstützt haben: meine Eltern und Stephanie, vor allem auch Renate, die in ,Notzeiten' alles stehen und liegen ließ, um bei uns in München einzuspringen.

Gewidmet ist dieses Buch Christoph Petersen, dem ich an dieser Stelle für seinen fachlichen Rat ebenso danke wie für die Hilfe bei sämtlichen Arbeitsgängen, dem Andenken meines Vaters Hanns Klein und Julius, der für genügend Abwechslung gesorgt hat und dafür, daß auch mal ein Punkt gemacht wurde.

München, im Februar 2002　　　　　　　　　　　　　　　Corinna Dörrich

Einleitung

*Der Kunsthändler ließ das Schild GESCHLOSSEN an
der Tür hängen, zog die Portieren an der Eingangstür zu
und schenkte zwei große Gläser Maltwhisky – Rauch
und Haselnuß – ein.*

*„Zu gegebener Zeit", sagte er, und seine Stimme klang
so müde, wie Inni sich fühlte, „werde ich Ihnen mal alles
über die Teezeremonie erzählen. Alle diese Dinge haben
ihre Geschichte und ihre Bedeutung. Darüber könnte
man Jahre studieren."*

*Er deutete mit einer unbestimmten Geste auf einen
Schrank hinter sich, wo hinter der Gardine ganze Bücherreihen schimmerten.*

(Cees Nooteboom, ›Rituale‹)

‚Ritual studies': Das Interesse am Ritual

„Ganze Bücherreihen" gehören zum Alltag wissenschaftlicher Arbeit,
und mit ihnen wird nicht nur derjenige konfrontiert, der sich mit Ritualen
beschäftigt. Rituale haben aber tatsächlich, nachdem sie in der europäischen Neuzeit zunehmend negativ bewertet worden sind und in fortschrei-
tendem Maße Ablehnung erfahren haben,[1] seit dem vorigen Jahrhundert
mit dem erwachenden Interesse für symbolische Ordnungen und die Symbolik menschlichen Handelns wieder ‚Konjunktur'. Auch wenn die Geschichte der Rituale „weniger systematisch untersucht"[2] wurde als die der
Symbole und Weltanschauungen, erlebt die Erforschung des Rituals seit
den späten 1960er und vor allem 70er Jahren einen kontinuierlichen Auf-
schwung,[3] der in der kulturwissenschaftlichen Ausrichtung der Sozial- und
Geisteswissenschaften in den letzten Jahren einen vorläufigen Höhepunkt
erreicht hat. Die gesteigerte Aufmerksamkeit, die dem Ritual in den Wissenschaften entgegengebracht wird, ist dabei Teil einer umfassenderen gesellschaftlichen Sensibilisierung für das Phänomen, die trotz einer nach
wie vor verbreiteten überaus ambivalenten Haltung gegenüber allen
Erscheinungsformen des Rituellen unverkennbar ist.[4]

Die Beschäftigung mit dem Ritual führt in ein ausgesprochen interdiszi-
plinär angelegtes Forschungsfeld: Die Bedeutung und Funktion von Ritualen für nahezu alle Bereiche kulturellen Lebens, für die gesellschaft-

liche Ordnung, die Religion und die Identität des Individuums, wecken das Interesse der Soziologie,[5] der Religionswissenschaft,[6] der Psychologie[7] ebenso wie der Ethnologie, die sich über die Beobachtung und Deutung von Ritualen einen Zugang zu fremden Kulturen eröffnet und hiermit wichtige Impulse auch für die historischen Wissenschaften gegeben hat.[8]

Für diese hat seit mittlerweile einigen Jahren das Ritualthema an Bedeutung gewonnen, sei es in der historischen Anthropologie,[9] sei es für speziellere Fragestellungen, etwa für die Erforschung des kulturellen Gedächtnisses und der Erinnerungskultur,[10] sei es in Untersuchungen zu abseitigeren Ritualen, mit denen Beiträge des sogenannten ‚New Historicism' die traditionelle Literaturwissenschaft provozierten.[11]

Auch die geschichtswissenschaftliche Mediävistik hat das Ritual als einen Schlüssel für das Verstehen mittelalterlicher Herrschaft, Gesellschaft und Kommunikation entdeckt. Im letzten Jahrzehnt wurden nicht nur herausgehobene rituelle Akte mittelalterlicher Herrschaftspraxis wie etwa die Krönung, sondern auch Rituale aus dem Bereich alltäglich-politischer Interaktion (z. B. Begrüßungs- und Abschiedsrituale) sowie der Konfliktführung und -beilegung (Unterwerfungs- und Huldigungsrituale) verstärkt untersucht.[12] Rituelle Interaktion wurde so als ein grundlegendes Konstituens der mittelalterlichen semi-oralen Gesellschaft profiliert, deren Kommunikationsstrukturen wesentlich auf Sichtbarkeit und Anwesenheit basieren. Vor allem ALTHOFF hat in zahlreichen Arbeiten den wichtigen Stellenwert demonstrativer Akte und Inszenierungen, der Gesten, der Zeichen und Rituale für die öffentliche Kommunikation und Herrschaftspraxis im Mittelalter herausgestellt.[13]

In der literaturwissenschaftlichen Mediävistik wurde im Rahmen ihrer Annäherung an Methoden und Fragestellungen der Sozial- und Kulturanthropologie das Problemfeld der Beziehungen zwischen Literatur und anderen kulturellen Praktiken aufgenommen, indem ihr Interesse sich auf den medialen Aspekt von Literatur, ihren rituellen Charakter und ihre Nähe zu verwandten Handlungsformen und Inszenierungstypen richtet.[14] Die Frage nach dem Zusammenhang von Literatur und Ritual rückt dabei um so mehr in den Blick, als die Aufführungssituation mittelalterlicher Texte als eine wesentliche Bedingung ihrer Poetik angesehen wird. Gegenstand solcher Überlegungen sind vor allem der (hohe) Minnesang[15] und das geistliche Spiel, dessen Verhältnis zu kirchlichen Ritualen und dessen eigener ritueller (oder ritual-analoger) Charakter jüngst wieder verstärkt untersucht wurden.[16] Grundsätzlicher noch als diese Untersuchungen ist die Arbeit von QUAST angelegt, der den mittelalterlichen Literarisierungsprozeß in verschiedenen Textsorten als Lösung aus kultisch-rituellen Gebrauchszusammenhängen beschreibt.[17] Demgegenüber ist der literarischen Inszenierung von Herrschaftsritualen in der mittelalterlichen Epik, also erzählten Ritualen im Kontext von Herrschaftsausübung und -darstellung – die die vorliegende Untersuchung in den Mittelpunkt rücken wird –, vor dem Hintergrund der Ergebnisse der neueren Arbeiten von historischer Seite bislang eher wenig Interesse entgegengebracht worden.[18]

‚Poetik des Rituals': Anliegen und Vorgehensweise der Arbeit

Der Titel ‚Poetik des Rituals' ist in Anlehnung an die eingeführte Rede von der ‚Poetik der Kultur' formuliert.[19] Er deutet darauf, daß die Vorgehensweise der folgenden Untersuchungen sich an theoretische und methodische Voraussetzungen des ‚kulturwissenschaftlichen' Forschungsparadigmas anschließt.[20] Diese Öffnung legt der Gegenstand der Arbeit nahe: Kulturwissenschaft versteht sich erstens als ein transdisziplinär angelegter Ansatz, als eine Metaebene des Dialogs,[21] auf die sich eine Arbeit zum Ritual von vornherein einzulassen hat. Kulturwissenschaft stellt zweitens die Materialität von Kultur in den Mittelpunkt ihres Interesses; sie fragt, ausgehend vom symbolischen Material einer Kultur und ihren Handlungs- und Interaktionsmustern, nach Arten und Bedingungen der Konstruktion von sozialen Wirklichkeiten und Bedeutungen.

Das Phänomen rituellen Handelns scheint mit diesem Ansatz adäquater erfaßt werden zu können als – um das im Zuge der theoretischen Profilierung von Kulturwissenschaft zum ‚Gegenbegriff' erklärte Paradigma einzuspielen – mit traditionell ‚geisteswissenschaftlich' orientierten Ansätzen, in denen kulturelle Formen primär als Objektivationen von (vorgängigen) Ideen erscheinen.[22] Die Beschäftigung mit dem Ritual war in dieser Hinsicht, wie vor allem BELL aufgezeigt hat, lange einer vorherrschenden Dichotomie zwischen vorrangigen Glaubensinhalten oder Ideologien und dem ihnen nachgeordneten Handeln als sekundärer Kulturform unterworfen.[23] Rituale galten in diesem Sinne überwiegend bloß als Abbild ideologischer Strukturen und gesellschaftlicher Ordnungen, die vor und außerhalb ihrer angesetzt wurden, und weniger als Handlungen und Modelle, mittels deren jene konstruiert und transformiert werden.

Die Arbeit wendet sich mittelalterlichen Ritualen unter einer zweifachen Perspektive zu. In Anlehnung an das Konzept der ‚poetics of culture' wird im ersten Teil der Arbeit eine kulturelle Poetik des Rituals nachgezeichnet (Poetik des Rituals I). Rituale werden unter kulturwissenschaftlicher Perspektive als spezifischer Ausschnitt und Teil eines semiotischen Konzepts von Kultur angesehen. Kultur wird dabei, um den mittlerweile „zum kulturwissenschaftlichen Kirchenvater avancierte[n]"[24] CLIFFORD GEERTZ zu Wort kommen zu lassen, als „Montage", als „Ensemble von Texten", als ein vom Menschen „selbstgesponnene[s] Bedeutungsgewebe" verstanden.[25] Als „Ensemble von Überzeugungen und Praktiken"[26] bildet Kultur ein komplexes Gefüge von ‚Texten‘ verschiedenster Art: von sprachlichen Texten, und zwar literarischen wie nicht-literarischen, von nicht-sprachlichen Artefakten (Bilder, Skulpturen, Architektur) und von sozialen Institutionen und Praktiken, darunter Gesten und Ritualen. Rituale sind also – ebenso wie die Texte, in denen sie zur Sprache kommen – Teil dieses übergeordneten Textzusammenhangs, sie können als ‚Fäden‘ jenes ‚Kulturgewebes‘ verstanden werden. Als solche sind sie ihrerseits selbst ‚gesponnen‘ und stellen für sich komplexe Systeme dar, die in engem wechselseitigem Austausch mit den anderen Teilsystemen der Kultur, beispielsweise der Literatur, stehen. Sie bündeln in sich bereits verschiedenste Einflüsse, Ansprüche und Werte. Innerhalb des umfassenden ‚Metatextes‘ Kultur können Rituale also als „ein durch symbolische Handlungen ausgestalteter, in Handlungen repräsentierter und durch Handlungen strukturierter Text"[27] verstanden und interpretiert werden. Analog etwa zu literarischen Texten sind sie als Modelle von und für gesellschaftliche Ordnung ‚gemacht‘.

Unter diesen Prämissen werden Rituale im ersten Teil der Arbeit als kulturelle Konstrukte beschrieben, denen drei zentrale Konstituenten zugrunde liegen: Form (Kapitel 1), Substanz (Kapitel 2) und Funktion (Kapitel 3). Damit ist weder intendiert, ein allgemeingültiges Handlungs- und Symbolsystem nachzuweisen, noch ein geschlossenes Modell von Ritual[28] oder eine ‚Metatheorie‘ zum Ritual zu entwerfen, sondern die Konstruktionsprinzipien von Ritualen, die Regeln ihres ‚Gemachtseins‘ zu beschreiben. In Abgrenzung von klassifikatorischen Ritualdefinitionen wird ein dynamischer Ritualbegriff anvisiert, der von der grundsätzlichen Interferenz der genannten Konstituenten und ihrem komplexen Zusammenspiel ausgeht. Die Beschreibung orientiert sich dabei an den mit den Konstituenten verbundenen Aspekten und Problemen in Auseinandersetzung mit allgemeinen Ritualtheorien. Dies erfolgt maßgeblich unter einer vom Textkorpus geforderten spezifisch historisierenden Perspektive: Gefragt wird, welche Probleme sich mit herkömmlichen Bestimmungen und Vorstellungen vom Ritual in der Anwendung auf das Mittelalter ergeben, welche Aspekte hier von Relevanz sind und welche weniger.

Trotz dem Plädoyer für einen offenen Ritualbegriff ist es ein Anliegen dieses Teils, den Begriff nicht, wie GOODY einmal warnte, ad infinitum und somit ad absurdum zu führen.[29] Das Vorhaben, das Ritual in den wichtigsten seiner Schattierungen, in der Vielfalt seiner Typen und seiner offenen Strukturierungsfunktion für unterschiedliche Felder sozialer Interaktion zu beschreiben, legt es nahe, im Vorfeld nicht nur starre Klassifikationen und Vereindeutigungen, sondern auch unspezifische Nivellierungen zu vermeiden.

Ausgehend von der Tatsache, daß Rituale nicht nur als ‚Texte' innerhalb eines umfassenderen kulturellen ‚Kon-Textes' nach Regeln der Textinterpretation les- und beschreibbar sind, sondern daß mittelalterliche Rituale uns als eine primär nicht-sprachliche und nicht-diskursive Praxis immer nur in schriftlichen Texten vermittelt sind, werden die Ausführungen nach Möglichkeit deshalb – nicht nur ihrer Anschaulichkeit wegen – an konkreten Textbeispielen, an beschriebenen Ritualen expliziert. Die schriftsprachlichen Kontexte, in denen diese Rituale überliefert sind und die ihrer Interpretation bereits Vorgaben setzen, werden somit indirekt berücksichtigt, doch stehen sie in diesem Teil der Arbeit, in dem der Fokus auf dem Ritual und seinen Konstruktionsbedingungen liegt, nicht im Vordergrund. Auch in dieser Hinsicht sind die Überlegungen im ersten Teil der Untersuchung nicht im strikten Sinn theoretisch, sondern bereits eine interpretierende Beschreibung von Einzelfällen, eine Ansammlung aspektorientierter Miniaturstudien zu Ritualen in mittelalterlichen Texten.

Um das komplexe und vielschichtige Phänomen ‚Ritual' zur Anschauung zu bringen, wurde eine Vielzahl von Beispielen aus unterschiedlichen Bereichen herangezogen, doch sollten die Textausschnitte andererseits auch so ausgewählt sein, daß sie auf eine überschaubare Menge beschränkt bleiben, so daß auf einmal angesprochene Rituale zumeist mehrfach, jeweils unter einem anderen, weiterführenden Gesichtspunkt zurückgegriffen wird. Neben diesem Kriterium war zudem die besondere Anschaulichkeit der Textausschnitte für ihre Auswahl maßgebend. Daß der eine Leser dieses oder jenes instruktive Beispiel vermissen, der andere bei der Wiederbegegnung mit einem bereits genannten Ritual auf den ersten Blick das Gefühl von Redundanz gewinnen mag, wird dabei zugunsten einer größeren Geschlossenheit der Beschreibung bewußt in Kauf genommen.

Das kultursemiotisch ausgerichtete Konzept führt heuristisch dazu, daß die klassische Trennung in historiographische und literarische Quellen in diesem ersten Teil der Arbeit aufgegeben wird. „Geschichte kann nicht länger als feststehende Antithese oder als beständiger Hintergrund dem literarischen Text entgegengesetzt werden, und die ängstliche Isolierung dieser Texte muß einem Sinn für deren Interaktion mit anderen Texten und für die Durchlässigkeit ihrer Grenzen weichen."[30] Berücksichtigt werden hier also historiographische und literarisch-fiktionale Texte in gleicher Weise.[31] Hier gilt es möglichen Mißverständnissen vorzubeugen: Weder sollen literarische Texte als Quellen zur Rekonstruktion eines bestimmten, aufgrund seines fiktionalen Status zwar gebrochenen, aber mittelbar doch eruierbaren historischen Rituals herangezogen werden,[32] noch sollen historiographische Texte als Abbild eines solchen Rituals verstanden werden. Vielmehr gelten mir Ritualdarstellungen in beiden Texttypen prinzipiell als interessegeleitet und als spezifische Interpretationsentwürfe zu einem konkreten Ritual. Es geht im folgenden also – dies gilt es vor allem für die historiographischen Texte zu betonen – nicht um die Frage, ob ein Text ein Ritual so abbildet, wie es tatsächlich stattgefunden hat, sondern um die Rekonstruktion der grundsätzlichen Möglichkeiten einer ‚Poetik des Rituals', um das Eruieren prinzipieller Regeln ihres Gemachtseins, die die Texte in einem gemeinsamen Bestand an immer wiederkehrenden formalen Handlungsmustern, sich wiederholenden inhaltlichen Vorstellungen und Funktionalisierungen erkennen lassen.

Sowohl der nicht autonome Status literarischer Texte im Mittelalter als auch der für neuzeitliche Vorstellungen oftmals befremdlich fiktionale Charakter historiographischer Quellen erlaubt es aus kultursemiotischer Sicht, beide Texttypen für die Frage auszuwerten, wie Rituale prinzipiell konstruiert sind und wie mit ihrer Hilfe Bedeutung generiert wird.

Denn inzwischen ist die Einsicht gewachsen, daß auch die angeblich realitätsnahen Quellen nicht ganz so rein Wirklichkeit sprudeln, wie das die Quellmetaphorik glauben machen möchte; während andererseits die fiktionalen Texte sich zwar von geschichtlichen Ereignissen weitgehend lösen, den Vorstellungswelten und Kommunikationsgewohnheiten ihrer Zeit jedoch nicht in gleicher Weise entflohen sind – es vielleicht auch gar nicht wollten oder konnten. Auf diesem Gebiet argumentieren vielmehr auch die Dichter unter Umständen sehr realitätsbezogen, selbst wenn sie Realitäten attackieren, ironisieren oder außer Kraft zu setzen versuchen.[33]

Schriftsprachliche Texte sind als ein Faktor des übergeordneten kulturellen Kontextes zu betrachten, sie bleiben kontextgebunden und nehmen Elemente der ‚Wirklichkeit' in sich auf. Die Darstellung von Ritualen in einem Text (als konstruierte Wirklichkeit), zumal diejenige in ganz verschiedenen Texten und Textreihen, läßt deshalb mittelbar Rückschlüsse auf eine rituelle Praxis des Mittelalters zu, denn sowohl der Chronist als auch der Dichter bedienen sich, wenn sie Bedeutung generieren, eines Repertoires formalisierter und zeichenhafter Handlungen und der Vorstellungen ihres Funktionierens aus dem kulturellen System ihrer Zeit. Dabei bleibt auch zu beachten, daß nicht nur ein spezifisch textvermittelter Entwurf eines Rituals als Konstruktion von Wirklichkeit, sondern auch die konkrete Performanz eines Rituals als kulturelles Konstrukt betrachtet werden kann.

Erst im zweiten Teil der Arbeit werden die besonderen Konstitutionsbedingungen von Ritualen in literarischen Texten in den Mittelpunkt gestellt. Der Fokus der Untersuchungen verschiebt sich hier vom Ritual und seinen grundsätzlichen Konstruktionsprinzipien zum schriftsprachlichen Text und der Art seiner Ritualdarstellung und deren Funktionalisierung innerhalb des übergeordneten Textzusammenhangs (Poetik des Rituals II). In Kapitel 4, das in Hinblick auf die beiden folgenden Kapitel vorbereitenden Charakter besitzt, wird dabei Grundlegendes zur ‚Textvermitteltheit' mittelalterlicher Rituale zu sagen sein, die der Interpretation dieser Rituale spezifische Vorgaben setzt. Historiographische und literarische Texte instrumentalisieren Rituale für ein übergeordnetes Interesse des Textes und reflektieren dabei auch die Funktionsbedingungen von Ritualen. Darin stehen historiographische Texte den literarischen grundsätzlich nicht nach, sowie umgekehrt literarische Texte oftmals genauere Einblicke in die Regeln des Rituals erlauben als historiographische. Doch werden in diesem Kapitel zugleich unterschiedliche Arten von Instrumentalisierungen und ‚Verhandlungen' von Ritualen, zumal die besonderen Möglichkeiten der Reflexion in literarischen Texten (etwa durch mehrperspektivische Darstellung), anzudeuten sein.[34]

Dies wird in Kapitel 5 und 6, die ausschließlich literarischen Texten vorbehalten sind, weitergeführt werden. Somit zielt der zweite Teil der Arbeit letztlich auf die Spezifik literarischer Ritualdarstellungen. In diesem Teil geht es vor allem um die Wechselwirkungen und Austauschprozesse zwischen den verschiedenen kulturellen Teilsystemen ‚Ritual' und ‚Literatur'. Literarische Texte stellen einen in sie ‚eingespeisten' Bestand an Ritualen prinzipiell weder nur mimetisch dar, noch funktionalisieren sie ihn ausschließlich für einen übergeordneten ästhetischen Zusammenhang oder ‚spielen' mit aus einer sozialen Praxis vorgegebenen Verhaltensmustern. Um wiederum mit GREENBLATT zu sprechen, werden Rituale, indem sie als kulturelle Praxis in einen anderen Kontext, in den der Literatur, verschoben werden, verändert, es geschieht ‚etwas' mit ihnen:

In jeder Kultur gibt es einen allgemeinen Symbolhaushalt, bestehend aus den Myriaden von Zeichen, die Verlangen, Furcht und Aggression der Menschen erregen. Durch ihr Vermögen, einprägsame Geschichten zu konstruieren, ihre Beherrschung effektvoller Bildlichkeit und vor allem ihr Gespür für die größte kollektive Schöpfung jeglicher Kultur: die Sprache, sind literarische Künstler dazu befähigt, diesen Haushalt zu manipulieren. Sie nehmen symbolisches Material aus einer kulturellen Sphäre und bewegen es in eine andere, vergrößern dabei seine emotionale Wirkungskraft, wandeln seine Bedeutung ab, verbinden es mit weiterem Material aus einem anderen Bereich und verändern so seinen Ort in einem umfassenden gesellschaftlichen Entwurf.[35]

So ist es das Ziel des zweiten Teils zu verfolgen, ‚was' mit Ritualen bei ihrer Integration in den Kontext eines literarischen Textes ‚geschehen' kann. Dabei gilt es nicht nur zu zeigen, daß die kulturellen Konstruktionsbedingungen von Ritualen (Poetik des Rituals I) von literarischen Texten in besonderer Weise reflektiert werden, sondern auch, daß Rituale für die Poetik des Textes, der sie zur Darstellung bringt, funktionalisiert werden können und ihre Darstellung umgekehrt von der Poetik des literarischen Textes bestimmt sein kann. ‚Poetik des Rituals' wird in diesem Teil der Arbeit somit doppelsinnig gefaßt, zum einen als eine kulturelle, zum anderen als eine im engeren Sinn literarische Poetik. Beide Aspekte sind dabei nicht voneinander zu trennen: Die erzählerische Inszenierung reflektiert und diskutiert ein Ritual und seine Funktionsweisen einerseits, entfaltet andererseits aber auch narrativ eine spezifische Signifikanz für den Text, kann seinen Verlauf strukturieren und deuten oder die Handlungslogik der erzählten Welt mit einer punktuell greifenden rituellen Handlungslogik konfrontieren.[36]

Um diese Aspekte zu verfolgen, sind Kapitel 5 und 6 über weite Strecken von ‚immanenten' Textinterpretationen geprägt, doch wird eine Kontextualisierung ihrer Gegenstände bereits durch die ausgewählten Ritualtypen angestrebt: Mit den in Kapitel 5 untersuchten Begrüßungsritualen und dem in Kapitel 6 fokussierten Ritual der ‚deditio' werden exemplarische Beispiele für die Darstellung und Ausübung mittelalterlicher Herrschaft in den Blick genommen, die auch das Interesse der Geschichtswissenschaft auf sich gezogen haben. Die Beobachtungen einschlägiger Arbeiten zu historiographischen Quellen werden dabei an entsprechender Stelle zu berücksichtigen und Verbindungen zu diesen Texten herzustellen sein. Allerdings

können diese Verbindungen die immanente Lektüre (close reading) nicht ersetzen. Eine kulturbezogene Analyse hat von der sorgfältigen Formanalyse literarischer Texte viel zu lernen, denn diese Texte sind nicht bloß dadurch auf Kultur bezogen, daß sie auf die Welt jenseits ihrer selbst referieren; sie sind kulturbezogen vermöge der sozialen Werte und Kontexte, die sie selbst erfolgreich in sich aufgenommen haben. Die Welt ist voller Texte, von denen die meisten praktisch unverständlich sind, sobald man sie aus ihrer unmittelbaren Umgebung entfernt [...]. Im Gegensatz dazu enthalten Kunstwerke ein Gutteil dieser Situation ausdrücklich oder implizit in sich selbst, und diese gespeicherte Aufnahme ist es, was viele literarische Werke den Zusammenbruch der Bedingungen überleben läßt, die zu ihrer Herstellung führten. Eine kulturbezogene Analyse ist folglich nicht per definitionem eine nicht-immanente Analyse im Gegensatz zu einer immanenten Formanalyse von Kunstwerken. Allerdings muß sich eine kulturbezogene Analyse einer rigiden Unterscheidung zwischen dem, was innerhalb und was außerhalb eines Textes liegt, prinzipiell widersetzen.[37]

Die Begrüßungsrituale (Kapitel 5) stehen dabei repräsentativ für einen Teil von Ritualen, die zum ‚alltäglichen Bereich' politischen Handelns gehören, die aber – zumal in literarischen Texten – eine wichtige Funktion für die Herrschaftsausübung und die Identität der adeligen Gesellschaft erfüllen. Das Ritual der ‚deditio' (Kapitel 6) steht stellvertretend für den Bereich größerer Rituale im Kontext mittelalterlicher Konfliktbewältigung.

Diesen zwei Typen von Ritualen aus verschiedenen Bereichen mittelalterlicher Herrschaft sind jeweils wiederum exemplarisch ausgewählte literaturwissenschaftliche Fragen angegliedert. In Kapitel 5 wird der Frage nachgegangen, wie sich das Ritual als wichtiges Strukturelement eines poetischen Textes bzw. eines Ausschnittes daraus erweisen kann; als besonders instruktives Beispiel wurde hier die Munleun-Episode aus Wolframs ›Willehalm‹ ausgewählt. In Kapitel 5 wird anhand des Versöhnungsrituals der Schlußepisode in der ›Herzog Ernst‹-Überlieferung den Fragen nachgegangen, wie sich ein Ritual im Kontext unterschiedlicher Texte eines stoffgeschichtlichen Komplexes verhält, welche Konstanzen in seiner Darstellung zu beobachten sind, in welchem Maße es erzählerischer Variation und damit Alternativen der Deutung unterliegt und inwieweit diese Konstanzen und Variationen in einer Beziehung zur Ausprägung anderer Stationen des jeweiligen Handlungsganges und zur Gattungstransformation stehen. Die Zuordnung der beiden Ritualtypen zu diesen Fragestellungen folgt dabei keiner sachlichen Notwendigkeit, sondern ist durchaus kontingent und ebenso wie die Auswahl der Textbeispiele im ersten Teil auf die Kriterien der Ergiebigkeit und besonderen Anschaulichkeit hin ausgerichtet.

Poetik des Rituals I

Das Handeln hat seine ‚Gattungen' ebenso wie die Literatur die ihren.[1]

Die Suche nach Möglichkeiten, den eigenen Untersuchungen eine adäquate Ritualdefinition zugrunde zu legen, gerät für den Literaturwissenschaftler zunächst zur wissenschaftlichen Odyssee. Denn zum einen erfordert eine Arbeit zum Ritual in besonderem Maße eine interdisziplinäre Ausrichtung, die durch das beschriebene Interesse, das Ritualen in den letzten Jahrzehnten entgegengebracht worden ist, nicht gerade erleichtert wird. Zum andern aber wird die Frage nach der Bestimmung und Funktion von Ritualen nicht nur in den verschiedenen Forschungsdisziplinen unterschiedlich behandelt, sondern auch innerhalb einer Disziplin ausgesprochen divergent, oft geradezu gegensätzlich beantwortet. Resultat ist, daß über fast alle Elemente, die als konstitutiv für Rituale gelten können, unterschiedliche Meinungen bestehen, die von Nuancen in der Interpretation bis zu völligem Dissens reichen.

Der mediävistische Literaturwissenschaftler muß darüber hinaus im Gewirr der Streitfragen um unterschiedliche Aspekte des Rituals solche herausfiltern, die speziell für mittelalterliche Rituale von Relevanz sind. Weder kann er dabei unmittelbar auf sozialpsychologische, soziologische und anthropologische Ansätze zurückgreifen, da sich deren Theorien und Problemstellungen im Rahmen moderner Gesellschafts- und Kulturmodelle bewegen, noch kann er sich ausschließlich auf ethnologische Ritualtheorien stützen, weil er sonst Gefahr liefe, die Spezifika der europäischen mittelalterlichen Gesellschaftsordnungen mit denen sogenannter ‚archaischer' umstandslos gleichzusetzen.

Auch die historischen Wissenschaften bieten im Hinblick auf eine theoretische Fundierung wenig Hilfen. Zwar liegt mittlerweile eine Reihe von Arbeiten zu mittelalterlichen Ritualen und einzelnen ihrer Aspekte vor,[2] doch fehlen eine übergreifende Darstellung ebenso wie theoretische Überlegungen. Auch verzichtet die Mehrzahl dieser Autoren auf definitorische Bemühungen, vielleicht weil es inzwischen als obsolet erscheinen mag, das ‚Ritual' zu definieren. Doch liegt der Verdacht näher, daß dieser Verzicht in der Schwierigkeit des Phänomens selbst gründet, das sich einem definitorischen Zugriff entzieht, worüber in der Forschung immer wieder – mit geradezu rituellem Charakter – Klage laut wird:

The problems begin with the term itself, notoriously vague and incapable of precise definition. [...] The term simply possesses an ineradicable vagueness and ambiguity foreign to the precision of social science. The problem is not just with the term, however. Vagueness and ambiguity are inherent in rituals themselves, whose meaning can be as puzzling to contemporaries as it is to scholars.[3]

In der Tat ist der von KOZIOL besonders deutlich, aber bereits seit längerem formulierte Hinweis auf die Vagheit des Begriffs und der mit ihm bezeichneten Phänomene ernst zu nehmen.[4] Was als Ritual zu gelten hat und was nicht, wie es zu deuten ist und was es leisten kann, entzieht sich gerade im Blick auf das Mittelalter klaren definitorischen Grenzziehungen – nicht nur aufgrund der Unterschiedlichkeit der Phänomene, die unter dem Begriff ‚Ritual' gefaßt werden können, sondern auch aufgrund ihrer historischen Distanz.

Die Konsequenz aus der skizzierten Forschungslage und aus der Notwendigkeit einer begrifflichen Historisierung ziehend, beabsichtigen die folgenden drei Kapitel nicht, eine Definition von ‚Ritual' im klassischen Sinne zu geben. Vielmehr werden wesentliche Aspekte des Phänomens im Mittelalter topisch beschrieben. Wenn dazu in drei Schritten zunächst die Form, dann die Substanz und schließlich die Funktion von Ritualen in den Blick genommen werden, spiegelt dies zunächst die klassifizierende Unterscheidung von formalen, substantiellen und funktionalen Ritualdefinitionen wider, wie sie WERLEN und, ihm folgend, HAUSCHILDT getroffen haben.[5] Für einen Überblick über die Ritualforschung scheint die Unterscheidung insofern hilfreich zu sein, als durch sie oftmals das leitende Interesse der Forschungsrichtung deutlich wird. Beim formalen Definitionstyp (z.B. Ethologie) stehen Handlungsmerkmale wie Stereotypie, Rigidität und Intensität im Vordergrund. Substantielle Ritualdefinitionen im strengeren Sinn richten sich nur auf den Inhalt der Handlung, der zumeist religiös gefaßt wird: Das Ritual gilt hier als Handlungsmuster in religiösem Kontext. Der funktionale Definitionstyp interessiert sich für die Leistungen des Rituals, wobei – je nach Richtung – der individuelle (Psychologie) oder gesellschaftliche (Soziologie) Aspekt bzw. deren reziprokes Verhältnis (Sozialpsychologie) im Vordergrund stehen kann.

Die Unterscheidung dieser definitorischen Ansätze ist jedoch vor allem von forschungsgeschichtlichem Wert und steht einer adäquaten Beschreibung verschiedener Rituale, zumal solcher historischer Provenienz, eher hinderlich entgegen. Denn wie zum Teil in neueren Arbeiten praktiziert, müssen Form, Substanz und Funktion eines Rituals in engem Zusammenhang gesehen werden: Form und Substanz können füreinander stehen, wenn die Form selbst als sein Inhalt aufgefaßt wird, oder wenn die Form als Modus der Inszenierung seines Inhalts begriffen wird.[6] Die Substanz und Funktion eines Rituals stehen in einem engen Konnex, wenn man den pragmatischen Aspekt des Inhalts fokussiert; sie sind gar identisch, wenn der Zweck eines Rituals auch als sein spezifischer Inhalt bestimmt wird. Form und Funktion wiederum stehen in Verbindung, wenn etwa die feste Form zur Erzeugung gesellschaftlicher Ordnung und Stabilität angesichts von Kontingenzerfahrungen eingesetzt wird.[7]

Form, Substanz und Funktion werden also als zentrale, integrierte, für die systematische Beschreibung gleichwohl zu trennende Konstituenten von Ritualen aufgefaßt. Der heuristische Wert eines solchen Ansatzes liegt darin, daß er – anders als klassifikatorische Ansätze – das Ritual als komplexes Phänomen, als artifizielle Komposition unterschiedlicher Konstituenten beschreiben kann. Je für sich sollen diese Konstituenten in ihren unterschiedlichen Erscheinungsmöglichkeiten und Implikationen, in ihrer kontextbedingten Ausprägung und zeitlichen Wandelbarkeit, nicht zuletzt in den Voraussetzungen ihrer Interpretierbarkeit erfaßt werden. Somit zielen die folgenden Ausführungen nicht auf eine Definition, sondern in einem weiteren Sinne auf die Beschreibung der ‚Gemachtheit' von Ritualen – mithin auf ihre Poetik.

1. Zur Form des Rituals

Ein wichtiges Kennzeichen von Ritualen ist ihre besondere Geformtheit. Ob man von „gleichbleibenden und vorstrukturierten Handlungsketten",[8] von einem „Handlungsplan" oder der „Dramaturgie, die regelrecht festgeschrieben sein kann",[9] von einem „set of formal acts"[10] oder der „Gestalt"[11] des Rituals spricht – hervorgehoben wird mit solchen Charakterisierungen immer die Formalität als ein für das Ritual konstitutives Element: Rituale sind aufgrund ihrer Formalität herausgehobene und darin von anderen unterschiedene Handlungen.[12]

Die Formgebundenheit von Ritualen

Die Bedeutung, die dem formalen Aspekt in verschiedenen Ritualdefinitionen zugeschrieben wird, divergiert allerdings: Je nach Forschungsinteresse kann die Form das Definiens schlechthin sein, während sie in substantiellen oder funktionalen Bestimmungen eine marginale oder überhaupt keine Rolle spielt. In bezug auf mittelalterliche Rituale ist die konstitutive Bedeutung ihrer Formalität primär für den Rechtsbereich konstatiert worden. So ist nach OGRIS „die enge Verknüpfung von Recht und Form als wesentliches Merkmal der älteren Zeit anzusprechen. Rechtsinhalt und Rechtsgestalt fielen zusammen, so daß nur das Recht war, was in feierlicher, gemessener, formelhafter, genormter und fixierter Gestalt kundbar, sichtbar und hörbar zutage trat".[13] Formgebundenheit darf aber, über Rechtsrituale hinausgehend, weit mehr als in der Neuzeit als Charakteristikum mittelalterlicher Rituale überhaupt gelten. Gerade im Blick auf eine Gesellschaft, deren staatliche Strukturen und soziale Institutionen sich grundlegend von denen der Neuzeit unterscheiden, in der Rituale einen „Brennpunkt der Wahrnehmung"[14] darstellen und in der Verstöße gegen ihre Formen Anlaß zu Streitigkeiten und z. T. sogar kriegerischen Auseinandersetzungen geben konnten, muß SOEFFNERS Hinweis, daß die Form von Ritualen selbst für deren Inhalt stehe,[15] in pointierterer Weise als für die Gegenwart in Anspruch genommen werden. Denn Verstöße gegen die Form können dort nicht als Verstöße gegen etwas Äußerliches oder Subsidiäres verstanden werden, sondern müssen als Verstöße gegen die in der Form repräsentierte gesellschaftliche Ordnung selbst interpretiert werden.

Prominente Beispiele dafür sind die rituellen Mahlgemeinschaften und ihre Sitz- und Tischordnungen, in denen Statusdifferenzen und Hierarchien zum Ausdruck kommen und in denen durch die „Plazierung relativ zu anderen"[16] der Ort des einzelnen im (aktuell präsenten) Sozialsystem veranschaulicht wird. Die hohe Relevanz, die man diesen Ordnungen beimaß, zeigt sich in der häufig bezeugten Bereitschaft der Beteiligten, ungeachtet der Dignität des Ortes oder anwesender Personen um den angemessenen Platz zu kämpfen, wie es etwa bei Lampert von Hersfeld oder im ›König Rother‹ berichtet wird.

In den von Lampert berichteten Sesselstreitigkeiten zwischen Bischof Hezelo von Hildesheim und Abt Widerad von Fulda (S. 74ff.) verhinderten den Ausbruch der Gewalt nicht einmal die Dignität des Raumes (Kirche), des Zeitpunktes (Vesper zu Weihnachten bzw. Pfingsten) und der anwesenden Personen (etwa König Heinrichs IV.). Anlaß der wiederholten Auseinandersetzungen war das Recht, neben dem Erzbischof von Mainz sitzen zu dürfen, das nach Lampert der Abt von Fulda aus einer althergebrachten *consuetudo* ableiten konnte (S. 76), aber auch der Bischof von Hildesheim innerhalb seiner eigenen Diözese als Vorrecht beanspruchte. Während der erste, lediglich verbale und handgreifliche Streit durch das Einschreiten Herzog Ottos von Bayern zugunsten des Fuldaer Abtes entschieden werden konnte, führte der zweite zu bewaffnetem Kampf. Denn Bischof Hezelo hatte vorsorglich hinter dem Altar bewaffnete Krieger versteckt, die bei Ausbruch des Streits auf die Fuldaer einschlugen, welche dann ebenso ihre Waffen holten, so daß inmitten des Chores Ströme von Blut flossen (S. 76/78) – wobei der Bischof sogar an seine Leute appellierte, sich nicht durch die Heiligkeit des Ortes von den Waffen abhalten zu lassen (S. 78), und der König vergeblich Rücksicht auf seine königliche Würde anmahnte (ebd.).[17]

Im ›König Rother‹ (1598ff.) kommt es zum Kampf um das *geginsidele* (1602), das Asprian als dem Kämmerer Dietrichs/Rothers vom Hof zugewiesen wurde und das ihm der Kämmerer eines Herzogs Friedrich streitig machen will: *der hiez Aspriane / sine benke rucken nahir / unde sagite ime zware, / wie ricke sin herre ware. / her wolde also ture sin, / so der kuninc Constantin* (1619–1624). Die Auseinandersetzung schlägt dann in Gewalt um, als eine Bank Asprians umgestoßen wird: Er erschlägt den anderen Kämmerer, und es kommt zu weiteren Kämpfen (1646ff.).

Die Formalität der Rituale umfaßt grundsätzlich verschiedene Ebenen von Handlungsordnungen, die je nach Ritual unterschiedlich besetzt und unterschiedlich relevant sein können.

Wichtig ist zunächst die Gebundenheit von Ritualen an eine zeitliche Ordnung. Sie kann einerseits deren Anlaß vorgeben, indem etwa bestimmte Rituale an feste, oftmals symbolisch bedeutsame Termine, an herausge-

hobene Ereignisse des Kirchenjahres oder besondere Daten der Jahres-
oder individuellen Lebenszeit (sog. Übergangsriten[18]) gebunden sind oder
aber mit ihnen verknüpft werden (Versöhnung zum Weihnachtsfest oder
bei einer Krönung); damit kann gleichfalls die Häufigkeit bzw. Frequenz
der Wiederholung eines Rituals determiniert sein (einmalige Erstkrönung
und wiederholbare Festkrönungen[19]). Andererseits betrifft die zeitliche
Ordnung die Chronologie der einzelnen Handlungssequenzen eines Rituals ebenso wie die Dauer des gesamten Rituals. Wiederholungen kennzeichnen somit nicht nur die Binnenstruktur eines Rituals, sondern das
Ritual ist prinzipiell ein als Ganzes wiederholbarer Akt.[20]

Eine zweite Ordnungskategorie bilden Ort und Raum. Bestimmte Rituale können an konkrete Orte (Königskrönung in Aachen) und an spezifische repräsentative, öffentliche oder symbolische Räume gebunden sein
(Kirchenraum, Hof). Festgelegt und formalisiert können außerdem die
Bewegungen (Entgegengehen zum Empfang eines Gastes), aber auch die
statische Anordnung im Raum sein.[21]

Die Formalität von Ritualen findet ihren Ausdruck drittens in einer
Kleidungsordnung. Die Kleidung der Ritualteilnehmer kann auszeichnen-
den Charakter haben (Festlichkeit, Spiegel von Bedeutungshierarchien innerhalb der Handlung), einen Amts- oder Funktionsträger bezeichnen
(Kasel des kirchlichen Liturgen) oder mit der rituellen Handlung inhaltlich korrespondieren (Bußgewand etwa bei einer Unterwerfung oder stan-
desmindernde, defekte Kleidung bei einer Bestrafung). Teil eines Rituals
kann auch gerade das Anlegen oder Wechseln von Kleidern sein (Umle-
gen des Königsmantels, Ablegen der Rüstung bei der Ankunft am Hof).

Ordnung liegt schließlich auch in der festgelegten Form ritueller Handlungen begründet. Hervorzuheben sind darunter Bewegungsarten (gemes-
senes Schreiten), eine spezifische Gestik, die auch besondere Gegenstände
einbeziehen kann (Herrschaftsinsignien), und ein formalisierter Sprachgebrauch (rituelle Sprechakte).[22]

Der Handlungsaspekt ist in diesem Zusammenhang eigens hervorzuheben: Rituale sind primär Vollzug eines Handlungsmusters, in dem abstrakte Sachverhalte, Absichten und Vorstellungen, Status und Hierarchien in
Handlung transformiert und in der Form zur Anschauung gebracht werden. Diese Handlungen können als primär nonverbale Signale zwar wieder, metaphorisch gesprochen, als „Sprache mit sichtbaren Worten"[23] betrachtet und in Sprache ‚rückübersetzt' werden, sie sind aber als ‚Übersetzung' nicht mit dem ursprünglichen ‚Text' identisch.

Während der Begriff des ‚Musters' oder ‚Plans' auf die Realisierung
einer vorgegebenen Form abhebt, betont die Bezeichnung als ‚Handlungssequenz' oder ‚Handlungskette' eher die Binnenstruktur und formale Einheit des einzelnen Rituals: Rituale umfassen mehrere, in sich geformte,

stereotype und wiederholbare Teilhandlungen, die erst in ihrer strukturierten Verknüpfung ein ganzes Ritual ergeben. Dadurch lassen sich sinnvolle Abgrenzungen, vor allem zu einzelnen Gesten oder Gebärden, vornehmen.[24]

Extremer Formalismus oder strukturelle Offenheit?

Mit der Betonung der Gebundenheit von Ritualen an eine feste Form stellt sich die Frage nach ihrer prinzipiellen Offenheit oder Geschlossenheit. Auch für mittelalterliche Rituale gilt, was vor allem TURNER betont hat:

[N]ur wenige Rituale [sind] so stereotypisiert, daß jedes Wort, jede Geste, jede Szene ganz genau vorgeschrieben ist. Meistens sind invariante Phasen und Episoden mit variablen Passagen verflochten, in denen Improvisationen sowohl auf verbalen als auch auf nichtverbalen Ebenen nicht bloß nur erlaubt, sondern notwendig sind.[25]

Spielräume ergeben sich beispielsweise im Auffüllen von vorgegebenen formalen Akten. So kann etwa eine Versöhnung durch verschiedene Gesten, sei es durch Handschlag, sei es durch Kuß, sichtbar vollzogen werden, oder es können der Inhalt und Wortlaut von Eidesleistungen, die bei Bündnissen oder Gottesurteilen zu erbringen sind, durchaus Verhandlungsgegenstand und damit prinzipiell variabel sein.[26]

Der Grad der Determiniertheit eines Rituals oder einzelner seiner formalen Elemente ist auch im Mittelalter nicht zuletzt vom Ritualtyp abhängig. Nicht alle Rituale sind mit ihren rigidesten Ausformungen gleichzusetzen, wie z. B. magischen Ritualen, bei denen es auf die wortwörtliche Wiederholung einer Formel und die Ausführung einer bis in kleinste Details festgelegten Handlungsfolge ankommt, oder auch religiösen Ritualen, die gleichermaßen streng geregelt und festgelegt sein können.[27]

Das Verhältnis von Schrift und Ritual bei der Ausbildung fester Formen wird in der Forschung dabei durchaus konträr bewertet,[28] doch spielt schriftliche Kodifizierung – mit institutionenspezifischen Einschränkungen – für die Festigkeit der Ritualhandlung im Mittelalter zumeist eine untergeordnete Rolle. Das hat seinen Grund zum einen darin, daß nur wenige Rituale von Institutionen getragen wurden, die diese offiziell streng normieren und ihren Ablauf kontrollieren konnten. Die schriftliche Fixierung ist zum anderen nicht nur ein sektoral beschränkter, sondern zudem ein zeitlich sekundärer Akt, der auf die Festlegung einer allein gültigen Form zwar zielen konnte, Varianz aber auch im Zuge eines fortschreitenden Verschriftungsprozesses nicht grundsätzlich verhinderte, weil diese Varianz in divergierender Praxis selbst gründete oder weil sie durch die Arbeit an einer schriftlich vorgegebenen Tradition (Erweiterung, Modifikation, Kompilation von Quellen) produziert wurde.

Ein für den Bereich von Herrschaft sehr anschauliches Beispiel dafür bieten die seit dem 10. Jahrhundert überlieferten ‚Ordines' der Kaiserkrönung.[29] Institutionell von der Kirche getragen und daher auch hauptsächlich innerhalb liturgischer Bücher, zumeist Pontifikalien, überliefert, basieren sie einerseits auf einer zuvor schon wiederholt geübten Praxis, andererseits aber in einzelnen ihrer Teile auf schriftlich vorgegebenen Quellen (Gebeten, Benediktionen, Gesängen aus anderen liturgischen Kontexten o. ä.). Die Ordines bilden somit eine schriftliche Tradition, die sich zum Teil unabhängig von der konkreten Praxis aus- und fortgebildet hat und die, ausgehend vom Ordo im sog. ›Ottonischen Pontifikale‹ (ca. 960), durch modifizierende und erweiternde Bearbeitungen oder durch Kompilationen der Vorlagen doch zu immer neuen Versionen geführt hat. Diese lassen einen Kern von rituellen Handlungen erkennen: etwa die Einholung des zukünftigen Kaisers, die Litanei, die Befragung des zu Erhebenden und seine Verpflichtung auf eine gerechte Herrschaftsausübung, die Akklamationen des Klerus und des Volkes, die Salbung, die Verleihung verschiedener Insignien (Schwert, Armreif, Pallium, Ring, Zepter, Stab), die Krönung und Inthronisation sowie den Austausch von Friedensküssen. Das vorgesehene Ensemble von Handlungen divergiert in den einzelnen Ordines jedoch ebenso wie ihre Reihenfolge oder auch der Wortlaut einzelner Orationen. Auch in bezug auf die Praxis der Kaiserkrönungen bleiben die Ordines in verschiedener Hinsicht offen: einerseits im Nebeneinander verschiedener Formulare,[30] andererseits im Verhältnis von Formular zu aktuellem Vollzug. Verhandlungen um das Ritual und einzelne seiner Elemente, von denen allenthalben berichtet wird, lassen darauf schließen, daß sich in der konkreten Realisierung des vorgegebenen Musters Spielräume ergaben.[31]

Festgehalten sind viele im Kontext von Herrschaft relevante Rituale (Begrüßungen, Versöhnungen, Unterwerfungen, Bündnisse o. ä.) dagegen in ungeschriebenen Gesetzen.[32] Ritualkompetenz und -wissen wird hier vornehmlich im Gebrauch erworben, die Festigkeit der rituellen Form verdankt sich somit primär dem wiederholten, eingeübten Gebrauch. Sowenig es jedoch das Krönungsritual gibt, so wenig existierte das Begrüßungs- oder Versöhnungsritual. Sie bestehen vielmehr aus einem Kern von obligatorischen, relativ festen und gleichbleibenden, daneben aber auch aus austauschbaren und flexiblen formal herausgehobenen Handlungselementen.

Regenerative und generative Aspekte der Form

Die herausgehobene Formalität, die relative Festigkeit und Wiederholbarkeit der Handlung sind zentrale Kennzeichen eines etablierten Rituals, doch ist damit noch nicht erklärt, wie es zu Wandlungen und Transformationen von tradierten und zur Schöpfung von neuen Ritualen kommt. Auch ALTHOFF stellt diese Frage in bezug auf das von ihm untersuchte Ritual der ‚deditio':

> Stand die ‚deditio' als Brauch, Ritual oder zeremoniellartiger Akt schon immer zur Verfügung, so wie Bräuche und Rituale anscheinend immer da sind, keinen Anfang haben. Oder hat dieser Akt einen Beginn, ist er zu einer bestimmten Gelegenheit sozusagen erfunden, bewußt installiert worden, um ein bestimmtes Problem zu lösen und wurde er danach beibehalten, weil er eine adäquate, überzeugende Problemlösung bot?[33]

Mit der Formgebundenheit sind, wie sich im vorausgegangenen Abschnitt bereits andeutete, ein generativer und ein regenerativer Aspekt verbunden, die den Blick auf zwei Phänomene lenken: daß einerseits formalisiertes, rituelles Handeln einmalig sein kann[34] und daß andererseits Rituale trotz ihrer Festigkeit kaum unverändert über Jahrhunderte transportiert werden, sondern für historischen Wandel offen und kulturellen Transformationsprozessen unterworfen sind. Somit erweist sich die Formgebundenheit als zweideutig: Sie bedingt den konservativen Charakter von Ritualen, ebenso lassen sich mit ihr jedoch deren Flexibilität und Anpassungsfähigkeit sowie Resistenz gegenüber ‚Veraltungserscheinungen' begründen.

Wie flexibel sich ein Ritual und einzelne seiner formalen Elemente über Jahrhunderte im Wandel der Zeit erweisen, wie sie kulturellen Transaktionen ausgesetzt sind und daß in diesem Prozeß gleichwohl Konstanten erhalten bleiben, kann anhand eines für die Ausübung und Sicherung von Herrschaft im Mittelalter zentralen Rituals exemplarisch veranschaulicht werden: der Eheschließung und einzelner ihrer Teilakte, deren Transformationen weitgehend aus dem zunehmenden Einfluß der an dem Ritual zuerst unbeteiligten Institution Kirche resultierten. Im folgenden sollen diese strukturellen Transformationen anhand einzelner Formelemente skizziert werden.[35]

Wie das Ensemble tradierter Handlungen von Eheschließungsritualen des feudalen Adels durch Anlagerung neuer Formelemente erweitert wird, zeigt sich in der Beteiligung der Kirche an den Ritualen in Form eines eigenen kirchlichen Teilaktes: An die traditionell rechtlich verbindlichen Formalhandlungen von Brautübergabe, öffentlichem Eheversprechen (Stehen im Ring[36]), einem Kern gestischer Handlungen (Ringgabe,[37] Kuß, Umarmung etc.) und dem Beilager konnte sich, etwa am folgenden

Tag, ein Kirchgang bzw. eine Einsegnung anschließen. Unklar bleibt dabei noch, inwiefern die Form dieses kirchlichen Aktes auf die stattgefundene Trauung hin ausgerichtet war, doch kam ihm im Rahmen der über- und vorgeordneten Handlungen zunächst keine rechtliche Relevanz zu.[38] Darstellungen solcher Ritualhandlungen bieten beispielsweise das ›Nibelungenlied‹ und die ›Kudrun‹.[39]

Außerdem können bereits bestehende Teile eines Rituals durch Modifizierung ihrer Form neuen Sinn erhalten. So wird z. B. das Beilager als Vollzug der Ehe und somit als wichtigster Rechtsakt der Eheschließung im Laufe des Mittelalters unter kirchlichem Einfluß stark verändert: Während zunächst die kirchliche Segnung des Brautbettes das Beilager um eine zusätzliche rituelle Handlung erweiterte und ihm damit auch neuen Sinn zu unterlegen versuchte, rückt später das Beilager in der Abfolge der einzelnen Ritualhandlungen hinter die kirchliche Trauung, das Verhältnis zwischen rechtskonstitutivem und ihm untergeordnetem Vorgang wird damit umgekehrt.[40]

Ein weiteres Phänomen, das den generativen Aspekt des Rituals zum Ausdruck bringt, ist die Entwicklung eigenständiger, neuer Rituale aus ursprünglich untergeordneten Teilhandlungen: War die Kirche zunächst nur in Form eines wie auch immer gestalteten Teilaktes am Ritual beteiligt, entwickelt sie schließlich ein eigenständiges, elaboriertes kirchliches Trauungsritual, das wiederum unter Einbezug und Umdeutung von Formelementen vorgängiger und verdrängter Rituale (z. B. Ja-Wort, Kuß, Ringgabe[41]) eigene Rechtsrelevanz gewinnt, schriftlich kodifiziert wird und institutionell schließlich den Sieg davonträgt.[42]

Ein Beispiel für die Umbesetzung von ganzen Ritualen ist dann die Einführung der Zivilehe in der Neuzeit,[43] neben der das kirchliche Ritual zu einer (freiwilligen) Zusatzhandlung wird, die die Beziehung nun vor Gott und der Gemeinde legitimiert; aus dem rechtskonstitutiven kirchlichen Ritual wird ein Glaubens- und Bekenntnisakt. Mit der Überführung der Rechtshandlung in das Standesamt werden wiederum neue, im Kontext dieser Institution geforderte formale Handlungen zelebriert (Unterschrift), doch halten sich in modifizierter Form erneut einige (z. T. fakultative) Elemente aus dem kirchlichen Ritual (Musik vom Band, Einzug, Ansprache des Standesbeamten über Sinn und Zweck einer Ehe, Kuß o. ä.), die dem Rechtsakt einen feierlichen Charakter verleihen und zudem eine Ersatzfunktion im Hinblick auf den ‚rite de passage‘ des kirchlichen Rituals erfüllen.

Dieser selektive Blick auf strukturelle Transformationen zeigt, wie sich ein Ritual und einzelne seiner formalen Teilakte in historischen Prozessen zu immer neuen Handlungsmustern zusammenfügen können, wie sie gerade in der Konkurrenz kirchlicher und weltlicher Ansprüche[44] gegenseiti-

gen institutionellen Übergriffen und ‚Tauschaktionen' ausgesetzt sind und
bestimmte Elemente, nicht ohne sich in Bedeutung und Funktion zu verändern, Jahrhunderte über die Form mittransportiert werden, er zeigt mithin, wie das Ritual letztlich in seinem Gebrauch immer wieder modifiziert
und neu geschaffen wird. Die feste, durch Wiederholung eingeübte Formalität der Handlung spielt dabei eine entscheidende Rolle. In ihr liegt nicht
nur die Möglichkeit der Wahrung von Tradition, sie ist zugleich die Quelle,
aus der Rituale sich immer wieder erneuern und neue Rituale generieren.
Der symbolische Charakter des Rituals, der – wie in Kapitel 2 auszuführen
sein wird – Spielräume für Interpretationen eröffnet, unterstützt diese
regenerierende und generierende Prozeßhaftigkeit des Rituals[45]:

> Gefestigte Verhaltensgewohnheiten, die im Verlauf ihrer Überlieferung sowohl
> ritualisiert als auch symbolisiert werden, gewinnen schließlich eine neue Qualität,
> die es ihnen ermöglicht, wechselnde Einflüsse und Veränderungen zu überstehen:
> durch ihre feste Form und Bekanntheit werden sie leicht übertragbar und transpor-
> tierbar. Sie dienen als Typen, Schablonen, Modell und Material zur Bewältigung
> des Neuen nach alten Mustern.[46]

In diesem Zusammenhang müssen auch Versuche gesehen werden, bestimmte Anlässe im Rückgriff auf verfügbare Rituale oder einzelne ihrer
Elemente neu zu begehen. Solche Akte können sich als Neuschöpfung
durchsetzen, in ihrer konkreten Performanz aber auch einmalig sein. Entscheidend ist, ob der Akt auf Wiederholung und Tradition angelegt ist
oder darauf basiert; ob er eine neue Tradition zu stiften vermag, ist demgegenüber oftmals zweitrangig.

Die von Otto Morena (S. 34–38) berichtete Klage zweier Bürger aus
Lodi auf einem Gerichtstag König Friedrichs I. in Konstanz 1153 ist dafür
ein Beispiel.[47] Eher zufällig anwesend auf dem *colloquium*, sehen sie, wie
Friedrich in dieser Versammlung Recht spricht, und entschließen sich, die
Gelegenheit zu ergreifen und Klage wegen eines ihnen von Mailand ent-
rissenen Marktes zu führen. Zu diesem Zweck entwenden sie aus einer
Kirche zwei große Kreuze (*maximae cruces*) und werfen sich mit ihnen
heftig klagend (*maxime lugentes*) dem König zu Füßen (S. 36). Der Text erwähnt, daß diese Handlung den anwesenden Fürsten fremd ist und ihr Er-
staunen erregt.[48] Auf seiten des Königs provoziert sie eine Nachfrage,[49]
worauf die Lodesen den Streitfall darlegen und um Unterstützung gegen
Mailand bitten. Ottos Darstellung betont einerseits, daß der Transfer
dieser rituellen Handlung in den Kontext von Rechtsprechung – aus der
Perspektive der Fürsten[50] – als unüblich und fremdartig empfunden wird,
impliziert andererseits aber auch, daß sie – vom König – durchaus als
Klagegestus verstanden und als eindrucksvolle Handlung und Bestandteil
des Rechtsrituals akzeptiert wird. Sie gelingt, obwohl sie in der aktuellen
Situation unbekannt ist.

Derartige keineswegs seltene Vorgänge[51] veranschaulichen, daß der mittelalterlichen Gesellschaft ein Bestand an formalisierten und zeichenhaften Handlungen zur Verfügung stand, der zwar nicht für beliebige Kombinationen und Kontextualisierungen offen, doch prinzipiell austauschbar, ‚verhandelbar‘ war und zu immer neuen Ritualen zusammengesetzt werden konnte:

Die Ordnung des Handelns wird weder im Labor noch am Schreibtisch entworfen. Sie wird in ihren Traditionen und Variationen von Handelnden geschaffen und fortgeführt, die ihrerseits die einzelnen Handlungselemente zu immer neuen Mosaiken im Rahmen bekannter Genres gestalten – oder neue Genres hervorbringen.[52]

Interaktion von Ritualen über Formelemente

Als ein Sonderfall der skizzierten Austausch- und Transformationsprozesse kann das Interagieren verschiedener Rituale, der Bezug eines Rituals oder einzelner seiner formalen Elemente auf ein ihm vorausgehendes Ritual gelten.

Darunter fallen beispielsweise Inversionen entweder von ganzen Ritualen, wenn „rituelle Akte durch entgegengesetzte, durch *acta contraria*, ausgelöscht oder auch wiedergutgemacht werden“,[53] oder aber nur von einzelnen formalen Elementen eines solchen Aktes. In diesem Sinne können beispielsweise die Restitution der entehrten Jeschute durch Orilus und die Wiederaufnahme ihrer Ehegemeinschaft in Wolframs ›Parzival‹ verstanden werden. Beides erfolgt durch eine Reihe von Akten, die auf die vorherige formelle Aufkündigung der Ehegemeinschaft und die soziale Erniedrigung Jeschutes genau Bezug nehmen und sie in allen Einzelheiten rückgängig machen.[54]

Die vielfältigen Formen, in denen auch ganz unterschiedliche Rituale miteinander interagieren können, lassen sich an Ereignissen während des Doppelkönigtums Philipps von Schwaben und Ottos von Braunschweig illustrieren.[55] Die Doppelwahl von 1198 erzeugt neben der machtpolitischen Konkurrenz, die man militärisch zu entscheiden sucht, auf beiden Seiten unterschiedliche Legitimationsdefizite, die weniger durch eine in den Quellen nur andeutungsweise erkennbare wahlrechtliche Argumentation[56] als vielmehr durch verschiedene aufeinander Bezug nehmende rituelle Akte kompensiert werden sollen. Die rekonstruierbare Abfolge dieser Akte sei kurz skizziert: Am 6./8. 3. 1198 wählt die staufische Fraktion der Reichsfürsten Philipp, den jüngeren Bruder des verstorbenen Kaisers Heinrich VI., zum König, die um Erzbischof Adolf von Köln gruppierte antistaufische Fraktion hingegen am 9. 6. in Köln den Welfen Otto. Als dieser in den folgenden kriegerischen Auseinandersetzungen bald die

Stadt Aachen zur Übergabe zwingen kann, wird er dort am 12. 7. von Erzbischof Adolf gekrönt. Philipp empfängt die Königsweihe dann am 8. 9.
des Jahres in Mainz von dem burgundischen Erzbischof Aimo von Taren-
taise; zu diesem Anlaß krönt er Herzog Ottokar von Böhmen, einen seiner
potentesten Parteigänger, zum König. Zu Weihnachten 1199 hält Philipp
einen Hoftag in Magdeburg und zelebriert dort eine Festkrönung, Otto
hingegen hält einen Hoftag am Dreikönigstag 1200 in Köln, auf dem er die
Reliquien der Heiligen Drei Könige krönt. Bereits am Weihnachtstag 1200
hat Otto aber schon eine Festkrönung in Mainz, dem Krönungsort Philipps, gefeiert. Philipp läßt sich dann, als Otto militärisch weitgehend be-
siegt ist und auch Erzbischof Adolf das Lager gewechselt hat, nach einem
formellen Herrschaftsverzicht und einer erneuten Wahl eben am Dreikönigstag 1205 in Aachen von Adolf zum zweiten Mal zum König krönen.
Nach der Ermordung Philipps (1208) verzichtet Otto zwar, nun ohne unmittelbaren Konkurrenten,[57] auf eine zweite Königskrönung; hingegen
können seine feierliche Entgegennahme der staufischen Reichsinsignien
(Frankfurter Reichstag, November 1208) und seine Verlobung mit Philipps
Tochter Beatrix (Würzburger Hoftag, Mai 1209) als vor allem an die staufische Fraktion der Reichsfürstenschaft und die Reichsministerialität gerichtete legitimatorische Akte gelten.[58]

Deutlich wird zunächst, daß die legitimatorischen Defizite beider Seiten
nicht allein in der Spaltung der wahlberechtigten Fürstenschaft, sondern
ebenso in der anfechtbaren Formalität der Krönungen gründen: Philipps
Krönung fehlen der legitimierende Ort (Aachen) und der legitimierende
Bischof (Erzbischof von Köln),[59] Ottos Krönung die ‚rechten‘ (staufischen) Insignien.[60] Beide Defizite müssen offenbar, auch als die Situation
machtpolitisch bereits entschieden und eine einstimmige Wahl erfolgt ist,
jeweils demonstrativ revidiert werden: indem einerseits Philipp sich ein
zweites Mal – nun vom Kölner Erzbischof in Aachen – krönen läßt und
Otto, der für seine Krönung 1198 natürlich eigene Insignien gebrauchen
konnte, sich die staufischen Insignien feierlich aushändigen läßt.[61]

Die weiteren genannten Ereignisse lassen erkennen, wie beide Parteien
mittels ritueller Akte die Legitimitätsansprüche der gegnerischen Seite zu
relativieren und zu überbieten suchen, indem die Akte jeweils auf formale
Elemente eines vorangegangenen Rituals rekurrieren und in dieser Interaktion ein komplexes Verweissystem konstruieren. Die Hoftage der Könige zur Jahreswende 1199/1200 können allein durch ihre zeitliche Koinzi-
denz (innerhalb desselben kirchlichen Festkreises zur Jahreswende) aufeinander bezogen werden; Philipps Demonstration der Reichinsignien
während seiner Festkrönung und Ottos Kronen-Stiftung für die Drei Könige, für die sehr wahrscheinlich Material seiner Aachener Krönungsinsignien verwendet worden ist,[62] stellen die Ereignisse zugleich in offenkun-

dige Konkurrenz zueinander.[63] Ottos Festkrönung von 1200 nimmt Bezug auf Philipps Festkrönung 1199, indem sie am gleichen Tag wie diese gefeiert wird, und auf dessen Königsweihe, indem sie in derselben Stadt stattfindet. Ottos Stiftung für die Heiligen Drei Könige okkupiert dadurch, daß sie sich an die von Friedrich I. aus Mailand nach Köln überführten Reliquien richtet, das immense politische Prestige, das diese nicht nur für Köln und seinen Erzbischof, sondern auch für die staufische Partei darstellen. Möglicherweise soll diese ‚Königskrönung' der im kirchlichen Sprachgebrauch nach wie vor so bezeichneten *magi* darüber hinaus Ottos Anspruch auf das Kaiserrecht der Königserhebung demonstrieren und somit auf die Königskrönung Ottokars I. von Böhmen durch Philipp im Zusammenhang mit dessen eigener Krönung (1198) ‚antworten'.[64] Philipps zweite Krönung fünf Jahre später nimmt schließlich dieses Datum, den Dreikönigstag, für sein gegen den Konkurrenten durchgesetztes Königtum in Anspruch.[65]

Die Bezugnahmen dieser verschiedenen Rituale (Krönung zum römischen König, Krönung zum Vasallenkönig, Festkrönung, Stiftung für Reliquien, Reliquienüberführung, Übergabe von Herrschaftszeichen und Verlobung) werden von den Quellen in der Regel nicht oder nur andeutungsweise diskursiv vermittelt. Wenn die rituellen Akte gleichwohl die beschriebenen Interaktionen erkennen lassen, so nur, weil verschiedene Elemente ihrer Formalität (v. a. Zeit, Ort, Gegenstände und Personenstatus), unabhängig von der Verschiedenartigkeit der Rituale, Anknüpfungspunkte bereitstellen, die eine Bezugnahme ermöglichen und für eine Öffentlichkeit evident und eindeutig nachvollziehbar machen.

Ambivalenzen der Form

Der Erfolg eines Rituals hängt zumeist wesentlich von der Einhaltung der rechten Form und dem richtigen Vollzug der Handlung ab. Fehler in der Handhabung oder Störungen des Rituals (unabsichtliche Formverstöße durch Versprecher, falschen Gebrauch von Gesten und Gebärden u. ä. oder kontingente Einwirkungen von außen) können deshalb zum Scheitern des Rituals führen. Um dies zu vermeiden, wurden zum Teil Vorkehrungen getroffen, die den formgerechten Ablauf eines Rituals garantieren sollten – in Rechtsritualen etwa die Institution des Vorsprechers zur Vermeidung von Versprechern und Formfehlern.[66]

Wenn Rituale durch Fehler, Mißgeschick oder Absicht gestört wurden, konnte dies als Ankündigung von Unheil interpretiert werden. So nennt Otto von Freising unter den Vorzeichen, die in der Rückschau der Betroffenen die vollständige Zerstörung Freisings durch einen Brand im Jahr

1159 angekündigt hatten, einerseits das Umstürzen des Eucharistiekel-
ches, der sich während der Messe vollständig über den Altar ergoß, andererseits auch die parodistische Nachahmung von Prozessionszügen durch
Jugendliche.[67] Daß „Unstimmigkeit der Form [...] die Unstimmigkeit der
Handlung" signalisiert,[68] zeigt weiterhin eine entsprechende Szene aus
dem ›Rolandslied‹. Als Genelun gegen seinen Willen als Bote Karls zu
den Heiden geschickt werden soll, zeigt sich die Unstimmigkeit im Herrschaftsverband durch die mehrfache Störung der formellen Übertragung
der entsprechenden Machtbefugnisse (1417 ff.): Nicht nur muß der Handschuh Karls zweimal gereicht werden, bevor Genelun ihn überhaupt an-
nimmt; als dieser es schließlich doch tut, läßt er zudem den bereits überge-
benen Stab des Kaisers fallen, was von den Umstehenden als schlimmes
Zeichen gedeutet wird:

> *daz misseviel in allen,*
> *daz man in dicke muose reichen.*
> *si sprâchen, ez wære ein übel zeichen,*
> *daz ime ze aller êreste missegienge*
> *unde des kaiseres botescapht unwirdeclîche enphienge*
> (1437–1441)[69]

Hinsichtlich des Gelingens oder Scheiterns von Ritualen erweist sich
die Form aber durchaus als ambivalent.[70] So können einerseits bewußte
Verstöße gegen die Form der Handlung gezielt eingesetzt werden, um die
in ihr zum Ausdruck gebrachten Ansprüche zu unterlaufen. Ein berühmtes
und vielzitiertes Beispiel für das demonstrative Einhalten eines Formal-
aktes bei gleichzeitiger Pervertierung findet sich bei Dudo von St. Quentin: Ein Gefolgsmann des Normannenherzogs Rollo führt bei der Lehns-
huldigung vor König Karl dem Einfältigen zwar den Fußkuß aus, dies
aber, indem er den Fuß des Königs zu seinem Mund reißt, so daß der König unter dem Gelächter der umstehenden Öffentlichkeit stürzt.[71]

Andererseits kann die Form zur Manipulation des Rituals, zur Täuschung eingesetzt und damit das Ritual selbst unterlaufen werden. Ein
häufig berichtetes Mittel, ein Rechtsritual für sich zu entscheiden, besteht
beispielsweise in der richtigen Fassung der Eidesformel, die durch Tricks
und doppeldeutige Formulierungen der Situation so angepaßt wird, daß
sie formal eine Wahrheit artikuliert, die aber nicht dem Auffinden von
Wahrheit (im Sinne der Anklage) dient. FUHRMANN beschreibt dazu ein
anschauliches Beispiel:

Ein Gläubiger bringt seinen Schuldner wegen Zahlungsversäumnis vor Gericht;
der Schuldner behauptet, er habe das Geld zurückgezahlt und bittet seinen klagen-
den Gläubiger, seinen Stab zu halten; der Stab ist hohl, in ihm steckt das geschulde-

te Geld [...]. Der Schuldner beschwört nun ohne Bedenken, daß er das geborgte Geld dem Gläubiger gegeben habe, und erbittet anschließend den geldgefüllten Stab vom ahnungslosen Gläubiger zurück.[72]

Ähnlich manipuliert ist das Gottesurteil in Gottfrieds ›Tristan‹, dem Isolde sich wegen der Anklage des Ehebruchs unterziehen muß (15284ff.).[73] Isolde, die durch die Probe des heißen Eisens auf einem öffentlichen Konzil in Carliun ihre Unschuld beweisen soll, gelingt es, eine selbstformulierte Eidesformel durchzusetzen. Diese Formel ist Gegenstand einer Auseinandersetzung zwischen denen, die sie ihr *ze schaden und ze valle* (15689), und denen, die sie ihr *ze guote* (15696) zu formulieren versuchen. Sie unterliegt damit von Anfang an nicht einer ‚parteilosen‘ Festlegung, sondern einer den unterschiedlichen Interessen dienstbaren Verfügung. Isolde schwört schließlich, niemals habe ein Mann ihr *ze arme noch ze sîten* gelegen außer Marke und dem *wallære*, der Isolde bei der Ankunft in Carliun an Land trug und in dessen Arme sie dabei stürzte (15701–15725).[74] Da es sich bei dem Pilger um den verkleideten Tristan handelt, ist dieser Eid im Sinne der Anklage des Ehebruchs zwar eindeutig manipuliert (*gelüppeter eit*, 15752),[75] doch formuliert er eine Wahrheit, die in der Eisenprobe auf wunderbare Art und Weise Bestätigung findet: *in gotes namen greif siz an / und truog ez, daz si niht verbran* (15735f.). Dies wird von den Umstehenden im Sinne der Rechtsfindung als Beweis von Isoldes Unschuld und als Gottesurteil interpretiert (15754–15768). Die Szene, die vor allem aufgrund des in sie inserierten Erzählerkommentars (15737–15754) zu einer der umstrittensten Episoden des ›Tristan‹ gehört,[76] demonstriert, daß Isoldes aufwendig geplante und im Eideswortlaut gegen drohende Alternativen durchgesetzte Manipulation des Rituals mit der strengen Wirksamkeit eines rituellen Formalismus rechnet, den Isolde für sich funktionalisieren und deshalb ihr ‚Recht‘ durchsetzen kann.[77] In seiner Funktion, die ‚objektive Wahrheit‘ zu finden, mag das Ritual zwar scheitern; gerade im Hinblick auf die Frage der Kritik dieser Rechtspraxis durch Gottfried muß jedoch festgehalten werden, daß das Ritual in seinem rituellen Formalismus durchaus keinem Zweifel unterliegt,[78] sondern der Erfolg der Manipulation an ihn gebunden ist.[79]

Gottfrieds Eisenprobe ist gewiß ein spezieller Fall der Reflexion über das Funktionieren von Gottesurteilen. Doch verweist seine Szene auch auf Ambivalenzen, die grundsätzlich in einem rituellen Formalismus angelegt sind, der die Leistungsfähigkeit, aber auch Manipulierbarkeit von Ritualen bedingt.

Formalität und Ritualität: Wolframs Gralsritual I

Ein herausragendes Beispiel dafür, wie ein fiktionaler Text sich der in diesem Kapitel umrissenen formalen Konstitutionsbedingungen eines Rituals im kulturellen System seiner Zeit bedient, um einer von ihm entworfenen Handlungssequenz rituellen Charakter zu verleihen, ist das Gralsritual in Wolframs ›Parzival‹. Die Analyse dieses Rituals bildet den Abschluß des Kapitels, weil sie nicht nur die eminente Bedeutung der Formgebundenheit mittelalterlicher Rituale aus einer spezifisch literarischen Perspektive nochmals bestätigt, sondern auch einen ersten Ausblick auf die Möglichkeiten literarischer Texte bietet, in der Darstellung von Ritualen textinterne Bedeutungen zu generieren.

Wolframs Darstellung von Parzivals Aufenthalt auf der Gralsburg, seine Gestaltung des Gralsaufzugs und die damit verbundene Frage nach der Erlösung unterscheiden sich erheblich von seiner Vorlage, Chrétiens ›Conte du Graal‹. Das ist bekannt, und die Forschung hat sich mit den Abweichungen Wolframs im Handlungsgang, in der Vorstellung vom Gral und der Konzeption der Erlösung der Gralsgesellschaft ausführlich beschäftigt.[80] Die folgenden Überlegungen beschränken sich deshalb auf die für die Formalität des Gralsrituals wichtigen Beobachtungen: Wolfram erzählt ein gegenüber Chrétien eigenständiges, völlig andersartiges Ritual, und er ,erfindet' dieses Ritual, indem er – darauf gilt es die Aufmerksamkeit zu lenken – eine hochgradig formalisierte Handlungsfolge konstruiert. Daß der rituelle Charakter dieser Handlungen auch von ihrer Substanz und Funktion abhängt, versteht sich von selbst und wird später auszuführen sein. Doch lohnt es zunächst, die Gemachtheit des Gralsrituals, seine formale Poetik zu analysieren.

Bei Chrétien[81] findet der Aufzug des Grals statt, als der Gralskönig Perceval im Palas der Gralsburg, einem repräsentativen Raum, der als solcher aber nur partiell realisiert ist, bewirtet.[82] Die Handlung ist in ihrer Formalität insgesamt wenig ausgeprägt und zeichnet sich vor allem durch das Prinzip der Wiederholung zweier analog organisierter, sehr einfach strukturierter Sequenzen aus, in deren Mittelpunkt drei bedeutsame Gegenstände stehen: zuerst die blutende Lanze, dann der Gral und ein silberner Teller.[83] Zunächst tritt ein Knappe mit der Lanze, aus deren Spitze Blut läuft (3196–3201), aus einer Kammer (3191), durchquert den Raum genau zwischen Bett und Kamin (3194 f.) und verschwindet in einem anderen Raum (vgl. 3240–42). Unmittelbar daran schließt sich die zweite Handlungssequenz an: Zwei Knappen tragen Leuchter, gefolgt von einem Fräulein mit dem Gral und einem anderen mit der silbernen Platte (3213–39). Diese Gruppe vollzieht die gleiche räumliche Bewegung wie der Lanzenträger (3240–42; 3559 f.); die enge Zusammengehörigkeit der beiden Handlungssequenzen wird eigens unterstrichen: *Tot ausi con passa la lance* (3240). Wiederholung kennzeichnet auch die übrige Handlung: Während des in seiner Speisenfolge ausführlich beschriebenen Mahles (3280–89; 3320–33) zieht der Gral noch mehrmals an Perceval vorüber (3290 f.; 3299–3301), ohne daß der Text jedoch weitere Angaben über die Formation und Richtung der Bewegung macht. Auch andere Details der Handlung (etwa Gesten, Kleidung, Funktionen der Handlungsträger usw.) bleiben ausgespart. Charakteristisch ist ebenso, daß die Handlung, deren Form bekannt und fest zu sein scheint,[84] sich insgesamt eher en passant ereignet.[85]

Demgegenüber stellt Wolfram das Gralsritual in das Zentrum der Handlung. Seine Darstellung ist zunächst von einem durchgängigen Überbietungsgestus gegenüber Chrétien geprägt. Dies zeigt sich bereits in der repräsentativen Ausstattung des Raumes, in der das Ritual stattfindet. Die Bemerkung des Erzählers bei Chrétien, um das Feuer im Palas hätten gut vierhundert Leute sitzen können (3096–98), wird bei Wolfram realisiert, indem er den Saal mit hundert Sitzgelegenheiten für je vier Ritter füllt (229,28–230,1). Anwesend sind während des Rituals also nicht nur Knappen und Bedienstete, sondern (repräsentativ oder de facto) die ganze Gralsgesellschaft. Auch die festliche Beleuchtung des Raumes wird bei Wolfram detailliert beschrieben: Hundert Kronleuchter sind über den hundert Sitzgruppen angebracht (229,24 f.); zudem spenden weitere, an den Wänden befestigte Kerzen (229,27) und drei viereckige Kamine (230,9) Licht – auch dies eine Steigerung gegenüber Chrétien.[86] In den Kaminen brennt denn auch nicht wie bei Chrétien trockenes Brennholz (3094), sondern Aloeholz, so daß neben den visuellen Reizen auch olfaktorische geschaffen werden.[87]

Neben dieser situativen Rahmung der Szene werden auch die rituellen Handlungen selbst mittels einer durchgreifenden Formalisierung entschieden verändert. Zunächst wird die Präsentation der blutigen Lanze als eine eigenständige Handlung vom späteren Gralsritual abgesondert.[88] Diese Differenzierung beider Vorgänge wird bereits mit Hilfe der dem Geschlecht nach differenten personellen Besetzung angezeigt: Während die Lanze von einem Knappen getragen wird, besteht die Gralsprozession ausschließlich aus adligen, z.T. explizit dem Hochadel angehörenden Frauen (232,25; 233,1; 234,12–16). Differenziert sind beide Handlungen auch räumlich. Zum einen betreten der Lanzenträger und später die Frauen den Saal ausdrücklich durch verschiedene Türen (231,17 f. u. 27–30; 232,9 f.; 240,21 f.).[89] Zum andern ist auch die Art der jeweiligen Bewegungen im Raum unterschiedlich: Der Knappe präsentiert die Lanze, indem er den Raum entlang seiner vier Wände abschreitet (*er truoc se in sînen henden / alumb zen vier wenden*, 231,27 f.), bevor er ihn wieder verläßt. Die

Frauen hingegen bleiben bis zum Abschluß des Mahles im Raum präsent. Auch die Bewegungsarten differieren. Während bei der Gralsprozession das gemessene Schreiten betont wird (234,1 f.; 235,4 f.), ist das ‚Lanzenritual' von ungestümen Bewegungen geprägt: Der Knappe ‚springt' in den Raum und verläßt ihn ebenso ‚springend' (231,17; 231,30). Das durch die Präsentation der Lanze ausgelöste Jammergeschrei der Gesellschaft wird zu Beginn der Gralszeremonie außerdem als eine eindeutig abgeschlossene Handlung dargestellt (*Gestillet was des volkes nôt*, 232,1), was durch einen an die Rezipienten gerichteten Erzählereinschub eigens unterstrichen wird:

> *wil iuch nu niht erlangen,*
> *sô wirt hie zuo gevangen*
> *daz ich iuch bringe an die vart,*
> *wie dâ mit zuht gedienet wart.*
> (232,5–8)

Wie man später erfährt, ist die Präsentation der Lanze auch zeitlich vom Gralsritual gelöst, indem die periodische Wiederkehr beider ritueller Handlungen unterschiedlich bestimmt ist. Die Lanze dient als medizinisches Gerät bei der Behandlung von Anfortas' Wundschmerzen, die aufgrund einer seltenen Planetenkonstellation besonders unerträglich sind.[90] Während also das rituelle Tragen der Lanze an diese rhythmisch wiederkehrende Planetenkonstellation gebunden – vielleicht sogar einmalig – ist,[91] sich aber auf alle Fälle mit Anfortas' Genesung erübrigt, findet das Gralsritual prinzipiell zu *hôchgezîten* statt (807,18) und besteht auch nach der Heilung des Königs fort.[92]

Der erste Teil des eigentlichen Gralsrituals besteht bei Wolfram – ganz anders als bei Chrétien – im Bereiten des Gralstisches durch die Gralshüterinnen. Dieser Teil setzt sich aus mehreren Handlungssequenzen zusammen, die nach einem festen Schema verlaufen und auf unterschiedlichsten Ebenen von Ordnungshaftigkeit geprägt sind. Formalisiert sind zunächst die verschiedenen Bewegungen und Gesten. Prozessionsartig treten in gewissem Abstand vier Frauengruppen auf,[93] die in sich wiederum zweigeteilt sind: Der eine Teil der Gruppe trägt Beleuchtungen verschiedener Art, während der andere jeweils ein rituelles Gerät präsentiert. Diese Präsentation erfolgt stets auf gleiche Weise: Nach dem Einzug durch eine *stählîn tür* (232,10) verneigen sich die Frauen vor dem König und plazieren anschließend die von ihnen gebrachten Gegenstände (233,5–7; 233,25–30; 235,1–3; 236,5–11); dann tritt die Gruppe *mit zühten* zur Seite (234,1 f.; 235,4 f.), bis schließlich alle tableauartig so stehen, daß Repanse, die *künegîn* und Gralsträgerin, in der Mitte von je zwölf Frauen gerahmt wird (236,16–22).

Die Sukzession dieser Gruppen folgt dem Prinzip der Steigerung, das von Wert und Bedeutung ihrer rituellen Gegenstände bestimmt ist: zunächst elfenbeinerne Tischgestelle, dann die dazugehörige Tischplatte aus einem *grânât jâchant* (233,20), anschließend silberne Messer, endlich – als Höhepunkt – der Gral. Dieses Steigerungsmoment spiegelt sich auch in der Kleidung der innerhalb einer Gruppe jeweils uniform gekleideten Frauen: Während die ersten beiden Gruppen, die den Tisch aufstellen, jeweils einfarbige Gewänder tragen (232,22–30; 233,11; 234,3–8), sind die beiden Frauengruppen, die das Tischgerät, d. h. Messer und Gral, präsentieren, in verschiedenfarbige, also noch kostbarere Stoffe gekleidet (235,8–14); Repanse, die mit dem Gral den Abschluß der Prozession bildet, ist durch ein besonderes Gewand vor allen übrigen ausgezeichnet (235,18f.).

Die genauen Zahlenangaben zu den Frauengruppen unterstreichen weiterhin den ordnungshaft-formalen Charakter des Vorgangs. Es handelt sich um eine Vierer-, gefolgt von einer Achtergruppe, dann zwei Sechsergruppen, wobei die letzte Gruppe, die den Gral begleitet, die Sechszahl um eine Person, nämlich die abschließende Gralsträgerin, überschreitet. Die Zweiteilung der einzelnen Gruppen in Licht- und Gerätträgerinnen ist zunächst symmetrisch: In der ersten Gruppe führen zwei Frauen goldene Kerzenleuchter (232,18–21) und zwei Frauen die Tischgestelle (233,1–3), analog folgen in der zweiten Gruppe vier Frauen mit *kerzen grôz* (233,15) und vier andere mit der Tischplatte (233,16–21); die Anzahl der Lichter scheint sich hier nach der Anzahl der für die Gegenstände benötigten Trägerinnen zu richten. Bei den Gruppen, die die kultischen Gegenstände im engeren Sinn (Messer, Gral) tragen, wird dann die Zahlensymmetrie zugunsten eines steigernden Moments aufgegeben: Die dritte Gruppe besteht aus vier Lichtträgerinnen (234,25–28) und zwei Damen mit den silbernen Messern (234,16–24); in der letzten Gruppe tragen sechs Damen kostbare Glasgefäße, in denen Balsam brennt (236,1–4), gefolgt von Repanse mit dem Gral (235,15ff.). Somit besitzen die Lichter offensichtlich den Zweck, die ihnen folgenden Gegenstände in genauer Abstufung ihrer rituellen Bedeutung auszuzeichnen und dem Aufzug insgesamt einen feierlichen Charakter zu verleihen; die besondere Hervorhebung der letzten Gruppe erfolgt dabei nicht nur durch die Zahl der Trägerinnen und der Lichter, sondern zudem durch olfaktorische Reize.[94]

Daß die beschriebene Form des Rituals in seiner Wiederkehr fest und stets gleichbleibend ist, bestätigt der Text an späterer Stelle. Bei Parzivals zweitem Aufenthalt in Munsalvaesche als berufener Gralskönig kann der Erzähler beim Aufzug des Grals nämlich auf die frühere Stelle verweisen und sich eine erneute Beschreibung des seinem Ordo gemäß ablaufenden, aufwendigen Geschehens kurzerhand sparen:

ir habt gehôrt ê des genuoc,
wie mann für Anfortasen truoc:
dem siht man nu gelîche tuon
für des werden Gahmuretes suon
und och für Tampenteires kint.
juncfrouwen nu niht langer sint:
ordenlîch si kômen über al,
fünf unt zweinzec an der zal.
(808,23–30)

An diesen ersten Teil des Gralsrituals schließt sich eine zweite Handlungssequenz an, die in ihrem Inhalt und ihrer Form auf die erste deutlich Bezug nimmt, aber auch vom Moment der Variation gekennzeichnet ist. Dem Bereiten der Gralstafel korrespondiert das Bereiten der Tafeln der übrigen Gralsgesellschaft (237,1 ff.): Wieder werden zunächst die Tische hereingetragen, die dann mit dem entsprechenden Gerät eingedeckt werden; allerdings handelt es sich bei dieser Tätigkeit nun um reine ‚Männersache'.

Auch bei diesem Vorgang zeigt sich ein Insistieren des Textes auf der Ordnungshaftigkeit des Vorgangs mittels Zahlenangaben, die hier um die Zahlen ‚Vier' und ‚Hundert' kreisen. Unter den hundert Leuchtern (229, 24–26) werden hundert Tafeln plaziert, an denen je vier Ritter sitzen (237,1–4), die wiederum von vier Knappen bedient werden (237,13–20). Von vier Wagen aus, die an den vier Wänden des Saales entlangziehen, werden die Tische durch vier Ritter mit goldenem Geschirr versehen (237,21–30). Hundert Knappen bedienen die hundert Tafeln dann mit den vom Gral gespendeten Speisen *mit grôzer zuht* (238,2 ff.). Gralsprozession und anschließende Mahlgemeinschaft sind somit neben ihrer analogen Handlungsstruktur (Hereintragen von Tisch und Tischgerät) auch über ihre numerische Ordnungshaftigkeit aufeinander beziehbar. Im einzelnen unterscheiden sich die jeweiligen Zahlen im Zentrum der Vorgänge zwar (Gralsprozession: 12 und 25; Mahlgemeinschaft: 4 und 100), doch sind sie über weitere Zahlenspekulationen wieder miteinander harmonisierbar.[95]

Für die Zusammengehörigkeit beider Handlungssequenzen spricht weiterhin die Ordnung, die sich nach dem Abschluß des Mahles zeigt. Der Abbau erfolgt in entsprechend umgekehrter Reihenfolge der Handlungssequenzen, wobei zuerst eben mit dem Wegräumen der Tafeln der Ritter begonnen und zuletzt der Gralstisch selbst abgebaut wird:

vier karrâschen man dô luot.
ieslîch frouwe ir dienest tuot,
ê die jungsten, nu die êrsten.

dô schuofen se abr die hêrsten
wider zuo dem grâle.
dem wirte und Parzivâle
mit zühten neic diu künegîn
und al diu juncfröwelîn.
si brâhten wider în zer tür
daz si mit zuht ê truogen für.
(240,13–22)

Das Gralsritual kann demnach als eine formal streng festgelegte Handlung ausgewiesen werden, doch zeigt sich zugleich, daß in diesem festen Rahmen durchaus Raum für situationsabhängiges Handeln gegeben ist. Dies deutet sich in der Verbindung des Lanzenrituals mit dem Gralsritual bereits an. Auch das Gralsritual selbst bietet offensichtlich solchen Spielraum, denn an dem Abend des ersten Aufenthalts Parzivals wird die Schwertübergabe des Anfortas, eine Geste, die ihren traditionellen Ort in Ritualen der Herrschaftsübergabe oder Herrscherkrönung hat,[96] situationsgebunden in das Gralsritual, die Mahlgemeinschaft, integriert. Sie ist aber als einmaliger Akt, der die Erlöserfrage provozieren soll, prinzipiell – wie auch das Lanzenritual – von ihm zu trennen.

Wolframs Gralsritual bietet alles, was ein Ritual an formaler Regulierung überhaupt bieten kann: Es zeigt einen streng festgelegten, wiederholbaren Ablauf mehrerer analog strukturierter, in sich aber auch variierter Handlungssequenzen. Die Bewegungen der geschlechtlich, ständisch und vestimentär exklusiven Akteure sind ebenso festgelegt wie ihre Positionen im Raum und ihre Gesten. Bestandteile des Rituals sind neben mehreren rituellen Gegenständen zahlreiche visuelle und olfaktorische Reize. Es findet in einem repräsentativen Raum statt, der nicht zuletzt auch über die für das gesamte Ritual wichtige Zahlensymbolik in den Ordo des Rituals einbezogen ist.

In der Ordnungshaftigkeit und der formalen Elaboriertheit dieser rituellen Handlung, die gleichwohl Spielraum für situationsgebundenes Verhalten läßt, erweist sich Wolfram sicher nicht – wie Gottfried den namentlich von ihm nicht genannten Dichtern vorwirft – als *vindære wilder mære* (›Tristan‹, 4663). Ob der Vorwurf von *wilde* dagegen den Inhalt und die Bedeutung dieser hochgradig formalisierten Handlung betreffen könnte (*si müezen tiutære / mit ir mære lâzen gân: / wirn mugen ir dâ nâch niht verstân, / als man si hæret unde siht*, 4682–85), wird im nächsten Kapitel weiter zu verfolgen sein, in dem es um die Frage nach der Substanz und die Möglichkeit des Verstehens von Ritualen gehen soll.[97]

2. Zur Substanz des Rituals

Als ein wesentlicher Faktor der Poetik des Rituals ist die Zuordnung der Formalität ritueller Handlungen zu ihrer Substanz anzusehen: Die Form kann als Modus gelten, durch den Rituale ihre Bedeutung generieren. Die folgenden Überlegungen zur Substanz des Rituals enthalten eine Charakterisierung der inhaltlichen Vorstellungen, auf die sich ein Ritual richtet, eine Skizze unterschiedlicher Ritualtypen und die Frage nach der Symbolizität ritueller Handlungen. Sie bauen insofern auf Kapitel 1 auf, insoweit sich dort schon der enge Zusammenhang von Form und Substanz andeutete, etwa wenn gezeigt wurde, wie Rituale sich aus Handlungsbausteinen unterschiedlicher Geltungsbereiche (z.B. des religiösen und des weltlichen) zusammensetzen können. Die komplementäre Verbindung von Form und Substanz betrifft dabei genuin das Problem der Abgrenzung von Ritualen zu anderen Arten des Handelns, die ebenfalls durch Wiederholung und eine feste stereotype Form gekennzeichnet sind: Rituale werden aufgrund ihrer Substanz – anders als Routinen oder Habitualisierungen – als bedeutungsvolle Handlungen wahrgenommen.

Geltungsbereiche: Rituale als ,heilige' Handlungen

Substantiell wurden Rituale lange Zeit als Handlungen mit religiösen Inhalten definiert, und komplementär dazu wurden formalisierte, zeichenhafte Handlungen im säkularen sozialen Kontext als ,Zeremonien' bezeichnet.[1] Was man aber genau unter ,religiös' zu verstehen hat, wird dabei nicht immer deutlich: Statt ,religiös' finden sich Bezeichnungen wie ,okkult', ,transzendent', ,mystisch' und ,magisch'; TURNER bindet den Begriff ,Ritual' an den „Glauben an unsichtbare Wesen oder Mächte".[2] Zunehmend seit den 1970er Jahren wurde der über lange Zeit fast obligatorische Konnex zwischen Ritual und Religion als unzulässige Begriffsverengung kritisiert.[3] Mit der Ausweitung des Ritualbegriffs und seiner Anwendung auf die verschiedensten kulturellen Phänomene in der Moderne spielt die Unterscheidung zwischen ,religiösen Ritualen' und ,säkularen Zeremonien' nur mehr eine untergeordnete Rolle.[4]

Die substantielle Differenzierung des ,Religiösen' und ,Säkularen' wurde zumeist auf DURKHEIM zurückgeführt, doch steht sie dessen Verständnis von Religiosität als der Hypostasierung sozialer Phänomene freilich geradezu entgegen.[5] DURKHEIM gründet seine Überlegungen auf eine andere begriffliche Opposition, deren Verwandtschaft mit der oben genannten jedoch nur vordergründig besteht: die des ‚Heiligen' und des ‚Profanen'. Das Heilige bestimmt DURKHEIM als hypostasiertes Kollektivgefühl,[6] Rituale als „eminent soziale Angelegenheit", als Handlungen, die „nur im Schoß von versammelten Gruppen entstehen können".[7] Da eine Gesellschaft sich „ständig heilige Dinge erschafft",[8] können vormals ‚profane' Dinge ‚heilig' werden. ‚Heilig' etwa kann ein Mensch aufgrund seiner sozialen Stellung als Herrscher werden, so daß die „Ehrerbietung, die Menschen, die eine hohe soziale Funktion ausüben, einflößen, [...] auch nichts anderes als der religiöse Respekt"[9] ist. Der so gefaßte Begriff des ‚Heiligen' ist mit dem des ‚Religiösen' nur teilweise kongruent. Er stellt, wie auch der komplementäre Begriff des ‚Profanen', eine Kategorie dar, die in unterschiedlichen (sozialen, räumlichen, zeitlichen) Kontexten Bedeutungswandel erfahren kann:

[E]s gibt nichts, das grundsätzlich heilig oder profan wäre. Sie sind keine selbständigen Kategorien, sondern vielmehr situationsbedingte oder relationale Kategorien, bewegliche Grenzen, die sich je nach Karte, die man verwendet, verändern. Es gibt nichts, was in sich selbst heilig ist; Dinge werden nur in Beziehung zu etwas geheiligt.[10]

Die Kategorie des ‚Heiligen' muß daher immer konkret expliziert und mit dem Wechsel des Betrachtungsgegenstandes modifiziert werden. Dies hat etwa GOFFMAN in bezug auf die sogenannten Interaktionsrituale getan, indem er den Begriff auf das moderne Individuum überträgt, dem „eine Art Heiligkeit zugesprochen wird".[11] Auch wenn GOFFMANS Anwendung von spezifisch neuzeitlichen Implikationen getragen ist und bei ihm manchenorts zu einer fragwürdigen Strapazierung des Ritualbegriffs führt, zeigt sie doch, daß DURKHEIMS Begriff des ‚Heiligen' zur Beschreibung der vielfältigen Erscheinungsformen von Ritualen durchaus fruchtbar gemacht werden kann.

So bietet es sich gerade für das Mittelalter an, die substantielle Kategorisierung von religiösen Ritualen und säkularen Zeremonien zugunsten des Begriffs des ‚Heiligen' zu suspendieren. Zweifellos gibt es im Mittelalter Rituale rein ‚religiöser' und ‚weltlicher' Natur, doch haben die bisher erörterten Beispiele bereits vorgeführt, daß in Ritualen beide Bereiche miteinander verschränkt sein können und auf unterschiedliche Weise Austausch- und Transformationsprozesse zwischen ihnen zu beobachten sind. Während die Beschreibung solcher Phänomene auf die Unterscheidung religiöser und weltlicher Geltungsbereiche kaum verzichten kann, stünde ihr die substantielle Kategorisierung von ‚religiösen Ritualen' und ‚säkularen Zeremonien' geradezu im Wege. Unabhängig von Differenzierungen ihrer Geltungsbereiche beziehen sich Rituale wesentlich auf eine Substanz, die im Sinne DURKHEIMS als ‚heilig' angesehen wird.

Dazu gehören natürlich Rituale rein religiöser Natur (liturgische Rituale wie die Messe, Prozessionen, Kirchweihe usw.), aber auch Rituale aus dem Bereich von Politik, Recht und Gesellschaft, in denen auf unterschiedliche Arten religiöse und säkulare Sphären interferieren. So galt die Kaiserkrönung dem weltlichen Herrscher, dessen politische Macht als Abbild göttlicher Macht verstanden wurde;[12] sie war in weiten Teilen ein liturgischer Akt, in dessen Rahmen die rechtlich bedeutsamen Symbole der Reichsgewalt (wie Krone, Schwert o. ä.) metaphysisch verankert wurden. Auch der Herrscheradventus war ein Herrschaftsritual,[13] dem durch seine Ausgestaltung mit liturgischen Akten religiöser Sinn unterlegt wurde, so wie umgekehrt der „kirchliche Ritus [...] sowohl das reine Adventus-Zeremoniell vornehmlich im Bischofs- und Reliquien-Empfang als auch eine Fülle von Prozessionsriten in anderen Kulthandlungen mit Adventus-Versatzstücken kannte und kennt".[14] Die Bereiche von weltlicher Herrschaft und Gerichtsbarkeit sowie von Religion interferieren in dem oben besprochenen Beispiel der Supplikanten aus Lodi, indem die Lodesen das Kreuzessymbol aus seinem originären, religiösen Raum in jenen der weltlichen Gerichtsbarkeit Friedrichs I. transferieren; es handelt sich hierbei um eine aktuell ungewöhnliche Klagegeste, die allerdings eindringlich etwas Grundsätzliches erinnert und anmahnt: die metaphysische Verankerung von Herrschaft und ihrer Rechtsprechung in Gott. Die engste Verbindung von Recht und Religion liegt dann vor, wenn es sich bei einem Rechtsritual explizit um ein Gottesurteil handelt. Selbst ein Großteil der sogenannten Übergangsriten wurde im Mittelalter bereits von der Kirche getragen (so etwa Taufe und Bestattung),[15] und wo dies nicht der Fall war, wie bei der Vermählung, zeigt sich, wie die Formen sozialer Interaktion der feudaladeligen Gesellschaft in Konkurrenz zu denen kirchlicher Institutionen treten. Sogar die Schwertleite als Ritual der Eingliederung in die waffentragende Gemeinschaft und als Mannbarkeitsritual konnte in entsprechender Weise religiös gerahmt werden.[16]

Rituale als Handlungen, die sich auf etwas Heiliges beziehen, umfassen weiterhin auch solche Handlungen, in denen eine explizite metaphysische Verankerung oder eine religiöse Rahmung fehlt. Darunter fallen vor allem Rituale der Friedensstiftung, des Empfangs, der Mahlgemeinschaft, der Begrüßung und des Abschieds, Rituale, die z. T. sowohl in den Bereich von Gesellschaft als auch von Politik gehören. Auch diese Handlungen beziehen sich auf eine Substanz (Friede, Hierarchie, Kollektivität, Macht o. ä.), die aktuell als ‚heilig' erachtet wird, und stellen in dieser Hinsicht ein dem Profanen, dem Alltag enthobenes Geschehen dar.[17] Doch können bei diesen Ritualen – anders als bei den oben genannten – unterschiedliche

Grade von Bedeutsamkeit, von Bewußtheit des Heiligen als Außeralltäglichem angesetzt werden. So stehen etwa Rituale und Feste (weltlicher oder religiöser Natur) als Alltag transzendierende Ereignisse durchaus in zweierlei Kausalverhältnissen zueinander: Rituale können der Anlaß zu einem Fest sein, wie es etwa bei den ‚großen' Herrschaftsritualen (Vermählung, Krönung o. ä.) der Fall ist; hier erscheint das Ritual als das Vorgängige. Rituale können andererseits in ein Fest eingebettet sein (wie z. B. Mahlgemeinschaft) oder es zu Beginn und Abschluß rahmen (z. B. Begrüßungs-, Empfangs- und Abschiedsrituale); hier fordert das Fest, das im Unterschied zum Ritual nicht durchweg formalisiert und symbolisch ist, seine Rituale, nicht zuletzt auch, um die Grenzen zwischen Fest- und Alltagszeit zu markieren und die Übergänge zwischen beiden zu bewältigen.

Ähnlich betont KOZIOL, daß im Mittelalter nicht nur die außergewöhnlichen Höhepunkte des politischen und gesellschaftlichen Lebens, sondern auch das ‚normale' politische Verhalten hochgradig rituell geprägt sind.[18] Mit der Häufigkeit der praktizierten Handlung ist die Frage nach dem Bewußtsein und Grad des Heiligen aber eng verbunden. Entscheidend ist dabei letztlich der Ritualtyp: Während die elaborierten Rituale ein größeres Bewußtsein für das Heilige nahelegen, ist für die kleineren Rituale aufgrund ihres häufigen Gebrauchs eher ein weniger ausgeprägtes Bewußtsein um das Außergewöhnliche der Handlung kennzeichnend.[19]

Epiphanie von Sinn

Rituale gehören, wie später genauer auszuführen sein wird, als „eigenständige symbolische Gebilde" in den Bereich „symbolischer Orientierung und symbolischer Ordnung."[20] Die Bemühungen sowohl zeitgenössischer als auch heutiger Interpreten, die in den symbolischen Handlungen verschlüsselten Inhalte, ihren spezifischen Sinn und somit ihre ‚Aussage(n)' zu explizieren, setzen dabei zumeist stillschweigend einen Punkt voraus, der von dieser Außenperspektive auf das Ritual zunächst zu trennen und deshalb hier eigens zu erörtern ist: die unmittelbare und unreflektierte Erfahrung der Sinnträchtigkeit ritueller Handlungen durch die Beteiligten selbst.[21]

Das Sinnpotential eines Rituals kann in unterschiedlicher Form zutage treten: Sinn kann zunächst einmal von den Beteiligten unabhängig von den konkreten Bedeutungen eines Rituals oder einzelner ritueller Handlungen ganz unspezifisch erfahren oder unterstellt werden.[22] Das bekannteste Beispiel dafür ist wohl die mittelalterliche Messe, v. a. die Eucharistiefeier, deren Heilswirksamkeit auch von den Laien, ohne daß sie die genaue Bedeutung oder den Ablauf des Rituals durchschauen mußten, grundsätzlich erfahrbar war – als jener berühmte ‚Hokuspokus', zu dem die Konsekrationsworte *hoc est corpus meum* im Volksmund mutierten.[23] Nahegelegt oder vermittelt wird die Sinnhaftigkeit eines Rituals etwa durch eine zwar unverständliche, aber ‚heilige' Sprache, durch dingliche Symbole, deren Bedeutung – mitunter auch aus anderen Kontexten (vgl. die von den Lodesen vor Barbarossa getragenen Kreuze) – bekannt ist, oder durch die elaborierte Formalität der Handlungen insgesamt, durch ihre zeitliche und räumliche Situierung oder durch ihre Träger. Vor allem ihre Wiederholbarkeit und ihr traditioneller Vollzug können Ritualen Bedeutsamkeit, Legitimität und Autorität verschaffen: Gerade wenn Rituale älter sind als ihre Teilnehmer, ermöglichen sie das Eintreten in eine vorgegebene Tradition und Sinnstruktur. Der Sinn eines Rituals ist damit, unabhängig von Explikationen seiner konkreten Bedeutung von außen, auch selbstgeneriert und selbstreferentiell.

Epiphanie von Sinn kann aber auch konkret benennbar sein, wenn neben einem nicht unmittelbar durchsichtigen Sinnpotential und einer unspezifischen Aura des Rituals seine Sinnsubstanz selbst erfahrbar wird. Dies deutete sich bereits im vorigen Abschnitt an, in dem Rituale als Handlungen beschrieben wurden, die sich auf etwas ‚Heiliges' beziehen: Wie im religiösen Ritual die Gottheit oder das Heil selbst ‚erfahrbar' wird, so ‚erscheint' in der Versammlung (konkreter Personen zu konkreten Zwecken) auf dem Reichstag das Reich selbst, so bringt das Gerichtsritual (neben der Entscheidung konkreter Rechtsfälle) das Recht selbst zum ‚Vorschein', so treten im Empfang und in der Begrüßung (über die konkrete soziale Interaktion hinaus) Macht, Rang und Hierarchie ‚zutage', so wird im Friedensschluß (neben konkreten Vereinbarungen) der Friede selbst ‚erfahrbar'.

Ritualexegesen und die Erfahrung von Sinnhaftigkeit sind somit zwei verschiedene Modi, einem Ritual Bedeutung zuzuweisen; jene sind dieser nachgeordnet und gründen in ihr. Beiden Deutungsmodi sind zwei grundsätzliche Perspektiven beigeordnet, aus denen ein Ritual betrachtet werden kann: eine Außenperspektive,[24] aus der eine Handlung als ‚Ritual' klassifiziert oder interpretiert werden kann, und eine Innenperspektive, aus der ein Ritual eher unreflektiert als ‚natürlich'-sinnhafte Handlung erfahren wird. Rituale besitzen somit eine Sinnstruktur, in die ihre Akteure eintreten, und zugleich – wie gleich auszuführen sein wird – einen Spielraum für ihre konkreten Deutungen.

Rituale als symbolische und instrumentelle Handlungen

Daß Rituale grundsätzlich als sinnträchtige und bedeutsame Vorgänge erfahren werden, beruht wesentlich auf der Symbolizität, die Ritualen in der Forschung zumeist zugeschrieben wird.[25] Dies erscheint notwendig, um Rituale von (Alltags-)Routinen, Typisierungen und Habitualisierungen abgrenzen zu können.[26] Neben der in der Regel ausgeprägteren Formalität und Bewußtheit soll also die Symbolizität Rituale kategorial von Routinen oder Habitualisierungen unterscheiden.

Zwei Aspekte lassen es dabei jedoch ratsam erscheinen, zwischen beiden Handlungstypen fließende Übergänge anzusetzen. Zum einen stellen Rituale und Routinen weder in ihrem Vollzug noch in ihrer Funktionalität Gegensätze dar, denn

jede Gesellschaft, so klar und fest sie auch strukturiert sein mag, lebt ebenso in ihren Bräuchen, Übergängen und Grenzüberschreitungen (von einem Lebensalter zum anderen und den damit verbundenen sozial definierten Statuspassagen, von einem Geschlecht zum anderen, von einer Gruppe zur anderen etc.) wie in ihren Routinen. Ja, wir benötigen die Routinen gerade, um diese Brüche einigermaßen gesichert und kollektiv zu kitten.[27]

Zum anderen, und dies besonders im Blick auf das Mittelalter, hängt die Unterscheidung eben an der Zuschreibung der Symbolizität, die sich mit dem Wandel des Standpunktes durchaus verändern kann: „Vieles, was in historischer Perspektive als Ritual erscheint, war möglicherweise für die Zeitgenossen nur eine Routine."[28]

In diesem Zusammenhang gehört weiterhin die mit dem Symbolbegriff verbundene Problematik, verschiedene Arten des Handelns zu differenzieren, an erster Stelle die Unterscheidung von instrumentellen und symbolischen Handlungen: Rituale seien – so etwa Argyle – Handlungen, denen eine „hauptsächlich symbolische statt einer instrumentellen Bedeutung" zugesprochen werden müsse,[29] wobei letztere den zweckgerichteten Charakter der Handlung meint.[30] Daß diese Unterscheidung nicht absolut zu setzen ist, zeigt sich bei Argyle schon in der Verwendung von relativierenden Adverbien.[31] Die strikte Opposition beider Begriffe erscheint zumal dadurch fragwürdig, daß ,eher instrumentell' zu verstehende Handlungen durch eine entsprechende Rahmung ritualisiert werden können,[32] so wie umgekehrt Rituale verschiedenen Instrumentalisierungen offenstehen. Gerade im Mittelalter, in dem – wie in Kapitel 3 weiter auszuführen sein wird – Rituale wichtige Funktionen erfüllten, die heute von kommunalen, staatlichen oder anderen Institutionen wahrgenommen werden, können beide Handlungstypen nicht als Alternativen betrachtet werden. So hat Althoff in seinen Arbeiten auf den bewußten Umgang und den gezielten Einsatz von Ritualen im Mittelalter aufmerksam gemacht und den pragmatischen Aspekt rituellen Handelns herausgestellt; er gebraucht deshalb die Begriffe „rituell", „zweckorientiert" und „zweckrational" teilweise synonymisch.[33]

Weil Herrschaftsrituale im Mittelalter immer auch in einem politischen (Konflikt-)Feld plaziert sind, ist von einer Integration der ‚instrumentellen' und ‚symbolischen' Aspekte auszugehen und davon, daß ihre jeweilige Gewichtung sich mit dem Ritualtyp und dem Kontext des aktuellen Vollzugs verschieben kann. Während Rechtsrituale z. b. per definitionem stark zweckgerichtet und gleichwohl ebenso von symbolischen Gehalten geprägt sind, kann bei anderen Ritualen der Akzent mehr auf dem symbolischen als auf dem pragmatischen Gehalt liegen.

Zu verabschieden sind deshalb auch die im Zusammenhang mit einer postulierten Zweckfreiheit ritueller Handlungen einseitig gebrauchten Gleichsetzungen rituellen Handelns mit ‚irrationalen' Handlungen.[34] Auf die Problematik der Anwendbarkeit dieses Begriffs auf das Mittelalter hat bereits LEYSER aufmerksam gemacht: „Für den Historiker [...] wirft dieser sehr postcartesianisch ausgerichtete Unterschied die beunruhigende Frage auf, ob und, falls ja, wieweit die Teilnehmer an einem Ritual in der Vergangenheit zwischen rationalen und irrationalen Handlungen unterschieden."[35] Im positiven Sinne verweisen solche Bestimmungen jedoch auch auf das, was oben als unspezifische Erfahrung von Sinn, als Epiphanie von Heiligem und Eintreten in eine traditionell vorgegebene Sinnstruktur bezeichnet wurde. Rituale können deshalb zugleich als zweckgerichtete, instrumentelle, daher auch ‚rationale' und als sich in ihrer Symbolik potentiell der Rationalität entziehende Handlungen begriffen werden.

Rituelle Symbolik

Das Problem einer Bestimmung des Rituals als symbolischer Handlung liegt auch im Symbolbegriff selbst, der wie der des Rituals notorisch vage und vieldeutig ist. Er erscheint seinerseits erklärungsbedürftig, da in der Forschung „mit ‚Symbol' (ähnlich wie mit ‚Kultur') sehr verschiedene Dinge – oft sogar gleichzeitig – bezeichnet worden sind".[36] So werden einerseits unterschiedliche Zeichentheorien mit verschiedenen Symbolbegriffen angewandt,[37] so daß etwa semiotische, ästhetische und philosophische Symboldefinitionen oder präsentativ-vorbegriffliche und diskursiv-kommunikative Symbolverständnisse miteinander konkurrieren.[38] Andererseits werden, um den schwierigen Symbolbegriff zu umgehen, Alternativbezeichnungen eingeführt, die jedoch ihrerseits wieder in die Abgrenzungsproblematik rituellen Handelns hineinführen: So soll etwa der Begriff ‚Expressivität' mit bewußt unspezifischer Füllung Raum für situative Konkretionen der jeweiligen Zeichenrelation lassen.[39] Was dieser Begriff aber leisten soll, fängt auch der Symbolbegriff auf, wenn man ihn weit genug faßt und das Symbolsystem als eine Ordnung betrachtet, die historischen Transformationsprozessen ausgesetzt ist[40] und in der unterschiedliche kulturelle Sphären miteinander interagieren können.

In der Forschung ist verschiedentlich betont worden, daß rein semiotische Symboldefinitionen, nach denen das Symbol als Signifikant (als das Bezeichnende) für ein Signifikat (das Bezeichnete) steht, sich für eine Ritualdefinition als zu eng erweisen, da mit ihnen nur ein geringer Teil von Ritualen mit Stellvertretungsfunktion erfaßt werden kann.[41] Rituale sind als symbolische Handlungen nicht nur Repräsentanten von Ordnung, sondern zugleich Träger dieser Ordnung. Weil sie somit nicht bloß auf etwas Abwesendes verweisen, sondern das Symbolisierte im Symbol präsent machen, gehen sie in ihrer Signifikationsrelation nicht auf. Eine Definition ritueller Symbolik muß also neben diesem Verweisungscharakter den Gedanken unmittelbarer Präsenz in sich einschließen.[42]

Der Gedanke der Präsenz wird entschieden deshalb forciert, weil man es bei Ritualen nicht nur mit symbolischen Zeichen, sondern wesentlich mit symbolischen Handlungen zu tun hat.[43] Den Aspekt des Handelns für die Erforschung von Symbolsystemen hat entschieden GEERTZ prononciert.[44] Er verwendet den Symbolbegriff dementsprechend weit „für alle Gegenstände, Handlungen, Ereignisse, Eigenschaften oder Beziehungen, die Ausdrucksmittel einer Vorstellung sind, wobei diese Vorstellung die ‚Bedeutung' des Symbols ist", und er versteht unter Symbolen in „wahrnehmbare Formen geronnene Abstraktionen, konkrete Verkörperungen von Ideen, Verhaltensweisen, Meinungen, Sehnsüchten und Glaubensanschauungen".[45] Diese Definition erscheint nicht nur deshalb sinnvoll, weil in ihr die ‚Materialität' von Symbolsystemen entsprechend weit gefaßt ist, sondern auch, weil in ihr sowohl der Aspekt von Abbildung als auch von Präsenz enthalten ist.[46] Wenn GEERTZ darüber hinaus darauf verweist, daß Symbolsysteme als empirisch faßbare Seite kultureller Phänomene nicht nur „Modelle von Wirklichkeit", sondern auch „für Wirklichkeit" sind,[47] erlaubt dies zudem, den pragmatischen Aspekt des Rituals, seine Funktion als Träger von Ordnung im Symbolbegriff selbst zu verankern.

Multivalenz

Die symbolische Substanz von Ritualen erlaubt, wie oben dargelegt, eine unspezifische Zuschreibung von Sinn und eröffnet zugleich einen Spielraum für die Interpretation ihrer Bedeutung: Einerseits können rituelle Symbole „von denen, die am Ritual beteiligt sind, leicht verstanden, wenn auch nicht unmittelbar durchschaut"[48] werden. Andererseits weisen die symbolischen Handlungen komplexere Bedeutungsschichten und Multivalenz auf. Auf die Mehrdeutigkeit als Kennzeichen von ritueller Symbolik wird in der Forschung immer wieder verwiesen. SOEFFNER betont ihr mehrdeutiges, unter Umständen paradoxes, Widersprüchliches zu einer Einheit zusammenfassendes Wesen ebenso wie DOUGLAS, die sich für „eine Untergruppe der mehrdeutigen Symbole" interessiert, „die ein Spektrum umfaßt, das sich von hochgradig diffusen bis zu hochgradig verdichteten Symbolen erstreckt".[49]

Die Eindeutigkeit oder Mehrdeutigkeit von Ritualen ist dabei zunächst von situativen Kontexten abhängig: Der Bedeutungshorizont einer Handlung kann sich innerhalb wechselnder Kommunikationszusammenhänge verschieben und im Zusammenspiel mit anderen symbolischen Handlungen verändern. Auf diesen Aspekt hat SCHMIDT-WIEGAND z.B. hinsichtlich des Zeichengebrauchs von Gebärden im Mittelalter hingewiesen. So kann die Gebärde des ‚Stehens' je nach rituellem Kontext unterschiedliche Bedeutung haben: Wenn im Ritual der ‚deditio' vor einem Stehenden gekniet wird oder man ihm zu Füßen fällt, dann drückt die Geste des Stehens die Überordnung und die des Kniens oder Liegens die Unterordnung aus; ebenso bedeutet aber das „Stehen gegenüber einem Sitzenden die Anerkennung des Herrn oder einer übergeordneten Gewalt, im kirchlichen wie im weltlichen Bereich. […] Stehen ist also in der Gebärdensprache des Rechts ambivalent, indem es Unter- und Überordnung bedeuten kann."[50]

Die Mehrdeutigkeit von Ritualen zeigt sich jedoch auch, wie KOZIOL betont, in der prinzipiellen Möglichkeit unterschiedlicher Deutungen ein und desselben rituellen Vorganges: „Rituals, an iconography of gestures, were equally capable of multiple readings. There is no reason why contemporaries needed to reduce them to a single meaning on any given occasion."[51] BUC geht in dieser Hinsicht noch einen Schritt weiter, wenn er darauf hinweist, daß mittelalterliche Rituale von den Mitgliedern einer Kultur ‚verwaltet' werden, deren wesentliches Kennzeichen der Hang zur Interpretation selbst darstellt. Einzelne Rituale sind deshalb für BUC in ihrer Bedeutung und Interpretation prinzipiell umkämpft.[52]

Als Beispiel dafür sei ein Ereignis genannt, dessen rituelle Handlungen nicht nur völlig unterschiedlich überliefert,[53] sondern auch unabhängig davon für die Zeitgenossen jeweils mehrdeutig ‚lesbar' waren: die Begegnung des Schutz und Hilfe gegen die Langobarden suchenden Papstes Stephan II. mit König Pippin im Jahr 754. KOZIOL zufolge ließ Stephans demütiger Fußfall vor Pippin mehrere Deutungsmöglichkeiten zu:

[T]he king could have read it either as a sign of subjection or as a mark of unusual honor, since this was the kind of prostration expected by Byzantine emperors and high officials. But the pope's retinue could have read it as an appeal to a lord made great by God, or as the kind of honorific demonstration of humility so common among prelates. In either case, it would have implied no subjection at all.[54]

Einer anderen Darstellung zufolge reiste Pippin dem Papst zur Einholung entgegen und führte diesem zum Empfang das Pferd.[55] Ähnlich wie der Fußfall des Papstes war auch das von Pippin geleistete ‚stratoris officium' nach FUHRMANN in seiner Interpretation nicht eindeutig festgelegt: Es konnte „lediglich" als „Ehrerbietung" oder aber als „eine Art Unterordnung", wie sie das in späterer Zeit gefälschte ›Constitutum Constantini‹ vorschrieb, gedeutet werden.[56]

Rituelles Handeln eröffnet somit einen Spielraum an Interpretation. Die Tatsache allerdings, daß die verschiedenen Quellen je nach Parteinahme bestimmte (zweideutige oder als eindeutig demütigend empfundene) Akte aussparen, deutet wiederum darauf hin, daß dieser Spielraum an Interpretation eingeengt und ihre Bedeutung nicht beliebig war. Rituale können deshalb nicht, wie KOZIOL behauptet, „mean whatever their participants and audience thought they should mean"[57]. Der Fußfall oder das Knien eines Vasallen vor einem Herrn ist durch seinen Kontext (etwa den Lehnsakt, die Unterwerfung oder die Bitte) relativ eindeutig als Akt der Unterordnung zu bewerten. Diese Bedeutung verliert die gleiche Geste auch nicht völlig, wenn sie im klerikalen Kontext praktiziert wird, doch verlagern sich hier die Akzente auf den Akt der Demut. Wenn wie im oben genannten Beispiel Repräsentanten aus zwei unterschiedlichen, zumal miteinander rivalisierenden sozialen Sphären, in denen die Bedeutungshorizonte bestimmter Gesten nicht völlig übereinstimmen, interagieren, potenziert sich die Möglichkeit zur unterschiedlichen Deutung der rituellen Handlung erheblich. Denn die Interpretation einer symbolischen Handlung ist eben nicht beliebig, sondern wesentlich vom Standpunkt des Interpreten abhängig.[58] Wie sich die von den Historikern hervorgehobene Multivalenz rituellen Handelns auf die Funktionen auswirkt, die das Ritual in der mittelalterlichen Gesellschaft erfüllt, wird in Kapitel 3 zu erörtern sein.

Substanzverschiebung und -überlagerung: Wolframs Gralsritual II

Die in diesem Kapitel vorgestellten Aspekte der Substanz von Ritualen sollen nochmals an Wolframs Gralsritual veranschaulicht werden, weil in ihm – wie sich erneut im Vergleich mit der Textvorlage zeigt – die für die Poetik des Rituals in substantieller Hinsicht konstitutiven Faktoren in vielschichtiger Weise ausagiert werden: Wolfram verändert gegenüber Chrétien nicht nur, wie im vorigen Kapitel dargelegt,[59] die Formalität des Gralsrituals, sondern auch seine Substanz und damit den Ritualtyp.

Die Frage nach der Substanz der Chrétienschen Gralshandlung ist nicht leicht zu beantworten, da der Text – auch aufgrund seines fragmentarischen Charakters – dafür nur wenige Anhaltspunkte bietet. So scheint es auf den ersten Blick nicht ganz unproblematisch zu sein, den Gralsaufzug als ein ‚Ritual‘ zu bezeichnen. Denn nicht nur ist, wie oben ausgeführt, seine Formalität wenig ausgeprägt, sondern auch sein symbolischer Gehalt unklar. Alles, was man über die Bedeutung der Handlung später aus dem Munde des Eremiten, Percevals Onkel, erfährt, ist, daß im Gral Hostien getragen werden, die den alten Gralskönig seit mittlerweile 15 Jahren (!) ernähren (6415 ff.). Auch wenn die Art dieser Ernährung durch den ‚heiligen‘ Gegenstand (*sainte chose*, 6425) außergewöhnlich ist und mit religiösem Sinn unterlegt wird (Hostie), fällt es doch schwer, eine rituelle Substanz dieses Vorgangs zu benennen, weil man über die Bedeutung der übrigen Gegenstände (v. a. der Lanze) ebenso im unklaren bleibt wie über ihren Zusammenhang und die weiteren Hintergründe.[60]

Eindeutig rituellen Charakter bekommen die Vorgänge aber im Hinblick auf den anwesenden designierten Erlöser Perceval. Denn in ihrem Bezug auf diesen weisen die Vorgänge eine strukturelle Analogie zu magischen Ritualen auf. So wie im „Kern der magischen Handlung" die Kenntnis der „Zauberformel" steht, „der Gebrauch von Worten, die das Gewünschte heraufbeschwören, statuieren oder befehlen",[61] so kommt es bei Chrétien entscheidend auf die richtigen Fragen Percevals an, mittels deren der kranke Fischerkönig erlöst werden kann. Anders aber als in magischen Ritualen, in denen Experten agieren, ist Perceval als Außenstehender in Unkenntnis der ‚Zauberformel‘. Die Erlösungsformel besteht zudem genau darin, nach dem Sinn, der Substanz der Handlung zu fragen: Warum blutet die Lanze, und wen bedient man mit dem Gral? Indem die Handlungen des Gralsaufzuges die Erlösungsfragen des Gastes provozieren sollen, werden diese als notwendiger Bestandteil in ein übergeordnetes Handlungsmuster zur Erlösung integriert.[62]

Dadurch daß dieses Handlungsmuster eine für magische Rituale spezifische Zweck-Mittel-Relation besitzt[63] und daß weder die Erlösungsfragen noch die Gegenstände, auf die sie sich richten und die selbst rätselhaft sind,[64] einen logisch nachvollziehbaren Zusammenhang mit der Erlösung selbst zu haben scheinen, gewinnt der Vorgang einen deutlich magisch-rituellen Charakter. In diesem Sinne wird aus dem Gralsaufzug ein ‚Erlösungsritual‘.

Demgegenüber hat Wolfram durch eine bis ins Detail aufmerksam verfolgte Ausgestaltung der Form auch die Bedeutungshorizonte, Substanz und Funktion der Handlung verschoben. Sein Gralsritual, das Prozession und Mahlgemeinschaft umfaßt, ist kein Ritual zur Erlösung des kranken Gralskönigs, sondern ein davon unabhängiges Herrschaftsritual.

Klar zu unterscheiden sind dabei instrumentelle und symbolische Aspekte des Rituals. Als instrumentelle Handlung dient es zunächst dem Aufbau eines Tisches, auf dem schließlich der Gral und zwei silberne Messer plaziert werden, und anschließend auch der Ausstattung der anwesenden Ritterschaft mit Tischen und Tischgerät; pragmatisch gesehen, zielt die Handlung also auf das Herrichten eines gemeinschaftlichen Speisesaals. In der oben beschriebenen hochgradigen Formalisierung (Prozessionschoreographie, Kleider- und Zahlenordnungen, Lichter etc.) dieses an sich unspektakulären Zweckes[65] ist aber ein Überschuß an Bedeutung angezeigt, der die Handlung zu einem Ritual macht, dessen Symbolizität seinen praktischen Zweck bei weitem überschreitet.

Zwei Symbolgehalte können dabei unterschieden werden. Zum einen ist die Festlichkeit der Prozession bezogen auf die Bedeutung ihres wichtigsten Gegenstandes: des Grals, der in der Handlung als kultischer Gegenstand ausgezeichnet wird. Das Ritual kann insofern als Kultritual angesehen werden. Zum anderen wird aber dieser Kultgegenstand auch als Mittelpunkt einer Gesellschaft inszeniert, die sich in dem zur Mahlgemeinschaft erweiterten Ritual festlich um ihr Zentrum konstituiert. Die rituellen Handlungen selbst machen diese Gemeinschaft sukzessive, vom Zentrum (Bereiten des Gralstisches vor dem Gralskönig) zur Peripherie (Bereiten der Tische der Gralsritterschaft) gelangend, präsent. Im Ritual werden dabei aber nicht nur die Gralsgesellschaft als Ganzes und ihre wesentliche Struktur: das Zentrum (König/Gral) und die offenbar sozial nicht weiter differenzierte Peripherie (Ritterschaft), sichtbar, sondern die Gesellschaft ‚schaut' und erfährt (Essen) in dieser besonderen, dem Alltag enthobenen Handlung auch ihr ökonomisches, politisches und kultisches Zentrum:

> dô wart mit zuht begunnen
> gereitschaft gein dem grâle.
> den truoc man zallem mâle
> der diet niht durch schouwen für,
> niht wan ze hôchgezîte kür.[66]
> (807,14–18)

Daß dieses Ritual – auch ohne die konkreten Bedeutungen der Handlungen kennen zu müssen – in seinem prinzipiellen Sinn erfaßt werden kann, zeigt sich an Parzival, der, obwohl ihm die Hintergründe dieser Gesellschaft unbekannt sind, die Substanz des Rituals wahrnimmt:

> wol gemarcte Parzivâl
> die rîcheit unt daz wunder grôz:
> durch zuht in vrâgens doch verdrôz.
> (239,8–10)

Ausdrücklich vermerkt der Erzähler damit Parzivals genaues Erfassen (*wol gemarcte*) der beiden zentralen Punkte des Rituals: der herrschaftlichen Repräsentation (*rîcheit*)[67] und ihres transzendenten Mittelpunktes (*wunder*). Und das ist eine richtige Einschätzung der komplexen Vorgänge. Daß Parzival aus *zuht* darauf verzichtet, nach den genaueren Umständen der Gesellschaft zu *vrâgen*, wird vom Erzähler an dieser Stelle ausdrücklich nicht kritisiert. Parzival wendet hier die Lehre Gurnemanz' an, nicht zu viele Fragen zu stellen (239,11 ff.; vgl. 171,17). Daß diese Anwendung in dieser Situation „inadäquat"[68] sei, legt der Text dabei aber keineswegs nahe, weil der Erzähler sich eines Kommentars enthält. Aus der Ritualperspektive heraus erscheint es jedenfalls unangemessen, den Vollzug eines Rituals dadurch zu stören, daß man als Teilnehmer nach dessen Sinn und Zweck fragt. In eine ähnliche Richtung geht auch die Wertung von SOEFFNER, der in der Frage, die Parzival bei Wolfram stellen soll, eine „Verletzung des an sich sprachfrei organisierten Rituals" sieht und dies als Eindringen von Sprache in ein rein „beobachtungs- und handlungsförmig organisiertes, gesellschaftliches Kommunikationsmuster" interpretiert.[69]

Ebenso wie die Substanz des Rituals sind also auch der Inhalt der Erlöserfrage und ihr Bezug auf das Gralsritual gegenüber Chrétien entscheidend verändert[70]: Das Gralsritual bildet bei Wolfram nur mehr den Rahmen für die Provokation der Frage, die selbst an eine ganz andere, in die Mahlgemeinschaft inserierte, eigenständige Geste gebunden ist: die Übergabe des Königsschwertes, das Anfortas nach eigener Aussage wegen seiner Verletzung nicht mehr selbst führen kann (239,25 ff.).[71] Hier erst kommentiert Wolframs Erzähler die Unterlassung der Frage als Versäumnis:

> ôwê daz er niht vrâgte dô!
> des pin ich für in noch unvrô.
> wan do erz enpfienc in sîne hant,
> dô was er vrâgens mit ermant.
> och riwet mich sîn süezer wirt,
> den ungenande niht verbirt,
> des im von vrâgn nu wære rât.
> (240,3–9)

Indem die Frage explizit an die als Höhepunkt der Gralsszene angelegte Schwertgeste gebunden wird, verweist sie auf den für Wolfram wichtigen Doppelaspekt von Anfortas' Erlösung und Parzivals Herrschaftsnachfolge.[72] Die Schwertgeste generiert rituell eine Bedeutung, die Trevrizent später Parzival diskursiv vermittelt: Anfortas' Erlösung und die Herrschaftsübergabe an Parzival gehören – anders als wohl bei Chrétien – genuin zusammen.[73] Parzival soll nicht, wie Perceval, nach dem Sinn und Zweck der

zentralen Handlungen des Gralsrituals fragen (Neugierfrage), sondern auf
die Klagen des Königs und seine Schwertübergabe reagieren. Parzivals
Frage ist dabei nicht nur die nach dem individuellen Leiden des Königs
(Mitleid), sondern damit wesentlich auch die Frage nach der (defekten)
Herrschaft.[74]
Vor diesem Hintergrund erscheint verständlicher, warum die Gralsgesellschaft, die mit Parzivals Ankunft eigentlich de facto von ihrer Erlösung ausgeht,[75] das Gralsritual als situativen Rahmen der Erlöserfrage instrumentalisiert (807,21–23): Parzivals Designation zum neuen Herrscher
in der Schwertgabe und die damit verbundene Erlösungsfrage setzen die
Präsenz der Gesellschaft, die erlöst werden muß und über die Parzival zu
herrschen bestimmt ist, voraus. Als Herrschaftsritual bietet es somit den
‚passenden‘ Rahmen für die Erlösungsfrage, doch scheitert diese Instrumentalisierung an der Zurückhaltung Parzivals.[76]
Wolfram grenzt sein Gralsritual somit – auch in der späteren Erlösung
des Anfortas[77] – klar von den Handlungen bei Chrétien ab. In seiner Substanz erscheint es dabei als komplexes kulturelles Konstrukt, in dem sich
Disparates vermischt. Zum einen werden zwei unterschiedliche Handlungssequenzen aus unterschiedlichen kulturellen Sphären verknüpft: So
wird mit der Gralsprozession ein Handlungsmuster eingespielt, das deutlich Bezug auf religiös-kirchliche Handlungen nimmt, während die Mahlgemeinschaft ein Handlungsmuster aus dem herrschaftlich-höfischen Bereich darstellt. Zum anderen erscheinen auch die einzelnen Teilhandlungen jeweils substantiell mehrdeutig, indem sie in sich wiederum mit
heterogenen Zeichentypen und Assoziationen arbeiten: Der Gralsaufzug
konnotiert zwar mit seinen Funktionsträgern (Amtscharakter), seiner
Choreographie (steigernder Aufbau mit der höchsten Funktionsträgerin
und dem Kultgegenstand am Ende), seinem Zweck (Speisung durch den
Kultgegenstand an einem eigens dafür vorgesehenen Tisch), seinen visuellen und olfaktorischen Reizen[78] deutlich Handlungen aus kirchlichem Bereich, doch handelt es sich eben nicht um Priester in Amtstracht, sondern
um Frauen in höfischer Kleidung, nicht um einen Altar, sondern um einen
transportablen Tisch im Kontext höfischer Prachtentfaltung, nicht um eine
Reliquie oder einen Behälter (wie bei Chrétien), sondern um einen Stein,
nicht um eine Hostie (wie bei Chrétien), sondern um eine üppige Speisenfolge, nicht um den Kirchraum, sondern den Palas, nicht um Weihrauch,
sondern Balsam und Aloeholz. Somit erscheint die kultische Handlung mit
ihren religiösen Implikationen höfisiert. Ebensowenig ist die Mahlgemeinschaft ausschließlich höfisches Ritual. Denn die Speisung erfolgt durch
einen wunderbaren Kultgegenstand, und es fehlt die Gesellschaft von höfischen Damen, was im höfischen Kontext undenkbar wäre. Die Verschiebungen zeigen sich klar, wenn die religiös-kultischen Handlungen aus-

schließlich von höfischen Damen verrichtet werden, während die höfische Mahlgemeinschaft nur von Männern zelebriert wird.[79]

Nicht zuletzt tragen schließlich die Symbole der Handlungen zur Steigerung der Komplexität und Verkomplizierung bei. Ersichtlich ist dies zunächst an den Messern, die neben dem Gral zu den kultischen Gegenständen des Rituals gehören. Im Kontext von Mahlgemeinschaft dürfte man zunächst einmal Schneidegeräte assoziieren, mittels deren die Speisen zerlegt werden; im Text herausgestellt wird aber ihre medizinische Bedeutung: Mit ihnen wird die Lanze nach der Behandlung Anfortas' von einer eisähnlichen Schicht befreit (vgl. 490,18 ff.).[80]

Noch komplexer ist auch die Bedeutung des Grals selbst angelegt: als heilkräftiger und lebensspendender Stein, als märchenhafter Speisenspender, als göttliches Offenbarungsmedium von Schrift. Ohne die Gralssymbolik bei Wolfram und Chrétien hier auch nur annähernd erfassen zu wollen,[81] kann bei allen Ambivalenzen in der Deutung doch festgehalten werden, daß Chrétien mit Gefäß, Teller und Lanze letztlich Symbole kirchlicher Handlungen usurpiert, während Wolfram religiöse Symbole (Messer, Stein) eigener Art kreiert und seine erzählte Welt damit von einer institutionell kirchlichen Sphäre abgrenzt. Die bei Chrétien festzustellende „Polyvalenz"[82] der Symbole wird von Wolfram durch Mehrfachkodierungen noch entschieden weiter geführt.[83]

Wolframs Gralsritual erweist sich somit nicht nur in seiner Formalität als hoch entwickelt, sondern auch hinsichtlich seiner Substanz als komplex konstruiert: als heilige Handlung, in der Kult und Politik unlöslich verschmelzen; als Epiphanie einer Gesellschaft und ihres religiösen Zentrums; als Handlungsmuster, in dem sich instrumentelle und symbolische Aspekte in mehrfacher Hinsicht überlagern; als Träger von Sinn, der auch von Außenstehenden prinzipiell erfahrbar ist; als Vorgang, dessen komplexe Symbolik erklärt werden kann, partiell aber undurchschaubar ist und der vielleicht gerade deshalb das bleibt, was er sein soll: ein bedeutsames Ritual.[84]

3. Zur Funktion des Rituals

Die Substanz eines Rituals ist wesentlich mit seiner Funktion verbunden. Das zeichnete sich im vorigen Kapitel an zwei Punkten besonders deutlich ab: Bei der Beschreibung von Wolframs Gralsritual erschien es unmöglich, beide Konstituenten des Rituals, die systematisch zu unterscheiden sind, unabhängig voneinander deskriptiv zu erfassen. Was in einer theorieorientierten Analyse sinnvoll erscheint, kann sich in der Beschreibung eines konkreten Rituals als störend erweisen. Daß somit auch Substanz und Funktion als integrierte Konstituenten anzusehen sind, deutete sich zudem bei den Erörterungen zur rituellen Symbolik an: Daß Rituale mehrdeutig sein und unterschiedlich interpretiert werden können, tangiert entscheidend auch die Frage nach ihrer legitimatorischen und ordnungsstiftenden Funktion, die unter den Historikern entsprechend unterschiedlich bewertet wird. Während FUHRMANN etwa die „Gefahr" von Mißdeutungen hervorhebt oder BUC hiermit den legitimatorischen Anspruch von Ritualen anzweifelt,[1] begründet KOZIOL mit der Mehrdeutigkeit gerade ihre Leistungsfähigkeit: „Such ambiguity was not only occasionally helpful; it was absolutely essential to the success of rituals. It kept them from becoming just what critics say they were: gestures whose repetition emptied them of meaning."[2]

Hinter diesen konträren Bewertungen stehen zwei prinzipiell unterschiedliche Blicke auf die Funktion von mittelalterlichen Ritualen für die Gesellschaftsordnung: So betonen einige Historiker eher ihre Ordnung affirmierende Funktion (z.B. ALTHOFF, FUHRMANN), während andere den Aspekt von Wettkampf und Rivalität hervorheben (z.B. KOZIOL, BUC). Sie spiegeln damit eine Opposition, die hinsichtlich der Funktionalität von Ritualen auch für die allgemeine Ritualtheorie charakteristisch ist.

Konstitution von Ordnung

Die funktionalistisch orientierte Ritualforschung betont überwiegend den konservativen und gesellschaftsstabilisierenden Charakter von Ritualen: Sie tradieren überkommene Wissens- und Erfahrungsbestände des kulturellen Gedächtnisses[3] und haben, indem sie affektdistanzierend, orientierend und ordnend wirken, eine auf die Erhaltung der Gesellschaft gerichtete affirmative Funktion. Sie dienen dazu, Disziplin zu bestärken, die moralischen Wertvorstellungen zu sanktionieren sowie Macht, Rang und Hierarchie zu bestätigen.[4]

Andere Ansätze heben demgegenüber das verändernde, innovative und kreative Potential von Ritualen für die bestehende Sozialordnung hervor. Vor allem TURNER schreibt, in Abgrenzung zu den „funktionalistischen Ethnologen",[5] Ritualen weniger eine ‚Wirklichkeitsform' als eine ‚Möglichkeitsform' von Gesellschaft zu und sieht eine transformierende Schwellen- bzw. Übergangsphase als konstitutives Element von Ritualen an, in der gegen die normative, ‚indikativische' Sozialordnung eine ‚konjunktivische' Antistruktur gesetzt werde.[6] Entscheidend ist dabei, daß TURNER aufgrund dieser Sichtweise Rituale kategorial von Zeremonien unterschieden hat:

> Ohne diese Schwellenphase gäbe es keinen Unterschied zwischen einem Ritual und einer ‚Zeremonie', einer ‚Formalität' oder dem, was Barbara Myerhoff und Sally Moore [...] ‚säkulares Ritual' genannt haben. Sie ist die wesentliche, antisäkulare Komponente im Ritual per se – ganz gleich, ob man es ‚religiös' oder ‚magisch' nennt. Eine Zeremonie ist indikativisch, ein Ritual transformativ.[7]

Eine solche Trennung, die oben schon im Zusammenhang der Ausführungen zur religiösen und säkularen Substanz des Rituals abgelehnt wurde, erscheint jedoch auch unter funktionalen Aspekten wenig sinnvoll. Denn zum einen besitzen auch Übergangsrituale, selbst wenn sie gesellschaftliche Hierarchien und Werte temporär ‚auf den Kopf stellen',[8] eine affirmative und konservative Funktion, indem sie letztlich auf die (Re-)Integration des Initianden in die Gesellschaft zielen und damit in die Bestätigung und (Wieder-)Herstellung von sozialer Ordnung münden.[9] Zum anderen muß betont werden, daß TURNER, der sich zu Recht gegen eine einseitige Determinierung von Ritualen auf eine einzige, nämlich ihre ordnungsaffirmative Funktion wendet, mit dieser Bestimmung die vielfältigen Leistungen von Ritualen selbst wieder, diesmal auf ihre transformierenden, beschränkt. Er engt damit den Ritualbegriff von seiner Funktion her auf einen ganz bestimmten Ritualtyp (die sog. Übergangsrituale) ein.

Eine Unterscheidung von Zeremonie und Ritual in TURNERS Sinne erweist sich vor allem angesichts der mittelalterlichen politischen Ordnung als problematisch. LEYSER, der die Unterscheidung für das Mittelalter zwar grundsätzlich übernimmt, hat zugleich vor einer strikten Kategorisierung gewarnt und dafür ein einleuchtendes Beispiel gegeben:

> Man könnte daher sagen, alle Rituale seien auch gleichzeitig Zeremonien, alle Zeremonien hingegen seien nicht Rituale. Zeremonie ist konservativ. Das Ritual hingegen schafft einen Übergang: es verwandelt. Hier kann der Mediävist eigentlich zustimmen. Die Wehrhaftmachung, um ein Beispiel zu nennen, bedeutete den Eintritt in das Mannesalter und die Kriegergesellschaft. Die Salbung und Krönung machte aus dem König einen neuen Menschen; durch eine Festkrönung aber wurde

lediglich die charismatische Persona des Königs dem Gefolge, den *fideles* dargestellt. Man könnte zusammenfassend sagen: das Unter-der-Krone-Gehen war Zeremonie, die Krönung selbst Ritual. Die Verallgemeinerung wäre aber nicht ohne
Gefahr. Nach der Rückkehr Richards I. nach England 1194 sollte seine Festkrönung zu Winchester am 17. April ‚die Schande seiner Gefangenschaft‘ wegspülen.
Die Zeremonie bekam hier eine erhöhte, eine rituelle Funktion: eben von einem
Ritual erwartete man irgendeine Verbesserung. Im folgenden wird jedoch nicht
allzu streng zwischen Ritual und Zeremonie unterschieden.[10]

Eine solche Unterscheidung erweist sich auch als schwierig. Denn das
Mittelalter stellt aus der Perspektive der Neuzeit, die in Staat, Recht und
Gesellschaft von festen und kontinuierlichen Institutionen geprägt ist,
bekanntlich eine institutionell nur schwach ausgebildete Gesellschaft
dar. Trotz partiell bestehender und fortschreitender institutioneller Re-
gulierungsprozesse dominieren in der mittelalterlichen Herrschaftspraxis
Verfahrensweisen, die sich von den staatlich institutionalisierten Formen
des Zusammenlebens seit der Frühen Neuzeit grundlegend unterscheiden.[11]

Vor diesem Hintergrund kann Leysers Beispiel grundsätzlicher gefaßt
werden: Sicherlich stellt Richards Gefangenschaft einen besonderen Fall
von Abwesenheit des Königs dar, der auch mit ‚Schande‘ verbunden gewesen ist; doch ist das Königtum bis ins hohe Mittelalter prinzipiell mit Ab-
senz verbunden: Trotz zunehmender Residenzbildung ist es wesentlich
noch Reisekönigtum, dessen Sinn geradezu darin besteht, den abwesenden
Herrscher präsent zu machen.[12] Daß der abwesende Herrscher dabei als
grundsätzliches Problem empfunden wird, weil Herrschaftsansprüche potentiell dort in Frage gestellt sind, wo der König absent ist, hat Friedrich
anhand der ›Gesta Frederici‹ Ottos von Freising gezeigt:

Vorausgesetzt wird ein Zustand permanenter politischer Labilität, der allein durch
die Kontrolle einer starken Herrscherhand im Gleichgewicht gehalten werden
kann. Herrschen heißt, im dezentralisierten Raum ständig reisend seinen Macht-
anspruch zu bestätigen, denn dort, wo der Kaiser abwesend ist, an den Rändern des
Reiches – Dänemark, Polen, Ungarn, Sizilien –, brechen bevorzugt Herrschaftskon-
flikte aus, und auch die Anwesenheit des Kaisers in Italien ruft im transalpinischen
Reich sogleich stürmische Aufstände hervor (II,45): Wenn der Chronist suggeriert,
daß offenbar nur dort, wo der Herrscher Präsenz zeigt, Frieden gewährleistet ist,
bezeugt das einmal mehr das Funktionsprinzip der Rivalität sowie das ständige
Changieren zwischen Stabilisierung und Destabilisierung.[13]

Herrschaft ist an die Präsenz des Herrschers gebunden, sie basiert wesentlich auf körperlicher Anwesenheit.[14]

Als handelnde politische Größe ist das Reich (neben seiner transzen-
dent-ideologischen Sinngebung) ein Personenverband, der sich über ein
Netz wechselseitiger Verpflichtungen jeweils relativ autonomer Macht-

haber, d. h. über personale Beziehungen (*vriunde*, Verwandte, Vasallen), definiert, die vornehmlich auf sichtbare Interaktion angewiesen sind. Deshalb stellt sich auch Öffentlichkeit, wie Thum betont hat, immer nur temporär, ,okkasionell' und konkret her:

> Das politisch-rechtliche Leben war in diesem Zeitalter so pluralistisch, polyzentrisch, dynamisch und situationsbezogen wie die mittelalterliche Gesellschaft selbst, trotz hierarchischer Ordnungen. Regeln waren nicht ein für allemal und überall gültig [...]. [A]nders als bei der ,bürgerlichen' öffentlichen Meinung spielte die Idee einer Repräsentation prinzipiell ,aller' zunächst noch keine Rolle. Herrschende Prinzipien waren nicht Totalität und Egalität, wichtiger waren Situativität und Präsenz.[15]

In diesem Rahmen erfüllen Rituale die grundsätzliche Funktion, gesellschaftliche Ordnung in einem umfassenden Sinn herzustellen: einen politischen Verband, seine hierarchischen Strukturen, das Recht, das Selbstverständnis einer sozialen Gruppe[16] etc. Die Konstitution dieser Ordnung ist als elementare Funktion von Ritualen anzusehen, die auch neben anderen, spezielleren Funktionen jederzeit besteht. Im Krönungsritual etwa wird nicht nur die Einsetzung einer Person in ein Herrscheramt vollzogen, sondern es werden auch in einer Reihe symbolischer Akte ihr Verhältnis zur Kirche, zum Feudaladel und zum Volk bestimmt, Hierarchie und Rang sichtbar gemacht. Im Rechtsritual werden nicht nur konkrete Rechtsfälle verhandelt und sozialer Frieden zwischen Konfliktparteien wiederhergestellt, sondern auch Recht und Ordnung demonstriert. Rituale stellen diese Ordnung nicht als eine auch außerhalb des Rituals jederzeit bestehende, abstrakte Wirklichkeit zur Schau, sondern setzen sie in einer auf Sichtbarkeit angelegten Interaktionsform aktuell ins Werk.

Vor diesem Hintergrund ist nicht nur eine Differenzierung von Ritual und Zeremonie im oben skizzierten Sinn äußerst problematisch, sondern auch der in der Forschung auf Rituale öfter angewendete Begriff der ,Inszenierung', der eben eher für das frühneuzeitliche Zeremoniell zutreffend erscheint,[17] klärungsbedürftig: Sinnvoll gebraucht erscheint er im Sinne der Gemachtheit von Ritualen, problematisch hingegen im Sinne ,bloßer' Schaustellung.[18] Diesen zweiten Aspekt hervorhebend, schreibt etwa Koziol Ritualen eine Propagandafunktion zu und konstatiert, auf diese Funktion bezogen, eine mögliche „disjunction between ritual and reality"[19]:

> So not only is this kind of ritual propaganda; often enough it is not even good propaganda. [...] Ritual not only tolerates hypocrisy. It positively invites it by requiring participants to perform actions that they realize are completely out of sync with reality. Did any vassal really feel more loyal to his lord because he had knelt before him and placed his own hands in his? Did receiving a king with honor ever prevent a prince from making war on him when it suited his interests?[20]

Aufgrund der oben genannten spezifischen Kommunikationsbedingungen der mittelalterlichen Gesellschaft scheint mir jedoch der entscheidende Punkt nicht in der Frage zu liegen, ob ein Vasall trotz des Belehnungsrituals einmal Krieg gegen seinen Lehnsherr führt, sondern darin, daß es ein wirkmächtiger und deklaratorischer Akt ist, der das Lehnsverhältnis in Kraft setzt, ihm Geltung verschafft und Verbindlichkeiten begründet, deren Verletzung als Treuebruch erachtet und sanktioniert wird. Damit ist freilich nicht zugleich sichergestellt, daß die im Ritual konstituierte Ordnung von unbegrenzter Dauer ist: Mit räumlicher und zeitlicher Distanz, mit wechselnden Interessen kann die Wirkmächtigkeit des Rituals verblassen.[21] Soziale und politische Bindungen bedürfen deshalb der ständigen, rituellen Erneuerung und Bestätigung. Mittelalterliche Gesellschaftsordnung stellt eine auf ihren verschiedenen Ebenen immer wieder neu zu erbringende Leistung dar.

Funktionalisierung und Wettkampf

Wie sich gezeigt hat, stiften Rituale auf ganz unterschiedlichen Ebenen und in unterschiedlicher Hinsicht Ordnung, sie erweisen sich schon darin als tendenziell multifunktional. Bei Ritualen handelt es sich zudem – wie bereits in Kapitel 2 ausgeführt – um Handlungen, bei denen immer auch ein instrumenteller Aspekt und eine intentionale Komponente zu veranschlagen sind: Rituale können für die Durchsetzung bestimmter politischer Absichten gezielt eingesetzt werden.

Es erscheint dabei aber aus zwei Gründen ratsam, Funktionalisierung von Ritualen von den oben erörterten Funktionen zu unterscheiden. Zum einen setzt die gezielte Funktionalisierung diese Leistungen voraus, zum anderen ist sie mit einem Perspektivenwechsel verbunden. Es ist nicht ausschließlich, aber doch primär die Außenperspektive auf das Ritual, die einen bewußten Umgang und eine spezifisch interessegeleitete Inszenierung von Ritualen ermöglicht. „Man muß Rituale beherrschen, wenn man nicht von ihnen beherrscht werden will; man muß ihre Bedeutung kennen, wenn man mit ihrer Hilfe etwas bedeuten will."[22]

In diesem Sinne dienen Rituale nicht nur der demonstrativen Darstellung idealer Kollektivität, dem ausgestellten Erweis von Konsens, Legitimität oder Rang, sondern sie werden, da sie die politische Gemeinschaft als Ganzes betreffen, auch für das Austragen von Konkurrenz und rivalisierenden Ansprüchen instrumentalisiert.[23] Damit können sie auch in funktionaler Hinsicht ambivalent werden, indem sie Funktionen erfüllen, die ihren ordnungsstiftenden Ansprüchen partiell zuwiderlaufen. Ein signifikantes Beispiel für die Instrumentalisierung von ganz unterschiedlichen Ritualen liegt in den oben ausgeführten Streitigkeiten im Rahmen der Doppelwahl Philipps und Ottos vor.[24] Während allerdings in diesem Fall die konkurrierende Funktionalisierung sich immerhin auf verschiedene andere (wenn auch umstrittene) Legitimationen (z. B. Wahl, Reichsinsignien o. ä.) stützen kann, werden in anderen Fällen Rituale regelrecht usurpiert.[25]

Die Ambivalenzen, die sich in den eingangs erwähnten unterschiedlichen Bewertungen der Ritualfunktionen zeigten, erweisen sich somit als im Ritual selbst verankert: Gerade weil Ritualen für die Konstitution von Legitimität und gesellschaftlicher Ordnung eine eminente Rolle zukommt, erweisen sie sich als ‚sensibel‘, als anfällig für Konflikte, sind sie umkämpft.

Dies spiegeln auch die Texte, die von Ritualen berichten, indem sie, von Fall zu Fall sehr unterschiedlich, die Ordnung stiftende oder störende Funktion eines Rituals hervorheben oder seine Ambivalenzen zutage fördern.[26] Dem wird später weiter nachzugehen sein.[27]

Multifunktionalität: Begrüßungsrituale

Rituale der Begrüßung und des Empfangs gehören nicht nur zu den herausgehobenen Ereignissen von Herrschaftspraxis (z. B. Herrscheradventus), sondern auch in den Bereich, den Koziol als „continuous political ceremonial" bezeichnet hat.[28] Auf ihre wichtige Funktion für die gesellschaftliche Ordnung hat die historische Forschung – vor allem Althoff – nachdrücklich hingewiesen:

> Das Regelwerk, das auf diesem Felde etabliert war und gewiß die Verbindlichkeit ungeschriebener Gesetze besaß, trug Entscheidendes zur Funktionstüchtigkeit der Herrschaftsordnungen bei, weil die Zeichen zur stetigen Selbstvergewisserung der Personenverbände führten und die Verpflichtung begründeten, sich dem Gezeigten gemäß zu verhalten. [...] Die Rituale der Begrüßung wie des Abschieds erfüllten diese Aufgabe. Jedes Zeichen hatte seine Bedeutung und signalisierte etwas über das Verhältnis der Personen zueinander. Wer ging wem entgegen, wie weit? Oder schickte man ein Empfangskomitee? In welcher Form fand die Begrüßung statt?[29]

Während historiographische Texte ein solches ‚Regelwerk‘ zumeist nur punktuell anläßlich besonderer Situationen der Begrüßung (vgl. die oben besprochene Begegnung von Pippin und Stephan) aufscheinen lassen, entfalten literarische Texte tatsächlich ein solches komplexes Normensystem, das das Verhalten des epischen Personals bei der Begrüßung bestimmt. Begrüßungen sind diejenigen Rituale, die in mittelhochdeutscher Epik am häufigsten erscheinen.[30]

Elaborierte Empfangsrituale[31] im engeren Kontext von Herrschaftsausübung und -repräsentation erweisen sich hier in ein allgemeines Sym-

bolsystem von Begrüßungen eingebettet, das soziale Interaktion auch
außerhalb eines im engeren Sinn herrschaftlichen Zusammenhangs reguliert und sich in einer Vielzahl verschiedener Interaktionsformen ausdrückt.[32] Der Empfang eines Fremden oder Boten unterscheidet sich von
dem eines Vasallen oder Herrschers ebenso wie der Empfang im Rahmen
größerer Feierlichkeiten von der diplomatischen Zusammenkunft politischer Gegner; eigenen Regeln wiederum folgt etwa die Begrüßung von
vriunden und Verwandten. Doch liegen den genannten Interaktionsformen gemeinsame Vorstellungen von Verhalten und von der Interpretation
verbaler wie nonverbaler Zeichen zugrunde, die die ‚Spielregeln‘ ritueller
Interaktion bei der Begrüßung bestimmen.[33]

Diese ‚Spielregeln‘ stehen in enger Relation zu den Funktionen der Begrüßung. Dabei lassen die epischen Texte eine Vielzahl von Funktionen erkennen, die zu einer entsprechenden Komplexität der Verhaltensnormen
und Interaktionsmuster führen; beide Aspekte sind deshalb in ihrer Wechselwirkung zu beschreiben.

Ihre elementare Funktion erfüllen Begrüßungsrituale zunächst in der
Versicherung von Frieden und Huld. Sie fungieren als Signal fried-
fertiger Absicht und als Versuch, potentielle Gewalt abzuwenden.[34] Als
Friedenszeichen verpflichtet der Gruß zum Verzicht auf Gewaltanwendung, so daß ein bereits ergangener Gruß vor einem Kampf eigens aufgekündigt werden muß. Die Verweigerung des Grußes (explizit oder ex
silentio) bedeutet eine Kampfansage und gehört zum gängigen Normen-
repertoire von Kampf und Fehde. Im ›Nibelungenlied‹ kündigt beispielsweise Blödelin den bestehenden Frieden zwischen Hunnen und Burgunden auf, indem er Dankwarts Gruß zurückweist: *Jane darftu mich niht
grüezen [...] / wan diz komen daz mîne daz muoz dîn ende sîn* (1923,1 f.).
Wenn Kingrimursel im ›Parzival‹ an den Artushof kommt, um Gawan zum
Zweikampf herauszufordern, grüßt er nur die Artusgesellschaft (320,
22–25), Gawan hingegen wird aus der Begrüßung explizit ausgeschlossen
(320,26–30).[35] Der Bruch der Regel, nach entbotenem Gruß anzugreifen,
erscheint in den Texten nahezu tabuisiert.[36]

Gerade bei der Begegnung mit einem Fremden erscheint der Gruß in
einen größeren Kommunikationszusammenhang eingebettet und ist seinerseits abhängig von Signalen, die die Einschätzung der Situation bestimmen – etwa die äußere Erscheinung einer Person oder die Art ihrer Bewegung.[37] Besondere Relevanz besitzt die Begrüßung, wenn Rüstung und
Waffen getragen werden: Der Gruß dementiert hier die von der Rüstung
ausgehende Bedrohung.[38] Das Tragen der Rüstung und der Waffen kann
vor allem bei der Ankunft an einem Hof eine feindliche Absicht signalisieren oder als solche interpretiert werden. Rüstung und Waffen – so lassen
die Texte explizit oder implizit häufig erkennen – gehören deshalb eigent-

lich auf eigens dafür mitgeführte Saumtiere. Als Verhaltensregel wird dies z. B. im ›Willehalm‹ formuliert (127,18–23).[39] Gawan führt im ›Parzival‹ seine Rüstung zeitweise auf Saumtieren mit sich (353,9), auch im ›Nibelungenlied‹ werden bei Siegfrieds Aufbruch zur Brautwerbung um Kriemhilt Waffen und Rüstung auf Saumtiere verladen (67,4).[40]

Bei der Ankunft eines bewaffneten Fremden an einem Hof bedarf es also Handlungen, die eine mögliche Aggressionsabsicht dementieren: etwa des Absitzens vom Pferd, des Abbindens des Helmes, des Entbietens von Grußworten, der Bitte um Aufnahme o. ä. m.[41] Dabei kann die Initiative durchaus von den Gastgebern bzw. dem Gesinde des Hofes ausgehen, einzelne Handlungen der Begrüßung müssen allerdings zur Sicherung des Vertrauens und der Stabilität der Situation wechselseitig bestätigt werden, etwa durch die Erwiderung eines Grußes oder die Bereitschaft, sich entwaffnen zu lassen. Die Verweigerung solcher Handlungen führt zur konfliktträchtigen Spannung. Zwar tragen etwa bei der Ankunft Siegfrieds am Burgundenhof die Xantener nicht ihre volle Rüstung, doch werden die blitzenden Waffen, Schilde und Helme als Zeichen von Reichtum, aber auch von Kampffähigkeit hervorgehoben (z. B. 72 f.); die burgundischen Ritter nehmen den Xantenern zum Empfang Schilde und Pferde ab (75), als sie diese jedoch wegführen wollen, verweigert Siegfried dies (76), was seine herausfordernde Haltung gegenüber dem Wormser König vorbereitend signalisiert. Ebenso lehnt Hagen beim Empfang auf dem für die Wormser bedrohlichen Isenstein es ab, daß die Gefolgsleute Prünhilts neben Pferd und Schild auch noch die Waffen wegtragen (405 ff.).

In der Funktion von Friedenssicherung und den damit verbundenen Verhaltensregeln begegnen Begrüßungsrituale jedoch nicht nur bei der Begegnung einzelner Fremder oder fremder Personenverbände, sondern auch im Umgang einander verwandtschaftlich und rechtlich verbundener Personen und Gruppen, die dabei öffentlich *vriuntschaft* und *hulde* demonstrieren und bestätigen. Begrüßungen fungieren auf dieser Ebene als ‚Seismographen‘ bestehender politisch-sozialer und verwandtschaftlicher Beziehungen. Die Verweigerung des Grußes, sowohl im Rahmen vasallitischer als auch verwandtschaftlicher Beziehungen, signalisiert Dissens und Huldentzug.[42] Wiederherstellung von Nähe und Huld werden umgekehrt wiederum über den Rekurs auf das Grußritual dargestellt. Dies zeigt z. B. die Begrüßung zwischen Hagen und seiner Tochter Hilde in der ›Kudrun‹: Hilde, die in ihre Entführung durch Hetel eingewilligt hat, wagt es nach den Kämpfen zwischen ihrem Vater und ihrem Entführer zunächst nicht, ihren Vater zu empfangen: *„ich hân ab leider verre wider mînen vater getân, / daz ich mînen besten friunt niht getar enphâhen. / im und ouch den sînen wæn mîn gruoz harte müge versmâhen"* (534,2 ff.). Hagens Versöhnungsbereitschaft zeigt sich dann aber in der Einwilligung, die Tochter zu empfangen („*Ich wil si sehen gerne, swie si habe getân. / ich minne ouch ir enphâhen; war umbe solte ichz lân / hie in fremeden landen, ich <en>næme ir grüezen*", 536,1 ff.). Als demonstrativer Akt der Versöhnung können schließlich Hagens Aufspringen und seine Grußworte beim Eintreffen der Tochter gewertet werden (*„willekomen, tohter, Hilde vil rîche / ich kan des niht gelâzen, ich <en>grüeze iuch <vil> williclîche*", 538,3 f.).[43]

Begrüßungen kommt neben ihrer Aufgabe der Friedenssicherung zweitens die Funktion der Demonstration und Bestätigung von sozialem Rang und Status zu, auf denen der feudale Herrschaftsverband, aber auch die Identität seiner einzelnen Mitglieder basieren. Dabei kann es durchaus zu Überlagerungen beider Funktionen im Begrüßungsritual kommen. Bei der Ankunft des jungen Siegfried am Burgundenhof in Worms beispielsweise steht die Rangfrage zunächst im Hintergrund. Die Motive für Hagens Rat, den Helden gebührend zu empfangen, beziehen sich vielmehr auf Siegfrieds Status als legendärer Heros (*recken*), dessen *haz* es tunlichst zu vermeiden gilt (101). Gunthers Beschluß, dem Helden zur Begrüßung in den Hof entgegenzugehen (102,4), den er nach Kenntnis der Identität des Ankömmlings faßt, ist primär als friedenssichernde Maßnahme angesichts von Siegfrieds Zeichen potentieller Gewalttätigkeit (*nu sich, wie degenlîche er stêt in strîtes vâr*, 102,2; vgl. auch 103,2 f.) zu verstehen; zugleich muß jedoch auch sichergestellt werden, daß das Entgegengehen die *êre* des Burgundenkönigs nicht tangiert, denn Hagen bestätigt die ständische Ebenbürtigkeit Siegfrieds als Xantener Königssohn: *„Daz mugt ir […] wol mit êren tuon. / er ist von edelem künne, eines rîchen küneges sun*" (103,1 f.).

Rang, Hierarchie und Status spielen auch bei einer Reihe anderer Empfänge im ›Nibelungenlied‹ eine Rolle, die je nach sozialem Stand der Beteiligten ein ausdifferenziertes Verhalten erkennen lassen. Der Empfang Rüdigers, der als Werbungsbote Etzels an den Wormser Hof kommt, zeigt eine Kette unterschiedlicher Begrüßungshandlungen, die sowohl dem Vasallen des mächtigen Hunnenkönigs als auch dem *degen küene unde hêr* (1180,4) sowie dem *vriunt* gelten (vgl. 1147,4; 1180,2). Zunächst wird auf gleichen Ebenen agiert: Rüdiger als Vasall Etzels wird von Hagen als Vasall Gunthers begrüßt (1182 f.). Der laute Willkommensgruß richtet sich an den *voget von Bechelâren* (1183,3), doch verweist das eilige Entgegengehen (1182,1) auch auf eine persönliche Beziehung, die besonders zwischen Rüdiger und Hagen als *friunden* offensichtlich besteht (1201,3 f.). Hagen folgen des *küneges næhsten mâge* (1184,1), in deren Namen Ortwin – im übrigen als *truhsæze des küneges* hoher Funktionsträger des Hofes (11,2) – den Markgrafen begrüßt. Anders als der Königssohn Siegfried, dem Gunther als König entgegengehen kann, wird Rüdiger *in den sal. / dâ si den künic funden* (1185,2 f.) geführt. Hierin manifestiert sich unterschiedlicher Rang. Gleichzeitig aber wird Rüdiger durch Gunthers Begrüßung auch ein vertrauensvolles Verhältnis signalisiert: Gunther erhebt sich nicht nur vor dem Gast (1185,4) und geht ihm entgegen (1186,1), sondern er nimmt ihn zudem an der Hand (1186,4) und geleitet ihn zu *dem sedele, dâ er selbe saz* (1187,1), um dort den Willkommenstrunk reichen zu lassen (1187,2 ff.).

Rüdigers Empfang gewinnt noch schärfere Kontur, wenn man ihm den durchaus vergleichbaren, aber aufgrund ihres sozialen Status eben anders akzentuierten Empfang der *videlære* Wärbel und Swemmel gegenüberstellt, die gleichfalls als Boten des Hunnenkönigs auftreten. Aufnahme und Herberge findet *daz Etzeln gesinde* (1436,2) zunächst vor dem Palas durch Gunthers *ingesinde* (1433). Anders als Rüdiger werden sie erst im Palas von Hagen empfangen (1436,3 f.), bevor sie zum König geführt und dort so begrüßt werden, wie es Fremden *in ander künige lant* gebührt (1438,3). Bei der Begrüßung der *geste* (1438,2) und *spileman* (1439,2) durch den König ist – anders als beim *vriunt* und Markgraf Rüdiger – von einem Entgegengehen, Aufstehen oder Platzanbieten keine Rede.

Rangniedere eilen Ranghöheren, zumal Königen oder Mitgliedern der Königsfamilie, zumeist entgegen. So reitet die Markgräfin Gotelint ihrer zukünftigen Herrin weit entgegen (1303 ff.), ebenso wie es Etzel selbst mit dem hunnischen Herrschaftsverband tut (1336 ff.). Diesen begrüßt Kriemhilt seiner sozialen Ordnung entsprechend (1348 ff.), wobei sich eine genaue Hierarchie nicht nur in der Reihenfolge der Begrüßten, sondern auch in der Differenzierung von Kuß und ‚normalem‘ Gruß (*sus mit gruoze*, 1352,4) andeutet.

Bei der Begegnung Gleichrangiger divergieren hingegen die möglichen Normen und Ausgestaltungen des Empfangs, wobei über den jeweiligen Rang hinausgehende Machtverhältnisse ausschlaggebend sein können. Der Empfang der Burgunden bei Etzel folgt, obgleich es sich bei den Gästen um Könige handelt, bezeichnenderweise dem gleichen Handlungsmuster wie der Empfang Rüdigers in Worms: Weder Etzel selbst noch ein von ihm Entsandter[44] reitet den eingeladenen Verwandten entgegen. Auch bei ihrer Ankunft am Hof, während sie von Kriemhilt (teilweise) begrüßt werden, geht der König ihnen nicht entgegen, sondern verfolgt das Geschehen aus der Entfernung (1751,4 ff.). Die burgundischen Könige werden, wie vormals Rüdiger und die *videlære*, durch Vasallen *ze hove* geführt: Dietrich führt Gunther, Irnfrit Gernot, Rüdiger Giselher (1804). Der Empfang bringt somit die Machtdifferenzen zum Ausdruck, die zwischen Etzel als dem gewaltigen Beherrscher des Hunnenreiches und den burgundischen Königen offensichtlich bestehen.[45] Etzels Vasallen erscheinen im zeremoniellen Einzug als angemessene Partner der burgundischen Könige. Auch der Empfang bei Etzel selbst gleicht in seinen einzelnen Gesten und Worten der Begrüßung Rüdigers durch Gunther, bei der dieser nicht nur Rang, sondern auch *vriuntschaft* signalisiert: Als König Gunther (*der vogt von Rîne*) zu König Etzel geführt wird, springt *der rîche* sogleich auf – Ausdruck seiner Freude und Wertschätzung – und begrüßt den burgundischen Herrschaftsverband, wie es im ›Nibelungenlied‹ die Regel ist, streng nach dessen Rangordnung (1809f.).[46] Etzel gewährt darüber hinaus als Zeichen seiner Huld körperliche Nähe, indem er seine Gäste selbst an der Hand nimmt (1811,4) und zu dem *sedele, dâ er selbe saz* (1812,1f.), führt, um dort mit ihnen den Willkommenstrunk einzunehmen (1812).

Etzels Hulderweis erscheint im Lichte der angespannten Lage am Hunnenhof bedeutungsvoller als die entsprechenden Signale Gunthers an Rüdiger. Denn die Begrüßung durch Etzel soll, wie Volker vorab formuliert, Aufschluß über seine (friedliche oder feindliche) Absicht den Wormsern gegenüber geben (*ir sult ze hove gên / unde hœret an dem künege, wie er sî gemuot*, 1803,2f.). Deutlicher noch als im Empfang Rüdigers durch Gunther zeigt sich deshalb im Empfang bei Etzel, wie beide Funktionen des Begrüßungsrituals, das Signalisieren von Huld und Zuneigung und die Demonstration eigener Macht, in einer Interaktion gleichermaßen virulent sein können.

Die Begrüßung ist weiterhin nicht nur ein Friedens- und Statusritual, sondern drittens auch ein Ehrerbietungsritual. Ehre, die mittels der Begrüßungsrituale entboten wird, kann dabei auf unterschiedliche Weise an die bestehende soziale Hierarchie anknüpfen.[47] Zur *êre* gereicht es einerseits, wenn jemand so grüßt oder begrüßt wird, wie es ihm aufgrund seines sozialen Ranges zusteht. Diese Funktion wurde in den erörterten Beispielen zum Teil schon explizit, etwa wenn die Begrüßung Siegfrieds der *êre* Gunthers nicht zuwiderläuft (103,1) oder wenn der Empfang Rüdigers der *êre* der *Hiunen* entspricht (1183,4). Symmetrische Formen von Ehrerbietung, die Gleichgestellte einander entbieten, gehören in diesen Kontext genauso wie asymmetrische Formen, die ein in der politisch-sozialen Hierarchie Untergeordneter den über ihm stehenden Personen schuldet. Andererseits konstituiert sich Ehrerbietung gerade im Überschreiten dessen, was allein sozialem und politischem Rang gebührt. Diese Art der Ehrbezeugung scheint der hierarchischen Ordnung tendenziell zuwiderzulaufen, doch bleibt, indem gerade das Absehen von dieser Ordnung besondere *êre* erzeugt, der Bezug auf sie letztlich erhalten.

Als eine Form asymmetrischer Ehrerbietung ist die Begrüßung in den Texten vor allem für den Zusammenhalt des Herrschaftsverbandes, für die Gemeinschaftsstiftung und das Agieren unter *vriunden* funktionalisiert. Auszeichnende Begrüßungshandlungen, mittels deren Herrscher ihren Vasallen Respekt und Verbundenheit, oftmals auch Dank für erbrachte Hilfe zum Ausdruck bringen, zeigen sich beispielsweise in der ›Kudrun‹: Als

König Hetel die für seine Brautwerbung benötigten Vasallen und *vriunde* begrüßt, geht er Horant und Frute entgegen (219), ebenso dem später hinzugezogenen Wate (*er begunde zuo im gâhen. / er dâhte wie er solte Waten sînen alten friunt enphâhen*, 235,3 f.). Wates besondere Stellung innerhalb des Herrschaftsverbandes und seine wichtige Rolle für die bevorstehende Brautwerbung (230) signalisieren der öffentliche Gruß (*Er gruozte in williclîche. der fürste lûte sprach: / „her Wate, sît <...> willekomen*, 236,1 f.) ebenso wie die gewährte körperliche Nähe (*er vieng in bî der hende und tet vil güetlîchen daz*, 237,4) und das sich anschließende vertrauliche Gespräch (*Si giengen beide sitzen und ander niemen mêr*, 238,1). Analog eilt Hetel später den mit der Braut Zurückkehrenden weit entgegen – sicherlich, um die Braut zu empfangen (468,1), aber auch, um seine Vasallen zu begrüßen, die er noch vor der Braut mit Kuß auszeichnet (474). Unterschieds- und ausnahmslos (*swelhe, swer*, 1105,1) geht auch die Königin Hilde bei der Sammlung des Heeres zur Befreiung Kudruns den Verwandten und Vasallen entgegen und begrüßt sie *besunder* (1105,3); ebenso empfängt sie die mit Kudrun zurückkehrenden Verbündeten einzeln und mit besonderen Ehren: zunächst Irolt und seine Mannen (1577,1), dann Wate und Ortwin (1577 f.), letztere durch eine *vil tiefe* Verneigung (1577,2) und durch Kuß. Was in diesen Beispielen unkommentiert als Norm erscheint, wird allein bei der Begrüßung Frutes von der Königin als Handlungsweise angesprochen, die nicht selbstverständlich ist, dennoch aber auch von ihr ohne Ehrverlust vollzogen werden kann: *daz ist mir âne scham, / daz ich dir gienge engegene und dînen wîganden* (1587,2 f.). Auch im ›Nibelungenlied‹ reitet der *rîche* Gunther den aus dem Krieg gegen die Sachsen zurückgekehrten Mannen entgegen (244), um seinem Dank für die erbrachten militärischen Dienste Ausdruck zu verleihen:

> *Do enpfie er wol die sîne, die vremden tet er sam,*
> *wan dem rîchen künege anders niht gezam,*
> *wan danken güetlîche den, die im wâren komen,*
> *daz si den sic nâch êren in sturme hêten genomen*
> (245).[48]

Die Ehrerbietungen durch Begrüßung dienen in diesen Fällen weniger der hierarchischen Ausdifferenzierung des Verbandes als der Herstellung von Gemeinschaft.[49] Darüber hinaus werden durch diese Verhaltensmuster zudem die Gegenseitigkeit und wechselseitige Abhängigkeit vasallitischer Beziehungen betont.

Begrüßungsrituale sind zudem Bestandteil einer exklusiven Lebensform, über die sich die feudaladelige Gesellschaft als ‚höfisch‘ definiert. Die Begrüßung kann somit viertens als dezidiert h ö f i s c h e s R i t u a l do-

minant die Funktion haben, Höflichkeit und kultivierte Formen des gesellschaftlichen Umgangs zu demonstrieren. So wird etwa auch im ›Nibelungenlied‹ häufig hervorgehoben, daß eine Begrüßung *durch grôze zuht*
(z. B. 1185,4) und *rehte zühteclîchen* (z. B. 1186,1) erfolgt.[50] Die Demonstration von *hövescheit* steht dabei in enger Verbindung zu den bisher
erörterten Funktionen: Auch in der dezidiert ‚höfischen Begrüßung‘ spielen Rang, Hierarchie, zumal Ehrerbietung eine wichtige Rolle. Doch
verschieben sich die Akzente: Begrüßungen erscheinen als Teil der Ausbildung und Distinktion einer sozialen Gruppe über einen spezifischen Verhaltenskodex, mittels dessen eben über die Grenzen von Herrschaftsver-
bänden und z. T auch kulturelle Grenzen hinaus Zugehörigkeit nach innen
gestiftet und Abgrenzung nach außen gewährleistet werden.

Regeln, die im Dienst höfischer Disziplinierung und *zuht* stehen, können darüber hinaus mit den auf Ostentation von Rang und Ehrerbietung
basierenden Normen in mehrfacher Hinsicht interferieren. Dies läßt sich
exemplarisch am Kuß als integrativem Bestandteil des Begrüßungsrituals
aufzeigen.[51] Der Kuß unterliegt aufgrund seiner sinnlich-erotischen Komponente, mit der auch offensichtlich immer gerechnet werden muß, wenn
er in das Ritual eingebunden ist,[52] besonderer höfischer Disziplinierung
und restriktiven Mechanismen, die sich auf die politische Begrüßungszere-
monie auswirken, so wie umgekehrt diese Komponente in den herrschaftlichen Bereich integriert und für politische Zwecke instrumentalisiert werden kann.[53]

Bei der Begrüßung ist in diesem Sinne etwa ein geschlechtsspezifisches
Verhalten zu berücksichtigen. Einander küssende Männer stellen in den
Texten zwar keineswegs ein Tabu dar, doch lassen sich gerade bei der Begrüßung – im Unterschied zu Versöhnungsritualen – eindeutige Vermei-
dungstendenzen erkennen.[54] Im Dienst der höfischen Disziplinierung von
Verhalten küssen zumeist Frauen, während Männer von Frauen geküßt
werden[55] – und dies auch unabhängig davon, ob dadurch eine Rangordnung tangiert wird. Wenn Männer Frauen zur Begrüßung küssen, dann geschieht dies in der Regel in ritualisierter Form unter entsprechenden ‚Regieanweisungen‘, wobei die Öffentlichkeit oder ein sie repräsentierender
‚Zeremonienmeister‘ formgerechtes Verhalten sicherstellt.[56]

Entscheidend ist, daß bei der Beteiligung von Frauen hierarchische
Ordnung in verschiedener Hinsicht in den Hintergrund treten kann. Im
Horizont der höfischen Etikette gilt es als weniger problematisch, wenn
höherstehende Frauen als Zeichen der Ehrerbietung bei der Begrüßung
rangniedere Männer küssen.[57] Das Herstellen von virtueller Gleichheit
unter Absehen von gesellschaftlicher Hierarchie wird entschieden dadurch erleichtert, daß Frauen bei der Begrüßung eine Stellvertreterrolle
einnehmen, wenn sie, statt ihrer anwesenden Männer, Gäste zur Be-

grüßung mit Kuß empfangen.[58] Rang und Hierarchie sind dabei zwar nicht völlig dispensiert, doch werden sie vom Moment der Ehrerbietung durch die dargebotenen Frauenküsse überlagert und zurückgedrängt.[59]

Wichtiger als konkreter Rang scheint der adelige Status einer Person überhaupt zu sein; besteht über diesen Unsicherheit, so wird er – wie etwa im Falle Gahmurets und Belakanes im ›Parzival‹ (22,6–18) – von Dritten versichert. Nichtadelige werden hingegen nicht geküßt, so daß beispielsweise aus dem Kußreigen im ›Parzival‹ allein Bene als Tochter des Fährmannes ausgeschlossen bleibt (630,22–30).[60] Während in der Begrüßung als höfischem Ritual hierarchische Grenzen überschritten und auch kulturelle Grenzen des Adels überbrückt werden können, bleibt die ständische Abgrenzung nach außen strikt gewahrt.

Indem sich in den Begrüßungsritualen verschiedene Funktionen und Regeln überlagern, werden sie auch – wie oben im Zusammenhang ritueller Symbolik bereits angesprochen – mehrdeutig und ambivalent. Dies läßt sich wiederum an einem Beispiel aus dem ›Nibelungenlied‹ verdeutlichen: Prünhilt, die sich über den genauen Status von Siegfried bzw. sein Verhältnis zu Gunther seit der Standeslüge auf Isenstein und den Geschehnissen um die Hochzeitsfeierlichkeiten in Worms im unklaren ist,[61] beabsichtigt, Siegfried und Kriemhilt an den Wormser Hof vorzuladen, da ihr als Königin der *dienst* des vermeintlichen *eigenholt* Siegfried vorenthalten werde (724 f.). Der Empfang des Xantener Paares in Worms kann dann jedoch aufgrund seiner Mehrfachkodierung und Multifunktionalität keine Klarheit über das Rangverhältnis zu Siegfried schaffen. Zunächst eilen nicht nur viele der *Uoten vriunde unt der Guntheres man* (782,3), sondern schließlich auch Gunther und Prünhilt selbst dem Paar entgegen (784,3). Die ‚Vorladung‘, die bereits von Gunther, der Prünhilts Wunsch ausführt, in die Einladung zu einem Fest umgewandelt worden war (734–736), wird dann zudem von Gunther gegenüber Prünhilt als Akt einer ‚Gegengabe‘ für ihren früheren Empfang in Worms stilisiert: „*wie enpfie et iuch mîn swester, do ir kômet in mîn lant? / alsam sult ir enpfâhen daz Sîfrides wîp*" (783,2 f.). Dieser Bitte kommt Prünhilt *gerne* nach, weil sie Kriemhilt *von schulden holt* (783,4) ist.[62] Die Vorbereitungen zum Empfang und der Empfang selbst geraten somit zu einem Wettstreit wechselseitiger Ehrerbietung, der zunächst zugunsten Prünhilts entschieden wird, denn der Empfang, den sie Kriemhilt bereitet, übertrifft den vormaligen umgekehrten Empfang durchaus (*si dûhte, daz vrou Kriemhilt vroun Prünhilde nie / sô rehte wol enpfienge in Burgonden lant*, 787,2 f.). Zelebriert wird in diesem Empfang zudem die intakte Beziehung beider Herrschaftsverbände (*minneclîche*, 789,2 u. 794,3; *güetlîche*, 791,4 u. 800,4; *vriuntlîche*, 802,1) und vor allem die *vreude* (787,1 u. 798,1) darüber, die *vriunde* (790,2) und *lieben geste* (784,4; 786,4; 796,4) zu sehen. Auch der Reichtum des Gastgebers, der es seinen Gästen an nichts fehlen läßt, wird gebührend entfaltet (801,4).

Der Empfang wird somit in sich mehrdeutig: Er entspricht dem tatsächlichen Rang Siegfrieds ebenso (791,1) wie er als außergewöhnliche Ehrerbietung gegenüber der Schwester Gunthers, den Verwandten und *vriunden* interpretiert werden kann; auch als dezidiert höfisches Ritual (*mit grôzen zühten*, 791,3; vgl. 794,2) entlastet die Begrüßung offensichtlich von Statusansprüchen. In dieser Mehrdeutigkeit vermag das Empfangsritual auch das Konfliktpotential, das Ausgangspunkt der Einladung war, zu überspielen, denn Prünhilts Argwohn wird durch den außergewöhnlichen Empfang, den man dem vermeintlichen Vasallen bereitet, nicht geschürt. Allerdings ist die stabilisierende Wirkung des Rituals auch nicht von Dauer, sondern wird in dem anschließenden Ritual der Mahlgemeinschaft revidiert, als Prünhilt Anstoß an Siegfrieds großem Gefolge bei Tisch (802,4–803,1 f.) nimmt: *Prünhilt diu künegîn / gedâht', daz eigenholde niht rîcher kunde wesen* (803,2 f.).

Rituale der Begrüßung – so läßt der Querschnitt durch verschiedene Texte erkennen – unterliegen einem komplexen Regelsystem, das von Funktionen geprägt ist, die Begrüßungsrituale, weit über die Relevanz heutiger Interaktionsrituale hinausgehend, für die soziale und politische Ordnung innehaben: Begrüßungen stehen im Dienst von Friedenssicherung, sie konstituieren soziale Beziehungen, sie bezeugen *vriuntschaft*, sie demonstrieren Statusdifferenzen, sie markieren die gesellschaftliche Position eines einzelnen im Verhältnis zu anderen, sie bringen den spezifischen Werte- und Verhaltenskodex einer adeligen Gemeinschaft zum Ausdruck, die sich über diesen Kodex definiert und exklusiv nach außen abgrenzt. Die Texte gewähren dabei nicht nur einen Einblick in die Funktionsweisen, sondern zeigen eine Fülle unterschiedlicher Interaktionsformen, die von einfach strukturierten bis zu komplexen und mehrdeutigen Handlungsmustern reicht.

Daß die Begrüßung darüber hinaus stets auch eine signifikante Situation fiktionaler Narration, etwa zur Charakterisierung epischer Figuren- und Handlungskonstellationen, darstellt, wird weiter zu verfolgen sein. Wie aus den oben angeführten Stellen schon hervorging, ist es vor allem Wolfram, der Begrüßungsrituale auch als Ort der Reflexion von Strukturen feudaladeliger Herrschaft und der Zeichenhaftigkeit ihrer Interaktion einsetzt, mit besonderer Eindringlichkeit – wie sich in Kapitel 5 zeigen wird – im ›Willehalm‹.

Poetik des Rituals II

4. (Kon-)Textuelle Differenzierung des Rituals

Mittelalterliche Rituale sind uns zumeist durch Texte vermittelt, die deren Interpretation spezifische Vorgaben setzen. Die Perspektive des Textes und desjenigen, der das Ritual erzählt, sind somit für die Deutung eines Rituals und die Zuschreibung seines Sinns und seiner Funktion(en) unhintergehbare Instanzen. Texte selektieren bei der Darstellung von Ritualen spezifische Informationen, sie setzen ein für sie grundlegendes kulturelles Wissen voraus, gewichten und bewerten eine Ritualhandlung, stellen sie in einen durch den Text konstruierten übergeordneten Sinnzusammenhang und funktionalisieren sie im Rahmen ihrer Interessen.

Selektion

Selektion von Informationen und damit verbundene Akzentsetzungen können auf unterschiedlichen Ebenen der Ritualdarstellung erfolgen. Bereits das Fehlen einer Ritualbeschreibung oder das gänzliche Verschweigen von Ritualen kann bestimmte Signale setzen. Daß beispielsweise keiner der Texte aus dem Korpus, das die in Kapitel 1 besprochenen Ereignisse des ersten staufisch-welfischen Doppelkönigtums überliefern, alle oben referierten Ereignisse enthält,[1] mag nicht verwundern; daß aber nicht einmal die wichtigsten, entscheidenden Zäsuren der die Entwicklung markierenden Ereignisse: Ottos Königskrönung sowie Philipps erste und zweite Krönung, in allen Texten vollständig berichtet sind, lenkt die Aufmerksamkeit auf die Varianz, der die Signifikanz des Krönungsrituals aufgrund der unterschiedlichen Interessen der Texte unterliegt.[2]

Auch in literarischen Texten können durch das Fehlen von Ritualen Signale gesetzt werden, die die Rezeption des Textes lenken. Die Rekonstruktion derartiger Aussparungen ist dabei methodisch am unbedenklichsten, wenn Texte nachweislich auf bekannten Vorlagen beruhen und dort beschriebene Rituale übergehen.[3] Während beispielsweise Perceval bei Chrétien nach überkommenem Brauch (*costume*, 1626) eine Schwertleite erhält (1622ff.), tilgt Wolfram dieses Übergangsritual, was als Bestandteil einer andersartig konstruierten ‚Entwicklung' des Helden zum Ritter und einer anderen Handlungsführung eine wichtige Rolle spielt: „Der deutsche Parzival ist durch den Leichenraub an Ither zum Ritter geworden."[4] In der Trevrizent-Episode (456,5ff.) hingegen, die man in der Forschung lange als den ‚Wendepunkt' der ›Parzival‹-Handlung betrachtete, weil Parzival bei der Einkehr bei seinem Onkel eine „Wandlung vom Sünder zum Büßer"[5] erfahre, fehlen gegenüber Chrétien (6337 ff.) alle rituellen Handlungen, die kirchlich institutionalisiert sind: „Wolfram hat alle kirchlichen Motive sorgfältig getilgt; bei ihm gibt es keine Kapelle, keinen Priester, keine formelle Beichte und kein Abendmahl. Trevrizent stellt sich als Laie dar (462,11), und seine religiösen Belehrungen lassen sich als Ausdruck einer spezifischen Laienfrömmigkeit verstehen."[6]

Informationsselektionen sind aber vor allem auch innerhalb der Darstellung von Ritualen zu beobachten. Ihre Extension reicht von einfacher Erwähnung des Ereignisses über die Beschreibung einer einzelnen Teilhandlung, die als Pars pro toto für das gesamte Ritual stehen kann, bis zur Wiedergabe mehrerer Teilhandlungen und zu sehr exponierten Ritualbeschreibungen. Chrétien beispielsweise schildert in aller Ausführlichkeit die Krönung und Belehnung Erecs durch König Artus zum Weihnachtsfest in Nantes (6485–6879): Dargestellt werden sowohl die prächtigen Krönungsgewänder (6674 ff.) und Krönungsinsignien (6774 ff., 6809 ff.) als auch die rituellen Handlungen selbst: die Salbung (6794 ff.), die Verleihung von Krone und Zepter (6805 ff., 6819 ff.), und eine sich anschließende Meßfeier (6825 ff.), bei der die Mönche mit Reliquien, Meßbüchern, Kirchenschätzen, Kreuzen und Weihrauchfässern dem Königspaar singend entgegenziehen (6835 ff.), sowie das abschließende Festmahl (6858 ff.); Wert legt der Text zudem auf die Anwesenheit einer außergewöhnlich großen Anzahl von Vertretern der adeligen Oberschicht (6505 ff., 6585 ff., 6845 ff.). Diese elaborierte Darstellung des Rituals wird in Hartmanns Adaptation auf eine nur knappe Bemerkung zur Krönung Erecs reduziert: *hie emphienc er lobelîche / die krône von dem rîche / der sîn vater, der künec Lac, / unz an in mit êren phlac, / wan er vil manege tugent begie* (10064–10068).[7] Mehrere Teilhandlungen des Rituals schildern Otto von Freising und Rahewin anläßlich der Krönung Friedrichs I. in Aachen, die selbstverständlich – anders als im literarischen Text Chrétiens – in der Kirche stattfindet, wobei das Geleit der Bischöfe dorthin, die Salbung, das Aufsetzen der Krone und die Inthronisation erwähnt werden.[8]

Die möglichen Gründe für die unterschiedliche Extensität der Darstellungen sind vielfältig und zumeist nur implizit zu erschließen. Sie mögen in Ausnahmefällen in der individuellen Einstellung eines Autors zu bestimmten rituellen Handlungen liegen,[9] doch verweisen sie in der Regel auf überindividuelle Strukturen. So besteht in den deutschen volkssprachlichen Texten, gerade auch in solchen, die ansonsten ein ausgeprägteres Interesse für rituelle Handlungen zeigen, offensichtlich eine Tendenz, die von den Klerikern verwalteten Rituale, z. B. das Krönungsritual, in der Darstellung literarischer Herrschaftspraxis zurückzudrängen zugunsten von Ritualen, die dem Zugriff der Institution Kirche weniger oder gar nicht ausgesetzt waren.[10] Als bevorzugtes Mittel zur literarischen Inszenierung von Herrschaftsverhältnissen fungieren dabei Begrüßungs- und Empfangsszenen.[11]

Voraussetzen kulturellen Wissens

Der Stil der Darstellung eines Rituals hängt oftmals auch davon ab, ob dessen Art und Ausführung bei den intendierten Rezipienten als bekannt vorausgesetzt wird. Darauf kann in den Texten explizit verwiesen werden mit dem Hinweis, daß ein Ritual bestimmten (gesellschaftlichen oder literarischen) Konventionen entsprechend vollzogen wird, z. B. *nâch dem hovesite* (Gottfried, ›Tristan‹ 5356–5358) oder nach einem älteren Brauch, der auch noch den aktuellen Rezipienten bekannt sei: *als wyr noch syt haben* (›Herzog Ernst B‹ 1391–1395).

Auch in ausführlichere Ritualdarstellungen kann unausgesprochenes Wissen eingeflossen sein, dessen Kenntnis für die Interpretation des Vorgangs von Bedeutung ist. Illustriert sei dies am Beispiel des oben besprochenen Bittgesuchs der Lodesen an Friedrich I. auf dem Reichstag in Konstanz.[12] Otto Morena beschreibt die Handlung seiner Lodeser Mitbürger, mit der sie vor dem Kaiser gegen Mailand Klage geführt haben, zunächst ohne Kommentar oder Erklärung: Sie sind in eine Kirche gegangen, haben von dort zwei Kreuze geholt und sich vor den König und die Fürsten begeben, wo sie sich mit den Kreuzen zu deren Füßen geworfen und wehgeklagt haben.[13] Daß für die Fürsten dieser Akt ungewöhnlich gewesen ist und Verwunderung ausgelöst hat, findet Erwähnung; erklärt wird, auf die entsprechende Frage des Königs hin, auch der Grund des Bittgesuchs (Hilfe gegen Mailand); die Handlung selbst, auf die sich die Verwunderung gerichtet hat, wird jedoch nicht erläutert. Somit scheint der Text die rituelle Handlung des Kreuztragens als ungewöhnlich zu markieren und damit zugleich beim Rezipienten den Wunsch nach Erklärung zu provozieren, um ihn dann doch unbeantwortet zu lassen. Eine andere Lesart von Otto Morenas Darstellung ergibt sich allerdings, wenn der Interpret die beiläufige Bemerkung eines anderen Chronisten, nämlich Ottos von Freising, anläßlich der Rechtsprechung Friedrichs auf einem Reichstag zu Roncaglia hinzuzieht: Das Kreuztragen beim Führen einer Klage sei ein italienischer Brauch.[14] Otto Morena, dem Italiener aus Lodi, war dieser *mos* zweifellos bekannt und innerhalb seiner Darstellung offensichtlich nicht erklärungsbedürftig. So aber markiert sein Text mit der Bemerkung, daß die Fürsten sich darüber verwundert haben, nicht die Ungewöhnlichkeit der Handlung selbst, sondern ihre Ungewöhnlichkeit in der aktuellen Situation: die Unkenntnis des Brauches bei den deutschen Fürsten; der

Akzent der Szene liege auf einer am Ritual sich manifestierenden kulturellen Differenz. Die Interpretation der Szene durch einen Rezipienten des Textes hängt somit wesentlich davon ab, ob er Ottos ‚Innenperspektive' auf das Ritual der Lodesen: das unausgesprochene Wissen um ihre durch Tradition verbürgte Sinnhaftigkeit, teilen kann oder nicht.

Politische Instrumentalisierung und ‚Verhandlung'

Es darf als Gemeinplatz gelten, daß mittelalterliche historiographische Texte in ihrer Darstellung zumeist spezifisch politische Interessen verfolgen. Daß dies im besonderen auch für die Darstellung von Ritualen zu veranschlagen ist, hat jüngst mit allem Nachdruck – wenn auch mit einigen problematischen Implikationen[15] – BUC wieder hervorgehoben, indem er den pragmatischen Aspekt der Texte und die Einbettung der Ritualdarstellungen in eine übergreifende „interpretative strategy"[16] in den Vordergrund stellt. BUC unterscheidet dabei vier narrative Strategien im Umgang mit Ritualen, die er an zahlreichen Beispielen illustriert:

> To illustrate the importance of interpretation, and to suggest some of its effects, I shall look at a number of cases showing firstly the ways in which authors deny the existence of a transcendental meaning to the rituals of a community they oppose or want to disempower; secondly the inverse strategy, of insistence on the presence of a *mysterium* in ritual; thirdly the struggle over a ritual's specific interpretation; and finally the desire to paper over and hide the presence of such struggles.[17]

Neben diesen Verfahrensweisen sind aber auch andere gängige Möglichkeiten zur Selektion von Informationen im spezifisch politischen Interesse zu konstatieren. Zwei Beispiele aus dem Textkorpus zum staufisch-welfischen Doppelkönigtum mögen dies illustrieren: In Burkhards von Ursfeld Chronik etwa finden die Wahlen von 1198 sowie Ottos Krönung und Philipps zweite Krönung, nicht aber dessen erste Krönung und zweite Wahl Erwähnung;[18] damit suggeriert der Text einerseits, daß Philipps Krönung von 1205 die um sieben Jahre verzögerte Folge seiner (ersten) Wahl ist, und er verschweigt andererseits, daß es im Verlauf der Ereignisse eine Krönung gegeben hat, die nicht in Aachen stattgefunden hat und nicht vom Kölner Erzbischof durchgeführt worden ist. Otto von St. Blasien hingegen berichtet zwar von Ottos, nicht aber von Philipps Krönungen. Bei ihm erscheinen als Felder, auf denen der Konflikt um die Vorherrschaft (*principatus*) der Könige ausgetragen wird, die gespaltene Institution der Reichsfürstenschaft (*divisis contra se regni principibus*) einerseits und die militärische Auseinandersetzung (*bellum civile*) andererseits,[19] nicht jedoch die in den Ritualen ausgetragene Konkurrenz um Legitimität. In beiden Texten werden – abgesehen von ihren politischen Tendenzen – durch unterschiedliche Selektionsarten auch das Verständnis und Bild vom Krönungsritual entscheidend tangiert: Indem sie zwar von einer Doppelwahl, aber nicht von einer Doppelkrönung berichten, ist das Ritual von dem Konflikt nicht betroffen, werden seine konkurrierende Instrumentalisierung und damit seine in den Ereignissen manifest werdende Verfügbarkeit nicht thematisiert.

Von politischen Aussagen bestimmte Selektion wiederum anderer Art lassen zwei Texte erkennen, die über die oben erwähnte Begegnung des Papstes Stephan mit König Pippin völlig unterschiedlich berichten.[20] Der im Umkreis der römischen Kurie zu verortende ›Liber pontificalis‹ führt dazu aus:

Wie aber Pippin die Ankunft des heiligen Vaters vernahm, zog er ihm eilig entgegen mit seiner Gemahlin, seinen Kindern und den Großen des Reiches. Seinen Sohn Karl schickte er mit vielen vornehmen Männern vierzig Meilen zu seinem Empfang voraus. Er selbst ging ihm von seiner Pfalz Ponthion aus beinahe eine Stunde weit zu Fuß entgegen und schritt eine Strecke Weges als sein Marschall neben dem Saumroß des Papstes einher. Am 6. Januar, dem Tag des Erscheinungsfestes [!], betraten sie den Palast von Ponthion. Da bat nun Papst Stephan alsbald flehentlich den allerchristlichsten König, daß er sich den Schutz des Friedens und die Sache des heiligen Petrus angelegen sein lasse, und der König versprach dem heiligen Vater eidlich, allen seinen Befehlen und Wünschen mit ganzer Kraft nachzukommen [...].[21]

Die am Hof Karls des Großen entstandenen ›Metzer Annalen‹[22] hingegen berichten davon, daß Pippin zum Empfang Stephans nur seinen Sohn Karl entgegenschickt, ihn selbst aber erst in der Pfalz Ponthion ehrenvoll empfängt. Der Papst überreicht bei der Begrüßung dem König und seinen Großen zahlreiche Geschenke. Auch das Bittgesuch des Papstes unterscheidet sich erheblich von der Darstellung im ›Liber pontificalis‹: Nach den ›Metzer Annalen‹ wirft der Papst sich mit seinem Gefolge in Sack und Asche vor Pippin nieder und ist nicht eher bereit aufzustehen, bis der König ihn zum Zeichen seiner Hilfszusage von der Erde erhebt.

Deutlich wird, daß beide Texte in wichtigen Punkten unterschiedliche Teilhandlungen des Empfangsrituals kolportieren und dem Ritual damit einen jeweils anderen Charakter verleihen. Einer expliziten Bewertung dieses Charakters enthalten sich beide Texte. Denkbar ist somit durchaus, daß im ›Liber pontificalis‹ die besondere christliche Demut König Pippins und das ideale Zusammenspiel von päpstlicher und kaiserlicher Autorität hervorgehoben werden sollen; ebenso, daß die ›Metzer Annalen‹ mit der Beschreibung der Proskynese des Papstes – ähnlich wie ALTHOFF in einer Reihe von Untersuchungen für die Praxis der Fußfälle gezeigt hat[23] – das Bezwingende der Handlung, die Unmöglichkeit auf seiten des Kaisers, die Bitte eines auf dem Boden liegenden Papstes abzulehnen, betonen wollen.

Doch liegen andererseits die politischen Implikationen der Darstellungen jeweils klar auf der Hand: Auf der einen Seite werden Gesten der Unterordnung der königlichen unter die päpstliche Gewalt prononciert, auf der anderen Seite Gesten der Unterordnung der päpstlichen unter die königliche Gewalt.

Explizite Rezeptionsanleitungen und ausformulierte Ritualinterpretationen finden sich in den Texten selten. Dabei sind vereindeutigende, gar von der konkreten Situation abstrahierende und auf allgemeine Verbindlichkeit zielende Erklärungen der Ritualhandlung für chronikalische und erzählende Texte untypisch;[24] sie knüpfen eine Erklärung eher an einen besonderen Fall, wenn das sonst stillschweigend vorausgesetzte Rezipientenwissen um das Ritual über die Besonderheit seiner aktuellen Darstellung aufgeklärt werden soll. Und in solcher Überschreitung der rein deskriptiven Ebene können in den Texten dann auch Ansätze zur Reflexion ritueller Handlungen angelegt sein.

Dies liegt beispielsweise in Ottos von Freising Bericht von der Zurückweisung eines Gnadengesuchs durch Friedrich I. vor.[25] Während der Königskrönung Friedrichs versucht einer seiner Dienstmannen die Gunst des Anlasses für sich zu nutzen, indem er sich dem König zu Füßen wirft, um so dessen Huld (*gratia*), die er wegen einiger schwerwiegender Rechtsübertretungen (*pro quibusdam excessibus gravibus*) verloren hatte, wiederzuerlangen; der König jedoch verweigert es dem Unglücklichen. Die Haltung Friedrichs, die als ungewöhnlich markiert wird und bei den Anwesenden Verwunderung (*admiratio*) erregt, wird in gehäuften Wendungen kommentiert: Der König habe mit seiner Haltung die Härte der Gerechtigkeit nicht erweichen lassen (*animum a rigore iustitie emollire*), habe seine frühere Strenge (*severitas*) beibehalten, habe allen ein Zeichen seiner Beständigkeit (*constantia*) gegeben, habe nicht aus Haß, sondern aus Gerechtigkeitssinn (*iustitie intuitus*) gehandelt, habe schon als Jüngling die Haltung eines reifen Mannes (*senis animus*) gezeigt, indem die *gloria* des Anlasses ihn nicht von der Tugend der Härte zum Fehler der Vergebung umzubiegen vermochte (*flectere a rigoris virtute ad remissionis vitium*). In den Kommentaren zur Haltung Friedrichs, die das Ritual scheitern läßt, wird indirekt auch das Gelingen des Rituals bewertet: Der *severitas*, der *constantia*, der *virtus rigoris*, in denen *iustitia* bewahrt bleibt, steht nicht etwa der Ausweis von *clementia* im Akt der Vergebung gegenüber, sondern das *emollire*, das *flectere*, das *vitium remissionis*. Die Rechtfertigung der von der rituellen Konvention abweichenden Handlung,[26] die im Dienste eines übergreifenden positiven Persönlichkeitsentwurfes des Textes steht, erzeugt somit umgekehrt auch eine Perspektive, aus der heraus das Gelingen des Rituals geradezu als moralische Verfehlung zu bewerten wäre.

In dieser Hinsicht kann man Ottos Darstellung auch einen gewissen Grad an Reflexion über den Mechanismus des Unterwerfungsrituals zuschreiben. Denn Friedrichs Konterkarierung des Gnadengesuches mitsamt seiner Wertung durch den Text ist durchaus als Kritik an einer gängigen politisch-rituellen Praxis zu lesen. Daß historiographischen Texten eine solche Reflexion offenbar grundsätzlich möglich war – auch wenn sie gegenüber literarischen Texten wohl weniger ausgeprägt ist –, zeigt auch ein von ALTHOFF angeführtes Beispiel. Wenn berichtet wird, daß der englische König Johann Ohneland, als ein Bischof sich ihm zu Füßen geworfen hat,[27] sich ebenfalls zu diesem auf den Boden wirft, kann man sich natürlich zunächst fragen, ob es sich dabei um einen im Rahmen politischen Handelns überhaupt möglichen oder illegitimen Akt seitens des Königs handelt; wichtiger erscheint aber, daß im Bericht von dieser Begebenheit eine rituelle Handlung auf ihren formalen Mechanismus hin durchsichtig gemacht, damit auch reflektiert und möglicherweise auch auf heitere Weise kritisiert wird.

Literarische Instrumentalisierung und ‚Verhandlung‘

Gerade literarische Texte selektieren Informationen, erzählen ein Ritual aus einer bestimmten Perspektive und akzentuieren dementsprechend dessen Sinn und Bedeutung. Darin unterscheiden sich historiographische und literarische Texte grundsätzlich nicht. Während aber erstere überwiegend im Sinne politischer Tendenzgebung selektieren, besteht in der Literatur prinzipiell die Möglichkeit, diesen Horizont zu überschreiten.

Dabei funktionalisieren auch literarische Texte Rituale, um politische Konstellationen des Textes zu explizieren und politische Gehalte in ihnen zu verschlüsseln; sie signalisieren Legitimität, Konsens oder umgekehrt deren Fehlen im Rahmen politischer Interaktion über den Rekurs auf das Ritual. Ritualdarstellungen bieten somit immer spezifische Entwürfe von Sinn und Welt. Während es sich aber in historiographischen Texten zumeist um solche handelt, „in denen eine reale politische Erfahrungswelt konfiguriert“,[28] ein bestimmtes Ereignis in spezifischer Weise (um)interpretiert wird, werden in literarischen Texten Rituale für die Konstitution einer fiktionalen Welt funktionalisiert. Sie erfüllen eine Funktion für den Entwurf eines dem Text eigenen Herrschafts- und Gesellschaftsbildes, für die Figurencharakterisierung und die Explikation bestimmter Handlungskonstellationen. Rituale können dabei die epische Narration über weite Textstellen bestimmen und die Struktur eines literarischen Textes prägen.[29] In diesem Sinne sind Rituale bei weitem mehr als nur bloße Motive der Narration: Sie sind integrativer Bestandteil der Poetik eines Textes und seiner Strategien. Die Darstellung von Ritualen kann aber auch in umgekehrter Richtung von der Poetik der Texte, z. B. von Gattungsregeln, bestimmt werden; sie ist somit nicht nur durch politische ‚Spielregeln' und durch textinterne übergreifende Handlungskonstellationen, sondern auch durch literarische Konventionen geprägt.[30]

Literarische Texte können jenseits politischer Instrumentalisierung die kulturellen Konstruktionsbedingungen von Ritualen und ihre Funktionsweisen in besonderer Weise reflektieren und dabei über das Maß, das oben an historiographischen Textbeispielen aufgezeigt worden ist, entschieden hinausgehen: Sie können Rituale verfremden, kontrafaktische Gegenentwürfe zu ihnen entfalten oder sogar die Ablehnung von rituellem Handeln an sich formulieren. Literarische Texte können sich, nicht zuletzt auch aufgrund ihrer unterschiedlichen institutionellen Einbettung und Pragmatik, von den in der lebensweltlichen Realität und den in historiographischen Texten vorgegebenen Ritualen stärker lösen. Dabei ist zunächst festzuhalten, daß in einer großen (vielleicht sogar der überwiegenden) Anzahl von Texten Rituale konventionelle Mittel der Herrschaftspraxis darstellen. Die Dichter lassen im Zusammenhang von Konfliktbewältigung und Friedenssicherung, von Konstitution adeliger Identität und von Interaktionen innerhalb des Herrschaftsverbandes ihre Protagonisten sich nach gängigen rituellen Handlungsmustern verhalten, die aus den Darstellungen historiographischer Texte größtenteils bekannt sind; sie schildern oftmals sogar die Handlungen ausführlicher als diese.[31] Doch selbst wenn die literarische Darstellung eines solchen Rituals sich auf gängige politische Vorstellungen, Handlungsmuster und Spielregeln von Herrschaft stützt, kann sie auch auf innertextuelle Bezüge hin ausgerichtet sein.

Eine Tischordnung etwa, auf deren eminente Funktion zur Repräsentation sozialen Ranges oben verwiesen worden ist,[32] wird auch im ›Parzival‹ bei der Bewirtung Feirefiz' durch Gawan detailliert beschrieben (*daz sitzen wart bescheiden / an Gâwânes ringe / mit höfschlîchem dinge*, 762,6–8): Zur Rechten Gawans ist das Gefolge Orgeluses, dessen Herr Gawan mittlerweile ist, zu seiner Linken die von ihm befreite, ihm untergebene Rittergesellschaft von Schastel marveile plaziert (762,9–13); direkt an Gawans Tisch im Zentrum sitzen seine von ihm in Schastel marveile befreiten Verwandten in einer genau abgestimmten Anordnung (762,21–763,6). Dieser Tischreihe gegenüber sitzen die von Gawan befreiten Damen, in deren Mitte Parzival und Feirefiz ihre Plätze haben (762,14–20). Das gesamte Arrangement repräsentiert somit einerseits nach gängigen Formen Gawans Herrschaftsbereich, dem die Personen gegenübergesetzt sind, die ihm nicht angehören; andererseits stellt es aber auch ein Tableau auf, in dem eine wichtige Konstellation der Texthandlung: Gawans Aventiure in der ‚Zauberburg' und sein Verhältnis zu Parzival, anschaulich in Form geronnen ist.

Mehrperspektivität

Daß literarische Texte die kulturellen Konstruktionsbedingungen von Ritualen in besonderer Weise reflektieren können, liegt vor allem in ihrer Möglichkeit begründet, mehrere gleichzeitige Perspektiven auf ein Ritual zu konstruieren. Sie können verschiedene Perspektiven wechseln, nebeneinanderstellen und miteinander konfrontieren.

Ein Verfahren der Erzeugung solcher Mehrperspektivität zeigt etwa das in Kapitel 1 erwähnte Gottesurteil Isoldes bei Gottfried.[33] Im Ritual werden zwei unterschiedliche (in Isoldes Eid angelegte), jeweils vom Wissen der Figuren abhängige Wirklichkeiten sichtbar, der zwei unterschiedliche Figurenperspektiven auf das Ritual entsprechen: diejenige Markes und der Hofgesellschaft auf der einen und diejenige Tristans und Isoldes auf der anderen Seite.[34] Über diese beiden gegensätzlichen Perspektiven hinaus konstruiert der Erzähler mit seinem Kommentar aber auch eine dritte Ebene, auf der die Gemeinschaft der Rezipienten in die Perspektivität der Szene miteinbezogen wird[35] und die damit den unterschiedlichen Interpretationsmöglichkeiten des Rituals weiteren Raum eröffnet:

> *dâ wart wol goffenbæret*
> *und al der werlt bewæret,*
> *daz der vil tugenthafte Krist*
> *wintschaffen alse ein ermel ist*
> (15737–15740)

Die Bewegung des Textes, die von der bestandenen Probe des heißen Eisens direkt zu dem in seiner Bedeutung umstrittenen Kommentar[36] führt, weckt zunächst durch die Verben *goffenbæret* und *bewæret* die Erwartung einer Aussage über die Unschuld aus der Perspektive der Hofgesellschaft. Mit dem Kommentar wird jedoch die Perspektive der Rezipientengemeinschaft (*al der werlt*) der Perspektive der Hofgesellschaft noch vorgeschaltet und kontrastiert.[37] Für jene ist die Probe ein Beweis für die Manipulierbarkeit bzw. die Infragestellung der transzendenten Verankerung von Gottesurteilen und damit eine Infragestellung des Rituals an sich; für diese ist sie genau das Gegenteil: ein nicht angezweifeltes Beweismittel für die Unschuld Isoldes. Denn sie

> *wart aber dô starke*
> *von ir hêrren Marke*
> *geminnet unde geêret,*

geprîset unde gehêret
von liute und von lande.
swaz sô der künec erkande,
dar an ir herze was gewant,
daz was sîn wille zehant:
[...]
sîn zwîvel und sîn arcwân
diu wâren aber dô hin getân.

(15755–15768)

Einen ebenso komplexen Umgang mit verschiedenen Perspektiven und der bewußten Selektion von Wissen bietet auch Wolframs Darstellung des Gralsrituals. Sie zeigt mit der Beschreibung von Gesten, Bewegungsarten und Ausstattung der Handlungsträgerinnen, ihrer tableauartigen Plazierung im Anschluß an die Prozession, der detaillierten Beschreibung des Dienstes der Knappen an den Rittern der Gralsgesellschaft[38] das selbstverständliche Handeln der in das Ritual Eingeweihten durch eine „Fülle von poetischen Visualisierungsstrategien, die zunächst die Vorstellungskraft und über die synästhetische Erfahrung zugleich die übrigen Sinne ansprechen".[39] Die Illusion einer Simultaneität der Ritualhandlung wird dabei vor allem durch den häufigen Rekurs auf das *sehen* und die Aufforderung zum Hinschauen erzeugt:

seht wâ sich niht versûmet hât
ander frouwen vierstunt zwuo.

(233,12 f.)

âvoy nu siht man sehse gên

(235,8)

man sach die zwuo fürstîn komn

(234,16)

man sach die maget an ir tragen

(235,18)

vier ritter mit ir henden
mans ûf die taveln setzen sach.

(237,26 f.)[40]

Für den Rezipienten entsteht somit der Eindruck einer unmittelbaren Präsenz; er scheint selbst zum ‚Zuschauer' des Rituals zu werden. Mit der szenischen Vergegenwärtigung des Rituals eröffnet sich aber nicht die Innenperspektive der Akteure; die ‚Partizipation' der Rezipienten am Ritual erfolgt vielmehr durch den Blick von außen auf ein wunderbares, gleichwohl unverständliches Handeln einer Gesellschaft, worüber die Rezipienten – wie der Erzähler vertröstet – erst später, zu gegebener Zeit aufgeklärt werden sollen:

> *Wer der selbe wære,*
> *des freischet her nâch mære.*
> *dar zuo der wirt, sîn burc, sîn lant,*
> *diu werdent iu von mir genant,*
> *her nâch sô des wirdet zît,*
> *bescheidenlîchen, âne strît*
> *unde ân allez für zogen.*
> (241,1–7)

Auf diese Weise wird die Außenperspektive der Rezipienten mit der Perspektive Parzivals, der zwar Teilnehmer, aber als Nicht-Eingeweihter auch Außenseiter des Rituals ist, zum Teil in Kongruenz gebracht. Dennoch bleibt die Rezipientenperspektive von der Außenperspektive Parzivals durchaus zu unterscheiden.[41] Denn erstens wird die Suggestion unmittelbarer Präsenz im Text immer wieder durch Erzählereinschübe gebrochen, die die Vermitteltheit des *mære* erinnern und den Hörer in einer mimetischen Rezeption des Rituals stören:

> *sus giengen se alle sehse zuo:*
> *nu hœrt waz ieslîchiu tuo.*
> (234,29 f.)

> *ob i'z geprüevet rehte hân,*
> *hie sulen ahzehen frouwen stên.*
> (235,6 f.)

> *dô liezen si die hêrsten*
> *zwischen sich; man sagte mir,*
> *zwelve iewederthalben ir.*
> (236,18–20)

> *nu hœrt ein ander mære.*
> (238,2)

> *man sagte mir, diz sag ouch ich*
> *ûf iwer ieslîches eit*
> (238,8 f.)

Hier gibt sich der Erzähler als Arrangeur des Rituals zu erkennen, über den zweitens auch die Perspektive Parzivals vermittelt ist:

> *dez mære giht daz Parzivâl*
> *dicke an si sach unt dâhte*
> (236,12 f.)

> *wol gemarcte Parzivâl*
> *die rîcheit unt daz wunder grôz:*
> *durch zuht in vrâgens doch verdrôz.*
> *er dâhte [...]*
> (239,8–11)

Der Erzähler stattet den Zuhörer mit mehr Informationen als den Protagonisten aus, etwa, wenn das Tragen der Lanze als *site* bezeichnet wird, die *ze trûren guot* sei (231,19), oder durch den Erzählerkommentar zur versäumten Frage, die durch die Schwertgabe des Anfortas' provoziert werden soll. Daß damit der Rezipient das Ritual grundsätzlich anders als Parzival beurteilen kann, hat auch SOEFFNER hervorgehoben:

Der Autor setzt seinen Protagonisten, den im Text als Deuter Geforderten, als Leerstelle. An eben dieser Leerstelle wird dem Rezipienten der Übergang in die neue, ‚eigentliche‘, alles umspannende Repräsentationsebene kenntlich gemacht. Während so der Leser/Rezipient – nicht zuletzt mit Hilfe des Helden [...] – in das Verweisungsschema symbolischer Appräsentation zweiter Ordnung eingewiesen wird, geht Parzival mit den ihm bis dahin zur Verfügung stehenden Appräsentationsweisen an die ‚neue‘ Situation heran. Während diese für den Leser/Rezipienten durch den Kunstgriff des Autors tatsächlich als neu erfahrbar gemacht wird, wird sie von Parzival nicht als wirklich neu erfahren: Die neue Situation appräsentiert ihm lediglich das alte Verweisungsschema.[42]

Wolframs literarische Inszenierung des Gralsrituals spielt in diesem Sinne auf raffinierte Weise mit unterschiedlichen Wahrnehmungsperspektiven eines Rituals und macht damit die Perspektivität als Bedingung für die Einschätzung von symbolischen Zeichen und rituellen Handlungen durchsichtig. In anderer, nicht minder komplexer Weise reflektiert er die Perspektivität von Wahrnehmung auch im ›Willehalm‹, wie im folgenden Kapitel zu zeigen ist.

5. Begrüßungsrituale –
Die Munleun-Episode in Wolframs ›Willehalm‹

Die in Kapitel 3 skizzierten Interaktionsmuster und Spielregeln,[1] die das Begrüßungsritual als Bestandteil feudaladeliger Lebensordnung und Herrschaftspraxis kennzeichnen, werden bei Willehalms Ankunft am französischen Königshof in Munleun fundamental verletzt. Dem Helden, Markgrafen und Schwager des Königs wird eine Begrüßung verweigert.[2]

Das Zusammentreffen der festlich gestimmten Hofgesellschaft mit dem bewaffneten, die Zeichen des Krieges sichtbar an seiner Rüstung tragenden Willehalm und die daraus resultierenden Konflikte haben die Aufmerksamkeit der Forschung unter verschiedenen Aspekten bereits wiederholt auf sich gezogen.[3] Hervorzuheben unter den jüngeren Arbeiten sind vor allem die 1989 erschienenen Habilitationsschriften von BARBARA HAUPT und PETER CZERWINSKI.[4] Während HAUPT sich der Szene unter der Perspektive des bis zum äußersten bedrohten Festes widmet und die Überwindung der Konfliktsituation durch „humane Kräfte" als Möglichkeit der Verwirklichung friedlicher Ordnung herausstellt,[5] profiliert CZERWINSKI mittels einer betont verfremdenden, auf Alterität zielenden Lektüre frühe Formen von Reflexivität und Abstraktion[6]: Willehalms Erscheinung und Verhalten werden in einem im wesentlichen präsymbolischen Kommunikationsgeschehen situiert, das sich in der Konkretheit und unmittelbaren Gegenwärtigkeit von Körperlichem für die Demonstration adeliger Ehre und für die Strukturierung von Erinnerung äußert.[7] Obwohl beide Untersuchungen zu instruktiven Ergebnissen kommen, klären sie die Befremdlichkeit der Munleun-Episode und der in ihr geschilderten Konflikte hinsichtlich des Rituals und seiner Spielregeln jedoch nicht auf.

Sicher: Die Ankunft eines unbekannten und bewaffneten Ritters stellt in einer Welt, in der friedliche Interaktion nicht selbstverständlich vorausgesetzt werden kann und Sicherheit vor allem in der eigenen sozialen Gruppe gewährleistet ist, eine Bedrohung dar. Doch zeigten die in Kapitel 3 angeführten Beispiele auch, daß der Anstoß, den die Hofgesellschaft an Willehalms Rüstung nimmt, nach den Regeln epischer Welten nicht zwingend der Logik ritueller Kommunikation entspricht:

> *sîn schilt unt er wârn unbekant.*
> *den helm er niht von im bant:*

> *der vreuden ellende*
> *truoc dez swert in sîner hende,*
> *bedecket mit der scheiden.*

Die Zeichen, die dieser Ritter trägt, lassen auf alles andere als eine erfreuliche Begegnung, der aufgebundene Helm und das Schwert in den Händen auf Kampfbereitschaft schließen. Die unfreundliche Absicht, gedämpft freilich durch das Stecken des Schwertes in der Scheide, wird unverkennbar signalisiert. Gleichwohl wird dieser Ritter gebührend empfangen:

> *op man in dâ iht dringe?*
> *vil knappen spranc dar nâher sân,*
> *do enpfiengen si den werden man.*

Nicht um Willehalm handelt es sich also in der zitierten Szene, sondern um Kingrimursel, der der friedlich versammelten Artusgesellschaft die Kampfansage an Gawan überbringt (›Parzival‹, 320,6–13). Willehalm zeigt die Zeichen des Aggressors weit weniger deutlich: Einen Schild hat er nicht bei sich, auch trägt er das Schwert nicht demonstrativ in der Hand, und Helm sowie Kopfschutz werden von ihm abgebunden. Anders als Kingrimursel will Willehalm den Hof auch nicht herausfordern, sondern ihn um militärischen Beistand bitten. Dennoch wird dem der Hofgesellschaft zunächst Unbekannten eine Begrüßung verweigert, und dies auch, obwohl man aufgrund des anstehenden Hoffestes in Munleun wohl davon ausgehen kann, daß „jeder Neuankömmling […] vermutlich ‚dazugehört‘".[8]

Begrüßungen als Textstruktur

Selbst wenn man – wie CZERWINSKI – im ›Willehalm‹ eine Erzähllogik veranschlagt, nach der in der ersten verweigerten Begrüßung das Scheitern der gesamten Begegnung bereits angezeigt werde, „weil dieses Scheitern nicht das intendierte Ergebnis der Sukzession intentionaler Handlungen bildet",[9] bleibt die erzählerische Ausgestaltung der Munleun-Episode doch bemerkenswert: Überblickt man den Handlungsverlauf von Willehalms Ankunft am Hof über das Ausbrechen des Konfliktes bis zum Auftritt Alyzes, dann lassen sich nicht weniger als neun Einzelszenen unterscheiden, in denen eine Begrüßung oder ein Empfang eine Rolle spielen. Der Text drängt damit Fragen nach der Rolle dieser Begrüßungen für sein Erzählen auf: Warum werden nicht nur für die Auslösung, sondern auch für das Prozedieren des Konfliktes immer neue Begrüßungsszenen eingespielt? Warum wird der Konflikt, der in der Forschung primär als ein

Konflikt um die dem Vasallen schuldige *helfe* angesehen wird, über die Beachtung bzw. Negation der dem Begrüßungsritual zugrundeliegenden Verhaltensmuster entfaltet? Warum bleibt selbst während der schließlichen Anbahnung friedlicher Regelungen der Rekurs auf das Ritual präsent?

Wenn die folgenden Überlegungen zur Munleun-Episode die Begrüßungsszenen fokussieren, so nehmen sie also eine Struktur auf, die dem Text selbst offensichtlich zugrunde liegt. Zunächst gilt es dabei aufzuzeigen, wie der Erzähler Willehalms Ankunft am Hof und die konflikttragenden Elemente bereits im Vorfeld sorgfältig motiviert. Die erste Hofszene (126,8–130,16), in der Willehalm abgewiesen wird, entfaltet sich in zwei aufeinanderfolgenden Handlungssequenzen: Zunächst verweigert eine nicht näher bezeichnete Gesellschaft des Hofes die Begrüßung (126,22 ff.), dann lehnt die Königin und Schwester ab, ihn aufzunehmen (129,18 ff.). Gerahmt wird diese erste Hofszene von kontrastiven Begrüßungen und Aufnahmen im außerhöfischen Bereich: Vorausgehend nimmt ein Kloster Willehalm auf (125,5–126,7) und anschließend der Kaufmann Wimar (130,17–138,19). Die zweite Hofszene (138,20 ff.) weist wie die erste eine Zweiteilung auf: Analog erfolgt zunächst die Begrüßung durch die Hofgesellschaft (139,16–140,22), dann konzentriert sich das Geschehen wieder auf den engeren Kreis der Familie und Herrschaftsträger (140,23 ff.). Dieser zweite Teil weist dabei, gegenüber der ersten Hofszene weitaus differenzierter, eine Folge mehrerer Begrüßungsszenen auf: zunächst das offizielle Empfangszeremoniell im Palas, aus dem Willehalm erneut ausgeschlossen bleibt (142,24–144,9), was schließlich zum offenen Ausbruch des Konfliktes führt; dann eine Reihe von Begrüßungen, in denen Willehalm sukzessive Aufnahme am Hof erfährt. Zunächst begrüßen ihn die Brüder (146,14–23) und dann der König. Daß die Königin die letzte Begrüßung stört, hat die Eskalation des Konfliktes zur Folge (146,24–148,17). Daraufhin begrüßen ihn der Vater (148,29 ff.) und schließlich Alyze (154,1 ff.), die die Versöhnung mit der Königin einleitet und die konfliktreiche Kette der Handlungen um Willehalms Ankunft beschließt.[10]

Durch die erzählerischen Verfahren der Reihung, Doppelung und Rahmung wird das Ritual bei Wolfram anders als in seiner – freilich nicht eindeutig greifbaren – französischen Vorlage[11] als handlungsstrukturierendes Element deutlich ausgeprägt und selbst zum Gegenstand des Erzählens. Die folgende Interpretation der genannten Sequenzen soll zum einen zeigen, wie in der erzählerischen Inszenierung der verweigerten und gewährten Begrüßungen unterschiedliche Möglichkeiten von Verhalten, divergierende Wahrnehmungsperspektiven sowie Funktionen und Regeln unterschiedlicher Modi von Begrüßungsritualen diskutiert werden. Dabei werden des weiteren die im wesentlichen über rituelle Handlungen zum

Ausdruck gebrachte Vorstellung von Herrschaft und vor diesem Hintergrund die Dimension der Konflikte in Munleun neu in den Blick kommen.

Die Motivierung des Konfliktes

Bereits im Vorfeld werden die Festgesellschaft und Willehalms Erscheinung nicht als unvereinbare Gegensätze dargestellt, deren Zusammenstoßen unvermeidlich scheint, sondern als jeweils ambivalente Größen. Als ambivalent erweist sich zunächst die Gelegenheit, zu der Willehalm sein Gesuch um *helfe* vorbringen will. Als *hof* (121,17) ist das Zusammenkommen der Fürsten primär ein politisches Treffen, auf dem wichtige Reichsangelegenheiten verhandelt werden; in dieser Hinsicht ist Munleun durchaus der passende Ort für das Anliegen Willehalms. Sein Bruder Ernalt, von dem Willehalm zuallererst erfahren hat, daß ein Hoftag anberaumt ist (121,15 ff.), bezeichnet den Umstand der Anwesenheit aller wichtigen Repräsentanten des Reiches von daher auch als glücklichen Zufall (*hôch gelinge*, 121,28). Zugleich wird in dieser Begegnung bereits das Familienthema eingeführt, das im folgenden eine entscheidende Rolle spielt. Auch Willehalm schöpft nämlich Hoffnung für sein Unternehmen, allerdings weniger aufgrund der Anwesenheit der französischen Fürsten als aufgrund der Präsenz seiner Verwandten (122,19–30); vor allem auf seine Schwester, die Gattin des französischen Königs, glaubt er zählen zu können (122,14–18).[12]

Als ‚Unort‘ präsentiert sich Munleun jedoch dem um den Bestand seiner Markgrafschaft kämpfenden Helden unter dem Vorzeichen der *hochgezîten* (121,23), die als Inbegriff friedlicher Vergesellschaftung alltägliche und kriegerische Wirklichkeit transzendieren. Dieser Aspekt findet sich im Text stark akzentuiert: So friedlich geht es in Munleun zu, daß nicht einmal ein Turnier oder ritterliche Kampfspiele – die domestizierte und auf einem höfischen Fest durchaus übliche sportliche Form von Wettkampf – stattfinden (127,18 ff.). Als Ausdrucksform adeliger Repräsentation, als Zeit höfisch-ritterlicher Unterhaltung (*tanz*, 128,18 f.), als Gelegenheit zur Demonstration zivilisierten Verhaltens (Schreiten auf Rosen, 143,29 ff.), hinter dem die politischen Akzente nahezu verschwinden, kann die Zusammenkunft von dem Markgrafen nur jäh zerstört werden.[13]

Auch Willehalms Erscheinung in Rüstung ist bereits v o r der Ankunft in Munleun vom Moment der Ambivalenz bestimmt. Ernalt bietet Willehalm an, ihn für sein Auftreten in Munleun angemessen einzukleiden; auch ein Bad könne nicht schaden (122,2–5). Damit entspricht Ernalts Vorschlag den konventionellen Vorstellungen von einem zur *hôchzît* angebrachten vestimentären Kode. In der Festkultur der adeligen Gesellschaft fungieren Kleider als wichtiges Ausdrucksmittel nicht nur von Rang, sondern auch von *vreude*, gelungener höfischer Identität und höfischem Lebensstil. Bei Festschilderungen und Empfangsszenen werden von daher die Kleider als zu einem gelungenen Ritual zugehörig betrachtet. Entweder erscheinen die Gäste in angemessener und repräsentativer Kleidung, oder aber sie werden von den Gastgebern zum Beweis herrscherlicher *milte* großzügig eingekleidet und beschenkt.[14] Die Basis der im höfischen Fest in Szene gesetzten *vreude* ist die Identität der äußeren Zeichen mit der von ihnen repräsentierten inneren Haltung.[15] Als Willehalm, der die hochgestimmte Freude des Festes nicht teilen kann, Bad und höfische Kleider ablehnt, bewegt er sich also ebenso wie sein Bruder Ernalt im Rahmen dieser Vorstellungswelt:

> *„wir müezen unsich scheiden",*
> *sprach der marcrâve dô.*
> *„möht ich immer werden vrô,*
> *sô vreut ich mich der hôchgezît"*
> (122,6–9)

Willehalms Lage ist denn auch die denkbar schlechteste: Seine Herrschaft in der Provence scheint nach der ersten Schlacht auf Alischanz so gut wie vernichtet zu sein, der Großteil seiner Verwandten wurde getötet, seine Frau Gyburc harrt auf der einzig ihm verbliebenen Burg, die von der Übermacht des heidnischen Heeres jeden Augenblick überrannt zu werden droht, der Hilfe ihres Gatten. Auch sein Weg zum französischen Königshof war von weiteren Kämpfen begleitet. Vor dem Hintergrund der auf Sichtbarkeit fixierten und auf körperliche Signale sensibilisierten Adelskultur erweist sich Willehalms Ablehnung höfischer Kleidung daher auch als nicht weiter verwunderlich. CZERWINSKI hat diesen Sachverhalt überzeugend herausgearbeitet und aufgezeigt, daß Willehalm mit seinem zerschlagenen Panzer dem Krieg „gerade angesichts der waffenlosen Welt des Hofes"[16] Präsenz verschaffen muß:

Überdies ist Willehalms Körper ohnehin und ganz ‚objektiv' nicht in einem friedlichen Zustand, entbehrt aller höfisch-gewaltfreien Attribute [...]. Und das kann in einer Gesellschaft, die ihre sozialen Verhältnisse und ihre Kommunikation weitgehend noch über den Körper vollzieht, auch nicht anders sein.[17]

Was dem Bruder Ernalt gegenüber nur angedeutet wurde, erklärt Willehalm später ausführlicher der Königin; die Bildlichkeit bringt Willehalms Verfassung, in der an *vreude* noch nicht einmal zu denken ist, dabei ganz konkret und körperlich zum Ausdruck[18]:

> *„vroelîch gewant und guot gemach,*
> *des wil ich haben mangel,*
> *die wîle diu sorge ir angel*
> *in mîn herze hât geschoben.*
> *mit swerten wart von mir gekloben*
> *vreude und hôchgemüete.*
> *vrouwe, durh iuwer güete*
> *nû erlât mich guoter kleide,*
> *die wîle mir alsô leide*
> *durh vlust und nâch Gîburge sî!“*
>
> (174, 20–29)

Zudem wird im Text das Tragen der Rüstung neben ihrem Inneres und Äußeres repräsentierenden Zeichencharakter auch situationsspezifisch durch die Betonung, daß die Zeit dränge, motiviert – aber eben nicht als Zeichen der Aggression: Von Erschöpfung übermannt, verweilt Willehalm nach der Begegnung mit dem Bruder in einem Kloster, in dem er freundlich aufgenommen wird (125,5–126,3), dann aber treibt ihn seine Unrast weiter (*sîn unmuoze in vürbaz treip: / des bîtens het in doch bevilt*, 126,4 f.).[19] Bei Willehalms Ankunft in Munleun herrscht Hochbetrieb, und statt Zeit mit der Suche nach einer Unterkunft in der überfüllten Stadt zu verlieren, reitet Willehalm direkt an den Hof des Königs (126,16–21).

Doch nicht nur durch ihren spezifischen Zeichencharakter und ihre situationsbedingte Motivierung wird Willehalms zwar vom Kampf gezeichnete, doch überaus kostbare Rüstung (125,12–19) im Text hervorgehoben und auffallend überdeterminiert, sondern drittens auch noch durch einen Einschub des Erzählers, der sich unmittelbar vor Willehalms Ankunft am Hof dezidiert von seiner angeblichen Vorlage abgrenzt.[20] Dort sei dem Helden ein alter Mantel[21] zu seiner Ankunft ‚angezogen‘ worden; wer aber so rede, offenbare seinen Unverstand:

> *Kristjâns einen alten timît*
> *im hât ze Munlêûn an geleget:*
> *dâ mit er sîne tumpheit reget,*
> *swer sprichet sô nâch wâne.*
> (125,20–23)

Durch den Erzählereinschub, der in fingierter Brechung offenbar eine tatsächliche Abweichung von der französischen Chanson de geste signalisiert,[22] wird die Signifikanz von Willehalms Rüstung nachdrücklich markiert. Gerade in ihrer ambivalenten Besetzung wird sie der entscheidende Auslöser für die folgenden Konflikte sein.

Verweigerte Begrüßung I: Die Hofgesellschaft

In Munleun ist es zunächst die Hofgesellschaft (*massenîe*, 140,10), die Willehalm eine Begrüßung und eine gastliche Aufnahme verweigert. In dieser Verweigerung wird das Ritual jedoch zugleich erzählerisch vergegenwärtigt, indem Elemente, die zu ihm wesentlich gehören, explizit aufgerufen werden, um ihr Fehlen herauszustellen. Die Begegnung gestaltet sich geradezu als Verkehrung eines gelungenen Begrüßungsrituals: Niemand kümmert sich um Willehalms Pferd (126,22–23), dem Markgrafen wird nicht ein einziger Gruß entboten (126,24–26), statt dessen begegnet man ihm feindselig (*vêhen*, 126,29). Seiner körperlichen Nähe entzieht man sich: Als Willehalm sich in den Schatten eines Ölbaums und einer Linde begibt, räumen die dort Sitzenden freiwillig das Feld, seine Gesellschaft wird vermieden (127,2–7); um Willehalm entsteht ein leerer Raum (127,8f.). Die Leistungen eines Begrüßungsrituals: das Herstellen von Nähe und Gemeinschaft und damit die Überwindung von Aggression, werden in der Verweigerung als komplementär gegenläufige Bewegung gezeichnet, die in die Isolation Willehalms mündet.[23]

Während der Markgraf, unter den Bäumen sitzend und fortwährend die Zügel des Pferdes in der Hand haltend (127,11 u. 24f.), seinen Helm abnimmt (127,12f.) – eine Geste, die friedliche Absichten signalisiert – und darauf auch den Kopfschutz, wohl in der Hoffnung, erkannt zu werden (127,26–30), wird das Geschehen durch die Blicke der *massenîe* (127,14) auf den Krieger und ihre Kommentare zu dessen Auftreten perspektiviert.[24] Betont wird die *vremde* Willehalms in den unterschiedlichen Bedeutungen des Wortes. Als *ein vremder site* (127,18), ein ‚befremdliches Verhalten‘, wird das Tragen des Harnischs und der Waffen bezeichnet: Selbst wenn man von einem Turnier wüßte, gehörten die Waffen doch auf das Saumtier (127,18–23). *Vremde* ist Willehalm aber vor allem, weil man ihn nicht als zum französischen Herrschaftsverband gehörend erkennt, was in der Meldung an den König über die Ankunft des Ritters wiederholt herausgestellt wird:

> „*erdenken noch ervinden*
> *mac unser deheiner, wer daz sî.*“
> (128,6f.)

> „*wir heten gerne daz vernomen,*
> *wie ez umbe den rîter stüende,*
> *sît wir sîn deheine künde*
> *haben noch nie gewunnen.*“
> (128,26–29)

„er ist der Franzoiser gast:
von swelhem lande er strîche,
er tuot dem wol gelîche,
daz unbekennet ist sîn lîp.“
(129,4–7)

Daß man Willehalm nicht erkennt – und der Text gibt keinen Anlaß, an dieser Aussage zu zweifeln[25] –, liegt zum einen an seiner Rüstung (128,10–15 u. 128,30–129,3) und seinem Sattelzeug (128,16f.), beides heidnischer Provenienz. In dieser Umkehrung eines heldenepischen Erzählmusters, nach dem der Held stets erkannt wird, korrespondiert diese Szene mit einer Reihe anderer, in der Willehalms Ausrüstung ein Erkennen gleichfalls verhindert.[26] Zum andern jedoch ist es auch sein ungewöhnliches Aussehen und Benehmen (*tuon*), das *vremde*, Bedrohung und fremde Herkunft signalisiert. Nicht nur das auch im Bericht an den König hervorgehobene Tragen der Waffen (*er zaeme in eime strîte / michel baz denne an den tanz*, 128,18f.; *ouch nimt uns wunder, wes er ger, / daz er sô kampflîche ist komen*, 128,24f.) und sein unkultiviertes Äußeres, das nicht auf den Adeligen schließen läßt (*ouch ist im ninder alsô glanz / sîn bart, sîn vel noch sîn hâr, / daz man in dürfe nennen klâr*, 128,20–22), gehören dazu, sondern auch Willehalms nicht gerade Vertrauen förderndes Verhalten. Wie man sich bei einem gelungenen Ritual wechselseitig friedliche Absicht und Ehre entbietet, so werden bei der einleitenden Szene der Ankunft Willehalms die abweisenden Momente entsprechend als gegenseitig geschildert:

er sach dâ volkes ungezalt,
kleine, grôz, junc und alt.
die begunden in alle vêhen.
er newolt ouch in niht vlêhen
(126,27–30)

im wart ein sölh rûm getân,
daz al wît wart sîn stat.
deheinen er ouch sitzen bat.
(127,8–10)[27]

Geradezu aggressiv wirken, wie aus dem Bericht an den König hervorgeht, zudem seine Blicke (*er siht ouch wiltlîche*, 128,9).[28] Als der König und die Königin an das Fenster treten, um den Unbekannten zu betrachten, der *gewâpent eine / ûf's rîches hof sus ist geriten* (129,12f.), kann man sich von der Richtigkeit dieser Schilderung sogleich überzeugen:

ein wolf mit alse kiuschen siten
in die schâfes stîge siht
(des mir diu âventiure giht),
als dô der marcrâve sach.
(129,14–17)

Wenn die Bewertung von Willehalms Verhalten als aggressivem Auftreten aus der Perspektive der Hofgesellschaft durchaus einleuchtend erscheint, bleibt die Interpretation der Vorgänge insgesamt jedoch uneindeutig. Die abschließenden Erzählerworte zu dieser Szene lassen eine Zuweisung von Verantwortlichkeit für den Konflikt nicht zu:

der marcrâve, der trûrige man,
het'z ors in sîner hant.
dennoch was er unbekant
von manegen, die dâ wâren.
dâ kund er zuo gebâren,
als er'z billîche dolte,
daz ir deheiner wolte
im bieten êre noch gemach.
(130,4–11)

Die verschiedenen Übersetzungsvorschläge, die zu dieser Stelle geboten werden und völlig unterschiedliche Bewertungen der Szene implizieren, spiegeln die Ambivalenz der Vorgänge, die durch die Perspektivenüberlagerung und Irritation von Zeichen hervorgerufen wird: Strittig ist, ob Willehalm sich hier so benimmt, „als ob ihm Recht geschähe, daß von ihnen keiner ihn grüßen und sich um ihn kümmern wollte" (HEINZLE 1991), so daß die verweigerte Begrüßung als einleuchtende Konsequenz aus Willehalms unangemessenem Verhalten erscheint; oder ob Willehalm sich so benimmt, „als ob ihm bislang kein Unrecht geschehen sei, daß keiner bereit war, ihn mit Ehrerbietung und Fürsorge zu empfangen" (KARTSCHOKE 1989),[29] er also trotz der Unterlassung der ihm zustehenden Begrüßung die Form wahrt.[30]

Willehalms Verhalten verletzt offensichtlich ebenso eine höfische Gewohnheit, wie es vor dem Hintergrund seiner Lage plausibel erscheint. Die zerhauene Rüstung, an der sich das vergangene Geschehen ablesen läßt und die damit als Zeichen seiner Hilfsbedürftigkeit und Signal seiner Forderungen fungiert, kann ohne das Wissen um seine Identität nur als Bedrohung interpretiert werden: Was Ausdruck der Trauer (130,4) ist, wird als unpassendes und aggressives Benehmen gelesen. Die Interpretation von Zeichen erscheint somit als eine Sache des Standpunktes und des Wissens.[31]

Fremdheit und potentielle Bedrohung, mit denen umzugehen und die zu
überwinden Aufgabe des Begrüßungsrituals wäre, erweisen sich gerade als
die Momente, die das Ritual gar nicht erst in Gang kommen lassen. Daß es
unterbleibt, liegt zum einen an der Hofgesellschaft, die den Versuch unterläßt, mittels der Begrüßung einen Kontakt zu dem Unbekannten herzustellen; sie scheint in dieser Situation auf Worte der Friedfertigkeit und das
Entgegenkommen Willehalms angewiesen zu sein. Als relevant für die
Kommunikation erscheint aus dieser Perspektive nicht, daß der Gruß von
der verunsicherten Hofgesellschaft, sondern von einem Ritter unterlassen
wird, dessen Anonymität ein massives Gewaltpotential darstellt. Daß Willehalm seinerseits aber den Gruß unterläßt, liegt daran, daß er auf die ihm
gebührende, ehrenvolle Aufnahme als bekanntes Mitglied des Herrschaftsverbandes wartet und damit letztlich auf ein ‚anderes‘ Ritual: die
seinem Status angemessene Begrüßung. In der Szene überlagern sich
somit unterschiedliche Erwartungshaltungen zu Begrüßungsritualen, die
mit deren unterschiedlichen Funktionen verbunden sind und partiell unterschiedlicher Interaktionsmuster bedürfen.

Verweigerte Begrüßung II: Das Königspaar

Die Ablehnung der Begrüßung erscheint schon in der darauffolgenden
Szene, in der das Königspaar in den Blick gerückt wird, in einem anderen
Licht. Die Königin nämlich weiß den Ankömmling – anders als die Hofgesellschaft – sogleich als ihren Bruder zu identifizieren[32] und vermag deshalb das Zeichen der Rüstung richtig zu interpretieren.[33] Sie schließt vom
Zustand der Rüstung auf erneute Auseinandersetzungen mit den Heiden
und vermutet zutreffend, Willehalm sei gekommen, um militärischen Beistand zu erbitten (*nû wil er aber ein niuwez her*, 129,25). Ihre Reaktion
darauf ist überraschend: Sie läßt sogleich den Zugang zum Palas verrie-
geln:

> *„ungerne wesse ich in hier inne.*
> *iuwer deheiner kom hin vür,*
> *besliezet vaste zuo die tür,*
> *ob er ûzen klopfe dran,*
> *daz man in wîse iedoch hin dan.“*
> (129,28–130,2)

Die Maßnahme der Königin, Willehalm gar keine Möglichkeit zu einer
Begegnung zu geben, ist als Vermeidungsstrategie konsequent gedacht im
Rahmen eines Kommunikationsstils, der auf körperlicher Präsenz basiert:
Das drohende Problem einer *helfe*-Forderung wird mit Willehalm selbst

einfach ausgesperrt und vom Hof ferngehalten. Die Verweigerung des Empfangs wird in dieser Szene mit der Verweigerung der Willehalm zustehenden, durch die Rüstung repräsentierten Ansprüche verknüpft.

Zugleich zeichnet sich in der Ablehnung eines Empfangs, die nicht deutlicher als mit dem Verschließen der Türen demonstriert werden kann, eine fundamentale Störung der Sippenbindung ab. Gerade daß der Befehl dazu nicht vom anwesenden König kommt,[34] der zwar auch als Schwager, primär aber als Lehnsherr zur *helfe* verpflichtet ist, sondern von Willehalms Schwester, stellt diesen Sachverhalt besonders heraus.[35]

Bereits auf dem Weg nach Munleun war deutlich geworden, daß Willehalm sich Erfolg für sein Unternehmen gerade von einer Intervention der Schwester beim König erhofft und damit auf die wichtige Rolle verwandtschaftlicher Beziehungen vertraut hatte:

> *„kumt mîn vrouwe, de küneginne, dar,*
> *des möht ich helfe enpfâhen.*
> *ir solt daz niht versmâhen,*
> *sine man den künec umbe mich:*
> *den site hiez ich swesterlîch."*
> (122,14–18)[36]

Ob Willehalm, der immer noch im Hof steht, den Zügel demonstrativ in der Hand hält und auf einen Empfang wartet (130,3–7), diese wenig schwesterliche Maßnahme wahrnimmt, wird nicht thematisiert; für die folgende Handlung sowie auch für Willehalms spätere Argumentation erscheint dies nicht relevant.[37] Auf der Erzählebene wird hier jedoch vorweggenommen, was sich in den weiteren Begrüßungsszenen entfalten wird: Die Solidarität, deren Willehalm bedarf, ist wesentlich die der Sippe; wenn ihr Beistand garantiert ist, wird auch der des Königs folgen. Herrschaftliche Bindungen werden im ›Willehalm‹ von verwandtschaftlichen her gedacht, gestützt und garantiert.[38]

Doch bevor der Text dies weiterverfolgt, schiebt er eine andere Szene ein, die als nur scheinbare Digression in einer dezidiert außerhöfischen Sphäre die Hofszene perspektiviert: Der *koufman* Wimar führt Willehalm *durh aller koufliute êre* (130,19) zu seinem Wohnhaus in *der stat* (130,17).

Begrüßung und Aufnahme durch Wimar

Der Wimar-Episode ist in der Forschung meist eine retardierende und kontrastierende Funktion im Handlungsgang zugeschrieben worden.[39] Und in der Tat erscheint diese Szene gerade bezüglich des Begrüßungs-

und Empfangsschemas als Kontrastfolie zum Geschehen am Hof, denn
was dort unterlassen wurde, wird im Haus des Kaufmanns mit aller Beflis-
senheit (*vlîzeclîche*, 132,15) erfüllt. Während Willehalm am Hof die Zügel
des Pferdes selbst in der Hand halten mußte (*nâch sîme zoume niemen
streit, / daz er daz ors enpfienge*, 126, 22 f.), kümmert man sich bei Wimar
sogleich um sein Pferd (132,14 f.); während er dort nicht entwaffnet wurde,
wird ihm hier die Rüstung abgenommen (132,12 f.); während er dort war-
tend unter einem Baum saß, werden hier sogleich die Kissen und Decken
für ihn ausgebreitet (132,16–19).

Doch auch diese Aufnahme bleibt defizitär, denn Willehalm lehnt, wie
in der Forschung gleichfalls wiederholt herausgestellt worden ist, die ihm
erwiesenen Wohltaten ab: Statt kostbarer Sitz- und Schlafgelegenheit ver-
langt er nach Gras (132,22 ff. u. 136,13 ff.), statt der üppigen aufgetragenen
Speisen nach Wasser und Brot (133,11 ff.), wie er es Gyburc zum Abschied
gelobt hatte (105,7 ff.).[40] Das Gelingen des in aller Form angebotenen
Empfangsrituals scheitert letztlich an Willehalms Askese, deren zeichenhafter Charakter – analog zur Rüstung – der Situation des Markgrafen in
Munleun Präsenz verschafft. Thema des Erzählens ist also erneut eine Verweigerungshaltung, diesmal aber die des Protagonisten.

Weniger Beachtung hat diese Szene bisher in ihrer perspektivierenden
Funktion gefunden: Die Diskussion um die Begrüßung und ihre Spielregeln wird hier weitergeführt. Mit der Kritik des Kaufmanns am Verhalten der Hofgesellschaft wird zunächst eine Verpflichtung zur Begrüßung
und Aufnahme behauptet, die sich jenseits des Denkens von Verwandt-
schafts- und Herrschaftsverhältnissen aus den Regeln eines ritterlich-höfischen Ethos ergibt. Denn gleichgültig, wie fremd Willehalm sein mag – die
Pflicht der Ritter wäre es nach Wimar gewesen, den Ritter aufzunehmen:

> *„ir habt doch ungemach erliten:*
> *von swelhem lande ir sît geriten,*
> *iuch solten ritter grüezen baz“*
> (130,21–23)[41]

Der diese höfische Norm formuliert, ist Kaufmann und politisch machtlos,
aber *von ritters art erborn* (131,1) und darin ein in den Normen ritterlichen
Verhaltens Kompetenter und zur Wertung Berechtigter. Hatten sich die
Rüstung und die *vremde* Willehalms für die Hofgesellschaft als unüber-
windliche Barrieren erwiesen, so werden genau diese Merkmale für Wimar zu Zeichen, die seine ritterliche Solidarität hervorrufen und ihn zum
Gruß und zur Aufnahme verpflichten. Die Zugehörigkeit zur Ritterschaft
überschreitet dabei offensichtlich nicht nur sozialen Rang, sondern auch
die *vremde* und die kulturelle Differenz, die die heidnische Rüstung signa-

lisiert. Das Handeln des Kaufmanns korrespondiert hierin in gewisser Hinsicht mit dem der Mönche im Kloster, dem mit Ausnahme von Wimars Haus einzigen Ort, an dem Willehalm trotz Unkenntnis seiner Identität problemlos Aufnahme findet: *er was den münchen unbekant, / doch pflâgen si sîn schône* (125,6f.). Das von Wimar formulierte höfisch-ritterliche Ethos wird somit implizit in Analogie zu einem christlichen Verhaltensethos gesetzt und ausgerechnet der Perspektive der höfischen Gesellschaft gegenübergestellt, ohne diese jedoch grundsätzlich zu revidieren. Denn in einem erneuten Perspektivenwechsel werden die Fremdheit und Bedrohung, die Willehalm verkörpert, auf dem Weg zum Haus des Kaufmanns nochmals prononciert:

> *mit wem er wolde strîten,*
> *des vrâgten se an der strâze,*
> *der kinde âne mâze,*
> *die dem marcrâven zogeten nâch.*
> *swer in alsô rîten sach,*
> *der vlôch in in der gazze*
> *und entweich vor sîme hazze.*
> (132,4–10)

Des weiteren wird nun erstmals auch Willehalms Sicht auf das Geschehen profiliert. Sie unterscheidet sich von der höfischen Perspektive des Kaufmanns wiederum darin, daß es für den Markgrafen vor allem um die Verletzung seines politischen Ranges und seiner Ehre geht. Das Angebot des Kaufmanns nimmt er zunächst dankbar an, weil er befürchtet, sonst noch wochenlang herumstehen zu müssen (*ich wolt ê wochen lanc hie stên*, 131,24):

> *„des ir gert, des bin ich vrô*
> *und sol'z geschulden, swenne ich mac,*
> *sît mîn niemen vor dem künege pflac,*
> *marschalc noch ander man.*
> *die hânt des hoves unprîs getân,*
> *daz ich beleip sus wîselôs,*
> *ê daz mich iuwer güete kôs*
> *mit gruoze vor in allen."*
> (131,8–15)

Willehalm formuliert die Kritik (*des hoves unprîs*) also nicht wie Wimar anhand eines allgemeinen Ethos von Gastfreundschaft, die zur Aufnahme eines Ritters verpflichtet; er rekurriert vielmehr auf vorhandene politische Beziehungen, die durch die Nichtbeachtung seiner Person verletzt und in Frage gestellt wurden. Während auf der Seite der Hofgesellschaft die Unbekanntheit Willehalms herausgestellt worden war (*dennoch was er unbekant / von manegen, die dâ wâren*, 130,6 f.), betont dieser, daß er etliche Männer erkannt habe, die ihm schon aufgrund von Gabe zum Gruß verpflichtet gewesen wären:

> *„ez muoz mir missevallen:*
> *ich hân der mangen hie bekant,*
> *die vil gerne mîner hant*
> *etswenne durh mîne gâbe nigen*
> *und mich nû grüezen hânt verswigen"*
> (131,16–20)

Daß die Verletzung seines Standes und seines Adels die entscheidende Rolle spielt, wird zudem im weiteren Erzählverlauf deutlich: Als Willehalm dem Kaufmann Namen und Stand nennt (135,16–30), tadelt Wimar die unterlassene Begrüßung erneut; der Rekurs auf das Ritterethos unterbleibt jetzt, statt dessen gilt die Kritik den *werden* (135,21–25). Das Unterlassen der gebührenden Ehrbezeugung, auf die Willehalm trotz seiner objektiv ehrlosen Situation Anspruch erhebt,[42] erweist sich als nicht zu tolerierende Schmähung. Das *trûren*, das bisher als das entscheidende Merkmal Willehalms herausgestellt worden war (130,4, 133,1, 134,20 ff.), weicht nun dem schlaflos machenden *zorne* (137,1 f.).[43] *Smaehe* und *spot* sind die Worte, mit denen er die Konsequenzen aus seiner Behandlung benennt. Das Anlegen der Rüstung am nächsten Morgen wird nun – anders als bei seiner Ankunft am Vortag – zum Zeichen eines offensiv-aggressiven Verhaltens und zum Ausdruck seiner prinzipiellen Bereitschaft zur Gewaltanwendung:

> *„nû seht, ich wâpen disiu bein;*
> *ich bin ouch worden des enein,*
> *daz ich diz harnasch an wil legen,*
> *ob ich vor stichen od von slegen*
> *deste baz iht müge genesen.*
> *solt ich in dirre smaehe wesen,*
> *dar zuo dunk ich mich ze wert.*
> *mir waere diz und elliu swert*
> *ummaere umb mich gebunden,*
> *ob mich liezen unde vunden*
> *in spotte die Franzoiser gar."*
> (137,9–19, Hervorh. v. mir, C. D.)

Weil der Kaufmann aber nicht verstehen will und ihm – wie dies auch Ernalt auf dem Weg nach Munleun getan hatte – repräsentative Kleider anbietet (137,28f.), wird Willehalm deutlicher. Seine Begründung für die Ablehnung der Kleider unterscheidet sich nun aber klar von der, die er vormals Ernalt gegeben hatte:

> *„durh's küneges swarte ûf sînen bart*
> *ditze swert sol durhverte gern:*
> *des wil ich in vor den vürsten wern.*
> *ich hân von im smaehe und spot*
> *nâch mîner vlüstebaeren nôt"*
>   (138,6–10)

Der unterlassene Gruß wird auch in den nächtlichen Gedanken Willehalms als entscheidendes Motiv zur Gewaltbereitschaft hervorgehoben: Wenn man denn mit ihm nicht sprechen wolle, so werde er morgen solches Leid anrichten, daß selbst die Ungeborenen genug davon zu erzählen hätten (136,22–30).

Als Willehalm zum Hof zieht, um die ihm angetane Schmach zu rächen, ist das Tragen der Rüstung also anders besetzt als am Vortag, nämlich genau so, wie es die Hofgesellschaft fälschlicherweise aufgefaßt hatte: als Zeichen der Kampfbereitschaft. Das Tragen der Rüstung erscheint nun also doppelt semantisiert: Es ist nicht mehr allein Zeichen für Willehalms bedrängte Situation, sondern auch Zeichen für seine Gewaltbereitschaft. Dies spiegelt sich auch an späterer Stelle, wenn Willehalm den Panzer, der nach CZERWINSKI unablösbar seine Identität ist,[44] ablegt, nachdem er sich mit seiner Schwester ausgesöhnt, aber noch bevor er die *helfe* des Königs für Oransche erlangt hat. Indem die Königin in ihrer Kemenate Willehalm später seiner Rüstung entledigt (174,3ff.), wird nicht nur das nachgeholt, was hier bei der Begrüßung versäumt wurde, sondern zugleich auch das Zeichen der Gewalt abgelegt. Willehalms Einkleidung in für den König bestimmte Festkleidung – Zeichen besonderer Ehrerbietung (174,14–18) – erscheint dann ebenfalls doppelt semantisiert: Er zieht die Kleider auf ungewaschener Haut an, so daß der verbleibende Rost (rudimentär ist hier die Rüstung noch präsent) nun anstelle der Rüstung als Zeichen für die Situation in Oransche fungiert, die dem höfischen Anstand entsprechende Kleidung jedoch Willehalms gesellschaftliche Integration zum Ausdruck bringt.[45]
Durch die Perspektivierungen werden unterschiedliche Deutungen von Zeichen bei der Begrüßung nebeneinandergestellt, ohne daß sich eine letztgültige Wertung vornehmen ließe. Die zerbeulte Rüstung erscheint ebenso als Hinweis auf erlittenes *ungemach*, das im Rahmen eines ritterli-

chen Ethos zur Aufnahme verpflichtet (Kaufmann), wie als Signal aggres-
siver Absichten (Hofgesellschaft, dann Willehalm). Sie ist zugleich aber –
wenn man weiß, wen man vor sich hat – lesbar als das, was sie anfangs sein
soll: äußere Kennzeichnung der ‚objektiven‘ Lage Willehalms, Erinnerung
an die Schlacht mit den Heiden sowie Hinweis auf die anstehende *helfe*-
Forderung (Königin, später die Fürsten). Die unterlassene Begrüßung erscheint – und zwar auf ganz unterschiedlichen Ebenen – vor dem Hintergrund eines Interaktionsmusters, das die Begegnung mit dem Fremden
reguliert: erstens als Konsequenz des ablehnenden, Desintegration signalisierenden Verhaltens seitens Willehalms; zweitens als Verstoß gegen die
Gebote der Ritterschaft (Kaufmann). Vor dem Hintergrund eines politischen Verhaltensmodells, das dem bekannten Mitglied des Herrschaftsverbandes zusteht, erscheint es drittens als Verstoß gegen die aufgrund von
Verwandtschaft (Königin), Vasallität (König) oder Gabe (Hofgesellschaft)
bestehenden Verpflichtungen. Durch die Verweigerung der Begrüßung am
Hof ändert sich die Disposition des Helden, so daß er sich am nächsten
Morgen als der Aggressor zum Hof begibt, als dem man ihm bei der ersten
Ankunft irrtümlich begegnet war.

Wiederholung und Differenz I: Die Hofgesellschaft

Das erneute Erscheinen Willehalms am Hof ist in der Struktur sowie in
szenischen Einzelheiten seinem ersten Auftritt analog, zugleich jedoch
kontrastierend gestaltet. Die sozialen Bezugsfelder, personalen Bindungen
und politischen Forderungen entfalten sich in ihren Geltungsansprüchen
und ihren Defekten sichtbar über das Ritual.

Willehalm sitzt – wie beim ersten Mal – wieder im Hof (139,17), diesmal
aber eilen, durch Wimar von Willehalms Identität unterrichtet, *alt und
junge bêde, / manec wert man* (139,22 f.) zur Begrüßung herbei. Obwohl
Willehalm auch jetzt die Rüstung trägt, nimmt man an ihr keinen Anstoß
mehr, offensichtlich weil man zu wissen glaubt, wen man vor sich hat. Die
Begrüßung erfolgt, wie ausdrücklich betont wird, mit *vreude* (139,23),[46]
doch wird sie nun von Willehalm verweigert. Den Heraneilenden tritt er
zwar entgegen (139,24), dies aber nur, um sie mit heftigen Vorwürfen zu
empfangen (139,26–30).[47]
Er diskreditiert die ihn Begrüßenden, indem er unterstellt, nur ein Ritter, dessen Lasttiere Gold tragen, würde am Hof wohl den zur Begrüßung
üblichen *gedranc* (140,7)[48] und eine freundliche Aufnahme (140,2) erhalten. Nicht nur wird den Rittern niedrige Gewinnsucht vorgeworfen; die
Gabe, die gerade bei der Begrüßung und beim Abschied als Form adeliger
Selbstdarstellung und als Geste der Ehrerbietung eine wichtige Rolle

spielt, wird darüber hinaus auf ihre materielle Bedeutung durchsichtig gemacht und reduziert. Zuletzt wird der Hofgesellschaft der eigene hohe Rang vor Augen gestellt:

> *„der hof sol haben undanc,*
> *swenne ein vürste alsô smaehen gruoz*
> *von der massenîe enpfâhen muoz.*
> *ir waenet, daz ich verdorben sî:*
> *nein, mir ist ander wille bî. "*
>
> (140,8–12)

Ein Blick auf seine Rüstung – auf die Willehalm diesmal paradoxerweise ausdrücklich verweisen muß – läßt diesen Willen unschwer erraten (140, 13–18). Aufgrund dieser despektierlichen Worte steht Willehalm bald wieder, analog zur ersten Szene, allein da (140,20–22). Eine Integration in die Hofgesellschaft durch die Begrüßung der Ritter lehnt jetzt aber der Held selbst ab.[49] Wie schon in der ersten Szene wird auch hier die Identität von äußeren Zeichen und innerer Disposition für die Wahrnehmung problematisiert.

Wiederholung und Differenz II: Ausschluß aus dem Empfang der Narbonner Sippe

Das folgende Geschehen konzentriert sich wieder auf die herausgehobenen Repräsentanten der Hofgesellschaft und den engeren Kreis der Herrschaftsträger, anders aber als beim ersten Mal gelingt es Willehalm nun, in den königlichen Palas und damit in das Zentrum der Herrschaft vorzudringen. Er nimmt dort mit dem auf die Knie gelegten Schwert Platz (141,5–7).[50]

Wie auch bei Willehalms erstem Aufenthalt am Hof werden die Blicke der Hofgesellschaft auf den Sitzenden und die Stimmen der Fürsten eingeblendet, die Willehalms Verhalten als überaus ungebührlich bewerten (141,8–10, 142,18 f.; 142,23: *sîn gebaerde ist unbescheidenlîch*). Im Gespräch der Fürsten zeigt sich jedoch, daß man sich nun, nachdem man weiß, um wen es sich handelt, der anstehenden Forderungen Willehalms durchaus bewußt ist: Man befürchtet, erneut für Oransche kämpfen zu müssen. Der Einwand eines Fürsten, dies sei wohl nicht zu befürchten, da Willehalm offensichtlich jeden Kontakt mit dem französischen Hof ablehne (*„nûne wil er niemen grüezen"*, 141,30), wird nicht nur vom Erzähler (*der enbekand es niht*, 142,1), sondern auch von den übrigen Fürsten als unverständig abgelehnt.[51]

Die ausführliche Schilderung des prächtigen Einzugs von Willehalms Verwandten, ihr höfische *zuht* zelebrierender und politischen Rang inszenierender Empfang bei Hof rücken die Nichtbeachtung, die man Willehalm zukommen läßt, in ein bezeichnendes Licht.[52] Als Willehalms Mutter Irmenschart mit Gefolge den Palas betritt, wird sie von König und Königin mit Kuß empfangen und nimmt neben dem Königspaar Platz (143,1–13). Beim Aufzug seines Vaters Heimrich (143,13 ff.) werden Rang, Macht und militärische Potenz des Fürsten wirkungsvoll in Szene gesetzt (*nû kom ouch Heimrîch, / der vürsten krefte wol gelîch*, 143,13 f.) und zugleich mit dem Sitzen seines Sohnes kontrastiert: Dem Grafen folgt eine Schar von Rittern (Willehalm hingegen hat kein Gefolge mehr), ihm voran trägt als friedliche Repräsentation adeliger Gewalt ein Baron des Fürsten Schwert (Willehalm hält hingegen das Schwert provozierend auf den Knien). Der König erhebt sich vor Heimrich und geleitet ihn zur Königin, von der er den Begrüßungskuß erhält (143,17–21). Darauf bittet er ihn, neben sich Platz zu nehmen (143,22 f.) – ein Zeichen für Nähe, aber auch für politischen Rang, wie aus einer späteren Anweisung des Königs hervorgeht.[53] Unterdessen werden auch die vier Söhne Heimrichs von den Fürsten ehrerbietig empfangen:

> *Heimrîches süne viere,*
> *von al den vürsten schiere*
> *wart erboten werdeclîcher gruoz.*
> (143,25–27)

In seiner Ausführlichkeit beweist der dreistufige Empfang von Willehalms Verwandten ebenso die Ehre und den hohen Rang dieser Sippe,[54] wie er es dem französischen König ermöglicht, politische Ordnung und höfische Verhaltensnormen demonstrativ zu zelebrieren. Das differenzierte, Rang und Würde der einzelnen genau beachtende Ritual zeigt sich vor dem Hintergrund der Tatsache, daß Willehalm sich als denjenigen betrachtet, der der Krone am nächsten steht (*der naehste bî roemischer krônen, / ich waene iedoch, daz sî mîn name,* 158,20 f.), nicht nur als Verletzung der Rangordnung; vielmehr erfolgt nun – wieder ein Moment der Steigerung – Willehalms Ausschluß aus dem Herrschaftsverband, der sich bereits bei seiner ersten Ankunft im Rahmen einer eher isolierten Szene ereignet hat, in einem offiziellen und zeremoniellen Raum: Er wird Bestandteil eines vor aller Öffentlichkeit stattfindenden Rituals. Hatte das Verschließen der Türen noch den Sinn, Willehalm nicht *sehen* zu müssen und eine unmittelbare Begegnung zu vermeiden, so stellt die Nichtbeachtung des nun körperlich Präsenten, um dessen Anwesenheit man auch weiß,[55] einen kaum zu überbietenden Affront dar. Willehalm erhält von denen, deren Gruß Bedeutung zukommt und die zum Gruß verpflichtet sind, während des offiziellen Empfangszeremoniells nicht die geringste Beachtung:

der marcrâve dennoch saz,
als er zem êrsten dar was komen:
ir neheines gruoz het er vernomen,
die dâ gruozbaere wâren.

(144,6–9)[56]

Der Ausschluß aus der Gemeinschaft beinhaltet zugleich – und für den
weiteren Szenenverlauf ist dies hervorzuheben –, daß Willehalm von seiner eigenen Sippe isoliert ist. Nähe hat Willehalm als ‚Königsmacher'[57]
weder zum König, den zu attackieren er gekommen ist, noch zu seinen
Verwandten, die ihrerseits aber Königsnähe haben, was im Lichte der bevorstehenden Konflikte durchaus problematisch ist. Wenn der Familie Willehalms demonstrativ alle Ehre erwiesen wird, dann bedeutet die Verweigerung dieser Ehre für den herausragenden Repräsentanten dieser Sippe
die Verletzung seines Ranges einerseits, doch deutet sie andererseits auch
eine drohende Desintegration aus der eigenen Sippe an.

Konfliktregulierung I: Begrüßung durch die Brüder

Willehalms Reaktion wird als unmittelbare Folge auf den Ausschluß aus
dem Begrüßungsritual dargestellt (*dâ zuo,* 144,10): Er bahnt sich seinen
Weg durch die Anwesenden (*über manegen schreit er dan,* 145,3) und stellt
sich, nun nicht mehr zu übersehen, *zornebaere* (145,4) vor den König. Die
Auseinandersetzung führt er zunächst, anders als zuvor angekündigt, ausschließlich auf verbaler Ebene,[58] mit Worten allerdings, die als überaus ungehörig, höfische Etikette und Sprachregelungen verletzend gekennzeichnet werden, da nicht nur ihr Aussprechen, sondern auch ihr Hören die höfische *zuht* beeinträchtigten (144,10–14).[59]
     Willehalm richtet sich in seiner Rede primär an den König. Er erinnert
an seine Verdienste, die er sich als ‚Königsmacher' und treuester Vasall
(144,16–30; 145,17 ff.) erworben hat. Er spricht den König dabei explizit in
seiner Rolle als Lehnsherr (146,1–3)[60] an, fordert aber an dieser Stelle
nicht militärische *helfe,* sondern eine seinen Verdiensten und seiner Stellung entsprechende Behandlung, die der König ihm bisher verwehrt hatte
und die aus dem Kommunikationszusammenhang heraus nur die unterlassene Begrüßung meinen kann:

gap ich iu roemische krône
nâch alsô swachem lône,
als von iu gein mir ist bekant?
(145,17–19)

Auch die Schmähung (*laster*, 145,30), die Willehalm erwähnt, bezieht
sich wohl kaum auf eine vom König bisher nicht in Zweifel gezogene
helfe-Pflicht, sondern auf die Willehalm zugefügte Ehrverletzung.[61] Eingeleitet und beendet wird seine Rede durch nur kaum verhüllte Drohungen
(*nû wizzet, waern iuwer eines drî, / die waeren mir ze pfande gevarn*,
145,8f.; *ich kund iuch wol beswaeren*, 146,12).[62]

Indirekt spricht Willehalm in dieser Rede aber zugleich seine Verwandten an. Tätliche Angriffe auf den König unterlasse er aus Rücksicht auf die
zuht und die anwesenden Eltern (*„her künec, ir muget wol wesen vrô, / daz
iu mîn vater sitzet bî“*, 145,6f.; *„durh mîne muoter lâz ich'z gar“*, 146,13),
die dadurch implizit aus der Feindseligkeit ausgenommen werden. Unterstrichen wird dies dadurch, daß er seine Eltern im Unterschied zum König
begrüßt, und zwar mit einer besonders herausgestellten religiösen Grußformel:

> *„der segen über d'engel gêt,*
> *an swes arme diu hant stêt,*
> *der teil ouch sînes segens swanc*
> *über mînen vater alders blanc*
> *und über die werden muoter mîn"*
> (145,11–15)

Indirekt wendet sich Willehalm auch an die anwesenden Brüder:

> *„nû hân ich siben jâr gebiten,*
> *daz ich vater noch muoter nie gesach*
> *noch der neheinen, der man jach,*
> *daz si mîne bruoder waeren"*
> (146,8–11)

Die Erwähnung der Brüder als derjenigen, von denen man behauptete
(*der man jach*), sie seien seine Brüder, enthält eine Aufforderung an sie,
diesen Status auch öffentlich zu bekräftigen.[63] Die Zeitangabe, nach der
Willehalm seine Verwandten sieben Jahre nicht gesehen habe, signalisiert,
daß die Bindung zu den Brüdern demonstrativer Versicherung bedarf.
Denn im *sehen* werden Nähe und soziale Bindung allererst sinnfällig, mit
dem Hinweis auf das langjährige Nichtsehen wird auch der Status der Beziehung verdächtig.

Nur vor diesem Hintergrund erscheint die sich anschließende Begrüßung durch die Brüder sinnvoll, will man ihr an dieser Stelle, inmitten der
prekären Situation, nicht den Charakter einer ins Leere laufenden Handlung zusprechen[64]: Mit ihr wird die verwandtschaftliche Bindung bekräftigt und trotz Willehalms ungehöriger Worte die Solidarität der Sippe in

Anwesenheit des Königs (*swie ez dem künege waere bî*, s. u.) demonstriert. Das geflissentliche Herbeispringen der Brüder und die Häufigkeit ihrer Umarmungen unterstreichen diesen Sachverhalt.[65] Sie versuchen somit, einen besänftigenden Einfluß auszuüben, und übernehmen die vermittelnde Rolle, die Willehalm selbst zuvor seinen Verwandten zugesprochen hatte:

> *sîner bruoder sprungen viere dar.*
> *die begunden in schône enpfâhen*
> *und dicke umbevâhen,*
> *swie ez dem künege waere bî.*
> *Bertram und Buove von Kumarzî,*
> *Gîbert und Bernart, der flôrîs,*
> *die manten in durh sînen prîs,*
> *er solte zürnen mâzen.*
> *si giengen wider und sâzen.*
> *der marcrâve dennoch stuont.*
> (146,14–23)

Ebenso wie Willehalm im offiziellen Empfangsritual aus dem Herrschaftsverband und dem Kreis der eigenen Familie ausgegrenzt wurde, wird er auch durch eine rituelle Handlung, die Begrüßung durch die Brüder, in den Familienverband partiell reintegriert. Diese erste gelungene Begrüßung der ganzen Munleun-Episode im Rahmen adeliger Interaktion bildet den Auftakt zu weiteren Versuchen, die Aggression des Helden zu besänftigen.[66]

Konfliktregulierung II: Der gescheiterte Versuch des Königs

Im Anschluß an die Begrüßung durch die Brüder wendet sich auch der König einlenkend Willehalm zu:

> „*her Willalm, sît ir'z sît,*
> *sô dunket mich des gein iu zît,*
> *daz ich bekenne iu vürsten reht*"
> (146,25–27)

Das *vürsten reht*, das Willehalm nun gewährt werden soll, besteht in der Versicherung der ihm als Vasallen zustehenden Rechte, die eine anstehende *helfe*-Bitte zwar einschließt, sich jedoch hier auf die Ehrerbietung bezieht, die seinem sozialen Status entspricht und die ihm im offiziellen Begrüßungsritual gerade eben nicht zuteil geworden ist (*sô dunket mich des*

gein iu zît). Die abschließenden Worte, mit denen der König seinen Besitz
generös der Verfügung des Vasallen überläßt, stellen nicht ein konkretes
Hilfsangebot[67] dar, sondern sind als Ehrerbietungsformel zu verstehen,
mit der die Wertschätzung Willehalms zum Ausdruck gebracht werden
soll:

> *„iuwer zorn ist âne nôt bekant*
> *gein mir: ir wizzet, al mîn lant,*
> *swes ir drinne gert, daz ist getân.*
> *ich mac gâbe und lêhen hân:*
> *daz kêrt mit vuoge an iuweren gewin!“*
>
> (147,1–5)

Solche rituellen Sprechakte, die im Rahmen von Herrschaftsausübung
häufig zur Begrüßung, vor allem in Konfliktsituationen, begegnen, basieren auf einem anderen Code als alltagssprachliche Äußerungen, denn solche großzügigen Angebote verlassen sich in der Regel gerade darauf, daß
der Empfänger „den Handelnden nicht wörtlich nimmt und keinen Druck
auf ihn ausübt, sondern mit dem bloßen Erweis von Wertschätzung zufrie-
den ist, im Gegensatz zu einem mehr inhaltlichen Ausdruck davon“.[68] Im
Falle des Königs stellt sie den durch den öffentlichen Rahmen ermöglich-
ten Versuch dar, mittels des Ehrerweises das Unrecht der seinem Fürsten
zuvor verweigerten Begrüßung wiedergutzumachen. Mit einer ähnlichen
Formel etwa bezeugt König Marsilie im ›Rolandslied‹ Genelun Ehre:

> *gebiut gwalteclîche*
> *über al mîn riche.*
> *ich selbe bin dir gereite.*
> *die fürsten macht du leiten*
> *al nâch dînem willen.*
>
> (2213–2217)

Ähnlich wie im ›Willehalm‹ stellt Marsilies Geste, die gleichfalls eingebettet ist in einen offiziellen Handlungsrahmen, den Teil einer Wiedergutmachung dar: Als Genelun zuvor am Hof des Heidenkönigs Karls provozierende Botschaft überbracht hatte (2019–2051), war es zum tätlichen Angriff Marsilies auf Genelun gekommen (2060–2062). Prominenter noch ist
die sogenannte Länderwette im ›Nibelungenlied‹, in deren Verlauf der aggressiv auftretende Siegfried besänftigt wird, indem Gunther ihm virtuell
das überläßt, was Siegfried tatsächlich gefordert hatte:

> *Dô sprach der wirt des landes: „allez daz wir hân,*
> *geruochet irs nâch êren, daz sî iu undertân,*

und sî mit iu geteilet lîp únde guot."
dô wart der herre Sîvrit ein lützel sánftér gemuot
(127)[69]

Hier reagiert die Geste auf eine Provokation, die sonst zu Gewalt geführt hätte.

Die Sprachgeste, mit der der König Willehalm die Verfügung über seinen Besitz überträgt, kann Willehalm – im Unterschied zu Siegfried – jedoch nicht besänftigen. Der Grund dafür liegt aber nicht darin, daß die Geste an sich wirkungslos wäre, sondern darin, daß sie von der Königin konterkariert wird, die den rituellen Sprachcode verletzt, indem sie die Worte auf die Konsequenz ihrer buchstäblichen Bedeutung hin durchspielt[70]:

„ouwê, wie wênic uns denne belibe!
sô waere ich diu êrste, die er vertribe"
(147,7f.)

Die Königin hebt, nachdem der König mit dem Anbieten seines Besitzes virtuell Gleichheit und Gemeinschaft hergestellt hatte, hingegen wieder die realen, politisch-hierarchischen Abhängigkeitsverhältnisse hervor[71]:

„mir ist lieber, daz er warte her,
denne daz ich sîner genâde ger."
(147,9f.)

Nach diesen Worten der Königin eskaliert die Situation (*des wortes diu künegîn sêre engalt*, 147,11). Die Reaktion Willehalms stellt nicht nur eine Steigerung gegenüber seinem Auftritt vor dem König dar (*swaz er den künec ê geschalt, / des wart ir zehenstunt dô mêr*, 147,12f.), sondern zeigt zugleich an, daß der Bezugsrahmen des Konfliktes, wie sich das bereits in der ersten verweigerten Begrüßung durch die Königin abzeichnete, nun unverkennbar die Sippe ist.[72]

Mit dem Zerschlagen der Krone (147,16f.) verwirklicht Willehalm symbolisch, was er dem König zuvor angedroht hatte, was er auch später gegenüber Alyze herausstellt: Die Königin verdanke ihren Status allein ihm; wenn sie nun auf ihn, den Reichsvasallen und Fürsten, herabblicke, dann habe er sich diese Schmach wohl selbst zugefügt, weil er ihren Mann um ihretwillen zum König gemacht habe (158,16–24 u. 159,17); vielleicht aber erlebe sie bald wieder ihre Ebenbürtigkeit mit ihm (*si möhte wol geleben noch, / daz ez wurde ein genôzschaft*, 159,4f.). Deutlich wird hier, daß der Streit mit der Schwester vor allem in einer Rangkonkurrenz begründet liegt. Das Ergreifen an den Haaren (147,18f.), in dem sich ein archaisches Rechtsdenken Geltung verschafft, erweist sich dementsprechend als Akt der Erniedrigung und Besitzergreifung,[73] gipfelnd im Versuch der Enthauptung, die nur durch das Eingreifen der Mutter verhindert wird.

Daß es sich bei dem Konflikt mit der Schwester um die Verletzung des Ansehens und die Beschädigung der Ehre handelt, bestätigt sich in den späteren Verhandlungen zur *suone*: Zur Debatte stehen dort die Schmähworte der Königin, andererseits aber immer wieder auch die unterlassene Begrüßung. Alyze appelliert, indem sie das *versprechen*[74] der Königin auf die *tumpheit* ihrer Mutter zurückführt, an die gemeinsame Sippenbindung (157,12–17). Willehalm rechtfertigt sein ausfälliges Benehmen gerade mit der öffentlichen Verletzung dieser Bindung bei der Begrüßung durch das Verhalten der Schwester, das weder Willehalms Stellung als Bruder noch als Fürst gerecht geworden ist:

> *„si waere des ungeschendet,*
> *ob si jaehe: ‚daz ist der bruoder mîn‘.*
> *ez enmugen niht allez künege sîn:*
> *si solte der vürsten schônen [...]*
> *getorst ich ir ze swester jehen,*
> *sô het man mich baz ersehen*
> *von ir munde enpfangen.*
> *dô ich vür si kom gegangen,*
> *gein ir gruoze ich dô niht neic:*
> *daz was des schult, daz s'in versweic.“*
> (158,16–19 u. 25–30)[75]

Die *helfe*-Forderung Willehalms an den König wird hingegen erst dann erfolgen, wenn die *helfe* der gesamten Sippe, einschließlich der Königin, zugesichert sein wird. Die Einsicht dazu kommt der Königin, nachdem sie vom Tod ihrer Verwandten auf Alischanz erfahren hat:

> *„was mînem bruoder hiute zoren,*
> *daz ich in sô swache enpfienc,*
> *wîslîch er iz dô ane vienc,*
> *daz ich mîn leben brâhte dan:*
> *ich sol den künec und sîne man*
> *helfe und genâde biten“*
> (165,20–25)

Erst jetzt realisiert sich, was Willehalm auf dem Hinweg erhofft hatte:

„kumt mîn vrouwe, de küneginne, dar,
des möht ich helfe enpfâhen.
ir solt daz niht versmâhen,
sine man den künec umbe mich:
den site hiez ich swesterlîch."
(122,14–18)

Konfliktregulierung III: Begrüßung durch den Vater

Erst nach der Eskalation des Geschehens, und nachdem der König Willehalms Verhalten mit anklagenden Worten verurteilt hat (148,8–15)[76], begrüßt der Vater den Sohn (148,29f.).[77] Als Pendant zur vormaligen Begrüßung der Brüder wiederholt sich ein Handlungsmuster, das zugleich
ein Moment der Steigerung beinhaltet, da es sich nun um den Vater und
das Oberhaupt der Narbonner Sippe handelt: Hier wie dort geht es nicht
um ein zwar längst überfälliges, weiter aber nicht relevantes Begrüßungsritual, sondern um die Demonstration der Sippenbindung, die für Willehalm
gerade mit dem Verhalten der Schwester auf dem Spiel steht (*zwîvel*)[78]:

„ich liez Gîburge in sölher nôt,
mîn zwîvel giht, sol ich'z gar sagen,
daz mîne mâge an mir verzagen."
(149,16–18)

Hier wie dort greifen in einer höchst prekären und angespannten Situation (148,16f.) Vertreter der Familie vermittelnd ein.[79] Der Begrüßungskuß des Vaters wird von Willehalm mit dem Hinweis auf Gyburc und
Oransche höflich zurückgewiesen (149,1ff.); der eindringliche Appell an
die *helfe* (149,27) und *triuwe* (149,13) durch die Anrufung der Trinität und
die Anspielung auf die trinitarische Vater-Sohn-Beziehung (149,19–30) unterstreichen hingegen den dringlichen Charakter dieser Bitte.[80] Wie auch
die Brüder und die Schwester soll sich der Vater zur Bindung an den Sohn
bekennen: *durh die drî namen ich ger, / daz dû dîne tugent bekennest / und*
dir mich ze kinde nennest (149,24–26). In der Antwort des Vaters wird der
von Willehalm formulierte *zwîvel* aufgenommen und dezidiert zurückgewiesen:

der vater sprach: „wie stêt daz dir,
ob dû zwîvel hâst gein mir?
dînen kumber wil ich leiden
od dâ von muoz mich scheiden
grôz überlesteclîchiu nôt

> *od ein sô starc gebot,*
> *daz die sêle vome lîbe nimt.*
> *dîner manheit missezimt,*
> *ob dû zwîvel gein mir treist*
> *und unser triuwe under leist.*
> *gar dîne vlust und dîne klage*
> *al balde ûf mîne helfe sage"*
> (150,1–12)

Die Bestätigung der *triuwe*-Bindungen der Sippe in ihren unverbrüchlichen Geltungsansprüchen, von denen nur der Tod und *überlesteclîchiu nôt*[81] entbinden, werfen auf das Verhalten der Schwester ein um so kritischeres Licht. Die Verpflichtung der Verwandten, den *kumber* zu teilen, wird als unhinterfragbares Gebot restituiert, durch die kollektive Klage um die Toten wird die Gemeinschaft wiederhergestellt (152,20ff.).[82] Zugleich werden die militärischen Kräfte sukzessive mobilisiert, denn was Willehalm geschehen ist, sei recht eigentlich seinem Vater und somit wiederum auch seinen Brüdern zugefügt worden:

> *„man sol mich bî dir sehen ze wer.*
> *wâ nû, die von mir sind erborn?*
> *ditze laster habt mit mir erkorn!*
> *mîn sun ist gesuochet niht:*
> *ich bin, der des lasters giht."*
> (150, 20–24)

Die Solidarität der Verwandtschaft, die im Zentrum von Herrschaft steht und Garant der sozialen Ordnung bleibt, wird im ›Willehalm‹ nicht nur in verbalen Versicherungen zum Ausdruck gebracht, sondern ebenso wesentlich über Handlung sichtbar entfaltet: Die Begrüßung durch Heimrich als dem höchsten Vertreter der mächtigen Narbonner Sippe korrigiert nach jener durch die Brüder in einem weiteren Schritt die beim Empfang am Hof sich abzeichnende und durch Willehalms Attacke auf die Königin potenzierte Desintegration aus der Familie und aus dem französischen Herrschaftsverband.

Alyzes Gruß: Die Zähmung des Heros

Alyzes Auftritt wird von der Forschung zumeist als Wendepunkt der Handlung, der einen überraschenden Sinneswandel Willehalms herbeiführe, interpretiert.[83] Zweifellos leitet Alyzes Erscheinen die Versöhnung[84] mit der Königin ein, dem letzten Mitglied aus dem engeren Kreis der Narbonner Sippe, das Willehalm noch nicht seine Solidarität und Hilfe zugesagt hat. Doch ist die Begegnung des Markgrafen mit seiner Nichte Teil einer Handlungssequenz, in der in gegenseitiger Verschränkung die Reintegration in die Familie und die Lösung des Konfliktes mit dem Königshaus entwickelt werden. In steigernder Doppelung wird dabei jeweils auf eine Provokation Willehalms durch die Begrüßung eines Repräsentanten der Familie einerseits und des Königshauses andererseits reagiert: Auf den provozierenden Auftritt vor dem König antwortet die Begrüßung der Brüder und des Königs selbst, dann auf die gewalttätige Eskalation des Konfliktes der Gruß des Vaters und schließlich am Ende dieser Kette der Gruß Alyzes.

Die Spezifika von Alyzes Auftritt sind in der Forschung unterschiedlich akzentuiert worden. Einerseits werden ihre Charakterisierung als Minnedame[85] und das Minnemodell in seiner Funktion ritueller und friedlicher Affektregulierung herausgestellt,[86] andererseits wird die Szene auf ihren politischen Gehalt, der sich vor allem in der Gestik manifestiert, reduziert.[87] Entscheidend scheint jedoch zu sein, daß sich in Alyzes Auftritt verschiedene Interaktions- und Verhaltensmodelle überlagern und die Handlung dadurch eine Mehrdeutigkeit gewinnt, die für ihren Erfolg von ausschlaggebender Bedeutung ist.

Alyze ist zunächst Minnedame, deren Gruß irdisches Glück und paradiesische Seligkeit verheißt (*swem ir munt ein grüezen bôt / der brâhte saelde unz an den tot*, 155,11 f.). Schon ihre Erscheinung, die ausführlich beschrieben wird (154,9–155,17), übt einen besänftigenden und geradezu zauberhaft-magischen Einfluß auf ihre Umgebung aus.[88] Mit dem Auftreten Alyzes, dem Einspielen eines anderen Grußtyps und einer entpolitisierten Atmosphäre wird ein höfisches Modell von Verhalten und Vergesellschaftung aufgerufen, das friedliche Interaktion jenseits politisch-ständischer Konflikte und Antagonismen zu garantieren imstande ist.

Entscheidend ist aber, daß die folgende Lösung des Konfliktes auf dieser Ebene allein nicht aufgeht. Alyzes Status als Minnedame suspendiert ihren gesellschaftlichen und politischen Status keineswegs: Bei ihr handelt es sich eben nicht nur um eine höfische Dame, die den Heros in einen Höfling verwandelt, sondern zugleich um die Tochter des französischen Königs (156,9) sowie um die Nichte Willehalms (*niftel*, 156,6 u. 159,17), was sich vor allem für ihre Rolle als Vermittlerin im Konflikt mit der Schwester als wichtig erweist. Demnach verkörpert Alyze exakt die soziale Schnittstelle von Familie und Königshaus und ist damit die komplementäre Figur zur Königin, in der diese Verbindung ebenfalls ‚naturalisiert‘ erscheint.[89]

Für den Fortgang der Begegnung ausschlaggebend sind aber nicht nur

Alyzes auratische Erscheinung und soziale Position, sondern ist wesentlich die Art, wie sie ihrem Onkel gegenüber agiert. Ihre Begrüßung (*âne mantel in ir rocke gienc / diu magt, dô si mit zuht enpfienc / ir oeheim*, 155, 27–29)[90] stellt zunächst den ersten Gruß dar, der Willehalm aus der königlichen Familie überhaupt in aller Form zuteil wird.[91] Begleitet bzw. gefolgt wird dieser von einem Fußfall (155,29f.),[92] der den Onkel stark affiziert (*sîn ougen begunden wallen, / dô er die magt sach vallen / nider an sîne vüeze*, 156,1–3). Anders also als dies im Modell der höfischen Minne üblich wäre, unterwirft sich hier die Dame dem Mann, und dies nicht in einem virtuellen, sondern in einem realen, politischen Akt.

Alyzes Gruß und öffentlicher Fußfall erscheinen, zumindest an der sozialen Ordnung gemessen, als dem Stand Willehalms unangemessen.[93] Die Gründe, mit denen Willehalm ihr Verhalten zurückweist, beziehen sich auf hierarchische Differenz, auf die im Herrschaftsverband strikt geachtet wird: verstoße die Begrüßung doch gegen die göttlich legitimierte Ordnung, Alyzes Stand als Tochter des römischen Königs, und das, was die politischen Konkurrenten zu dulden bereit sein könnten:

> „*engelten ichs niht müeze*
> *wider got", sprach er hin z'ir.*
> „*wie kumstû, niftel, sus zuo mir?*
> *jâ waere dem künege Terramêre*
> *dîn vuozvallen alze hêre.*
> *dû bist des roemischen küneges kint.*
> *swaz hie roemischer vürsten sint,*
> *die sulen mich haben deste wirs"*
>   (156,4–11)

Wurde der *werdekeit* Willehalms in den unterlassenen Begrüßungen, vor allem im Verhalten der Schwester, nicht Rechnung getragen, so greift Alyzes Geste nun weit über diese hinaus, was Willehalm in seiner Zurückweisung wieder ganz konkret-dinglich zum Ausdruck bringt: *dû hâst mir werdekeit durhlegen* (156,18). Dennoch wird gerade in der durch die ‚überproportionierte‘ Geste zum Ausdruck gebrachten Ehrerbietung Willehalms Stellung, seinen besonderen Verdiensten entsprechend, anerkannt und die Statusminderung korrigiert, die ihm in der schlechten Aufnahme am Hof zugefügt worden war.[94]

Willehalms nun reziprok erfolgende Unterwerfung unter Alyze (*swes dû an mich gerst, / des wil ich dir ze hulden pflegen*, 156,16f.) muß vor dem Hintergrund ihres mehrdeutigen Status und der Überlagerung verschiedener Interaktionsmodelle gesehen werden. Willehalm unterwirft sich einer Minnedame (*dâ von der walt sich swenden muoz, / enpfaeht ein wert man dînen gruoz*, 156,29f.), die zugleich aber seine Verwandte und die Tochter des französischen Königs ist, dem selbst sich zu unterwerfen Willehalm ohne Ehrverlust nicht mehr imstande ist. Ermöglicht wird ihm dies nicht zuletzt durch den demütigen Fußfall der Königstochter, der es ihm erlaubt, auf diese Geste seinerseits in aller Demut zu reagieren. Daß Willehalm, der die Verfügungsgewalt nicht nur symbolisch, sondern real Alyze überträgt (*sô ergib ich mich ân allen strît / gevangenlîche in dînen rât: / dîn gebot den slüzzel hât*, 159,28–30), sich ihr bedingungslos unterwirft, wird gerade auch dadurch ermöglicht, daß es sich bei ihr um eine höfische Dame, und nicht primär um eine politische Instanz handelt, der man sich wirklich unterwerfen könnte.[95] Somit ist Willehalms Unterwerfung ebensowenig nur virtualisierte Geste wie nur konkret-politischer Akt.

Schlußbemerkung

Die Rituale der Begrüßung sind in der Munleun-Szene von Wolframs ›Willehalm‹ wichtiges Mittel des Erzählens. Das Ritual bestimmt wesentlich die Struktur und den erzählerischen Prozeß dieses Abschnittes, indem sich die Handlung von Willehalms Ankunft über das Ausbrechen und die Eskalation des Konfliktes bis hin zu seiner vorläufigen Beilegung durch den Auftritt Alyzes in unterschiedlichen Szenen entwickelt, in denen Begrüßungen verweigert oder geleistet werden.

Durch die poetische Struktur des Textes – vor allem durch das Prinzip der variierenden Wiederholung und Spiegelung – wird das Begrüßungsritual selbst zum Gegenstand erzählerischer Reflexion. Begrüßungen erscheinen in einer Variationsbreite unterschiedlicher Interaktionsformen und Funktionsweisen: von der Aufnahme eines unbekannten Ritters und der Überwindung von *vremde* (am Hof, beim Kaufmann) zur statusgemäßen Begrüßung eines bekannten Mitgliedes des Herrschaftsverbandes (als Vasall, als Verwandter), über den die politische Rangordnung höchst artifiziell inszenierenden Empfang eines ganzen Verbandes (Einzug der Narbonner Sippe) hin zu einem Modell, das verschiedene Elemente – politische, verwandtschaftliche und höfische – integriert (Alyze).

Einen wichtigen Aspekt der Reflexion stellt die im Verlauf der Erzählung unterschiedlich durchgespielte Frage nach der Leistung und dem Funktionieren des Rituals dar. Anlaß oder Zielpunkt des Erzählens ist zunächst stets eine Verweigerungshaltung oder Störung des Rituals. Die erste Hofszene enthält zwei verweigerte Begrüßungen (durch die Hofgesellschaft, durch die Königin). Die anschließende Aufnahme bei Wimar ist zwar positives Gegenbild zur vorangegangenen Szene, doch läuft auch sie auf eine Verweigerungshaltung, diesmal Willehalms, hinaus, ebenso –

wenn auch aus anderen Gründen als beim Kaufmann – wie seine Begrüßung durch die Hofgesellschaft bei seiner zweiten Ankunft am Hof. Auch aus dem offiziellen Empfangsakt der Narbonner Sippe bleibt Willehalm, ihr wichtigstes Mitglied, ausgegrenzt.

Diese verweigerten oder gestörten Begrüßungsrituale können zum einen eine Störung sozialer Beziehungen und der politischen Ordnung zum Ausdruck bringen (vgl. unten), zum andern wird dafür jedoch auch wesentlich eine Kommunikationsstörung verantwortlich gemacht. Die Interpretation von Zeichen, die für rituelle Kommunikation grundlegend ist, erweist sich im Szenenverlauf als uneindeutig und als eine Sache der Perspektive. Das Verhältnis von äußeren Zeichen und innerer Disposition erscheint problematisiert und rituelle Kommunikation somit als ambivalent. Dies zeigt sich vor allem an den ersten Szenen, in denen der Erzähler geradezu ein Spiel mit einer durch Zeichen hervorgerufenen Irritation zu treiben scheint: Die Rüstung, die der trauernde Willehalm als Zeichen seiner Notlage trägt, wird von der Hofgesellschaft als Signal einer gegen sie gerichteten Aggression interpretiert; als die Rüstung schließlich tatsächlich Aggression gegen den Hof anzeigen soll, eilt man Willehalm hingegen freudig entgegen. Somit erweist sich das Erkennen für die Begrüßung als ausschlaggebend, wo eigentlich das Ritual selbst Annäherung und friedliche Interaktion sicherstellen soll. Die Funktionalisierung des Rituals als eines Verhaltensmodells, das eine Beziehung zu einem Fremden herzustellen und friedliche Interaktion im Herrschaftsverband zu gewährleisten vermag, scheitert in den ersten Szenen. Begrüßung scheint nur im außerhöfischen Bereich zu funktionieren, wo die in einer adligen Kriegergesellschaft potentiell gegebenen Spannungen gar nicht erst auftreten und die politischen Konsequenzen harmlos sind (Aufnahme im Kloster und beim Kaufmann).

Indem sich die Konsequenzen der gestörten Interaktion als fatal und fortschreitend negativ herausstellen, bleibt der Blick auf die Leistungen des Rituals jedoch ein grundsätzlich positiver. Die Unterlassung oder Störung der Begrüßung führt stets zu Aggression und schließlich zu Gewalt. So produziert die verweigerte Begrüßung in der ersten Hofszene genau das, was man Willehalm bei seiner Ankunft am Hof unterstellt hatte: Aggression und Gewaltbereitschaft. Auch der Ausschluß aus dem offiziellen Begrüßungsritual am Hof provoziert Willehalms Zorn. Zum Ausbruch der bis dahin nur mühsam unterdrückten Gewalt kommt es dann schließlich, als die Königin den Ausgleichsversuch zunichte macht, den der König mit einer Sprachgeste dem Markgrafen in seiner Begrüßung angeboten hat. Dort, wo das Ritual fehlt oder in seinem Wirken eingeschränkt ist, ist friedliche Interaktion nicht sichergestellt.

Als Willehalm den Konflikt öffentlich macht, indem er den König provoziert, beginnt eine Reihe von Begrüßungen, in denen das Ritual zu greifen beginnt und seine stabilisierende Funktion entfaltet. Die Besänftigung des Helden sowie seine Reintegration in den Herrschafts- und Familienverband realisieren sich prozessual in einer Kette von Begrüßungshandlungen, die – von der Königin unterbrochen und dann in gesteigerter Wiederholung fortgeführt – schließlich in der Begegnung mit Alyze, der Repräsentantin von Verwandtschaft und Königshaus zugleich, ihren Schluß- und Höhepunkt finden. Obwohl es zunächst nicht den Anschein hat, entpuppt sich die Szenenfolge in ihrer Struktur von ihrem Ende her also als ‚Erfolgsgeschichte' des Rituals.

Das Ritual erscheint als Kompositionsprinzip einer Szenenreihe, in dem soziale Bindungen, politische Hierarchie und Bedingungen von Herrschaft sichtbar über Handlung entfaltet und in ihren Voraussetzungen reflektiert werden. In den zunächst gestörten Begrüßungsritualen zeigt sich, daß Herrschaft und adelige Identität dort gefährdet sind, wo verwandtschaftliche Bindungen nicht sichergestellt sind und soziale Rangkonkurrenz die Familie kennzeichnet. Die Frage nach der *helfe* und die Mobilisierung der von Willehalm benötigten militärischen Kräfte, die erst im Anschluß an die Kette dieser Begrüßungsszenen erfolgt (165,24–184,30), werden in ihren entscheidenden Voraussetzungen und problematischen Grundlagen in den Begrüßungsritualen ‚vorverhandelt'. Während die verwandtschaftlichen Bindungen in den Begrüßungen zunächst als zweifelhaft erscheinen und erst vor dieser Folie die Gültigkeit von familiärer Ordnung über eine Reihe weiterer Begrüßungen restituiert wird, steht Verwandtschaft in der darauffolgenden Szene der Mobilisierung der Kräfte des Herrschaftsverbandes nicht mehr in Frage, sondern fungiert als Garant seiner Funktionstüchtigkeit: Die Verbindlichkeit verwandtschaftlicher Verpflichtungen, die sich in diesen Szenen nicht nur in den Hilfszusagen aller einzelnen Sippenmitglieder, sondern auch in deren zahlreichen und aufwendig beschriebenen Interventionen beim König realisiert, verhilft Willehalm schließlich auch zur Unterstützung des französischen Königs und seiner Vasallen. In den Begrüßungsritualen der Munleun-Episode verhandelt Wolfram somit nicht nur in differenzierter und komplexer Weise grundsätzliche Bedingungen ritueller Kommunikation, sondern auch die Bedingung der Möglichkeit gelungener Herrschaft: im Bild einer Gesellschaft, in deren Zentrum Verwandtschaft steht, die ein *lîp* (168,13) sein sollte.

6. ›Deditio‹ – Metamorphosen des Rituals im ›Herzog Ernst‹-Komplex

Als Beispiel für die literarische ,Verhandlung' eines politischen Rituals in der mittelhochdeutschen Epik bietet sich das in den Texten des ›Herzog Ernst‹-Komplexes dargestellte Versöhnungsritual, mit dem der Konflikt zwischen dem Bayernherzog Ernst und Kaiser Otto beigelegt wird,[1] aus mehreren Gründen an.

Da es sich erstens bei dem Versöhnungsritual um eine ,deditio' handelt,[2] einen Ritualtyp, der zur Domäne von historiographischen Texten zu gehören scheint, in literarischen Texten hingegen deutlich unterrepräsentiert ist,[3] bietet der ›Herzog Ernst‹-Komplex erstens die Möglichkeit zu verfolgen, was mit einem aus politischen Handlungs- und Darstellungszusammenhängen heraus bekannten Ritual geschieht, wenn es in einem literarischen Text erscheint. Weil dieses Ritual im ›Herzog Ernst‹ in seiner Vorbereitung durch die Protagonisten ausführlich erzählt wird und somit genaue Einblicke in die literarische Darstellung politischer Verfahrensweisen gewährt, erlaubt es zweitens auch eine Auseinandersetzung mit den Thesen ALTHOFFS zu den Spielregeln der ,deditio'[4] und zum grundsätzlichen Umgang literarischer Texte mit Ritualen.[5]

Drittens bilden die verschiedenen Texte der ›Herzog Ernst‹-Überlieferung einen Traditionskomplex, der es ermöglicht, die Darstellung und Funktionalisierung ein und desselben Rituals in unterschiedlichen literarischen Texttypen sowie verschiedenen Produktions- und Rezeptionsverhältnissen zu untersuchen. Die Wechselwirkung von Literatur und Ritual kann hier also unter der spezifischen Gattungsperspektive beleuchtet werden.

Dazu werden im folgenden drei Texte der Tradition behandelt, die hinsichtlich der Versöhnungshandlung am interessantesten sind.[6] Zunächst wird der älteste vollständig erhaltene Text, der vom Beginn des 13. Jahrhunderts stammende ›Herzog Ernst B‹[7] analysiert, der heroischen Erzählmustern verpflichtet und in der Beschreibung der politischen Konflikte dezidiert an feudaladeligen Ordnungsfaktoren ausgerichtet ist. Vergleichend wird dann der etwa um ein halbes Jahrhundert jüngere ›Herzog Ernst D‹ besprochen, der in stilistischer und inhaltlicher Hinsicht als ,höfischste' Bearbeitung des Stoffes angesehen wird und sich nach Meinung der Forschung vom ›Herzog Ernst B‹ durch eine „stärkere Betonung höfischer Lebensweise und ritualisierter Repräsentation" unterscheide.[8] Diesen beiden volkssprachlichen Texten wird aus der lateinischen Überlieferung der in Prosa verfaßte ›Herzog Ernst C‹ – ebenfalls aus der zweiten Hälfte des 13. Jahrhunderts – angeschlossen, der mit seiner hagiographisch orientierten Bearbeitung des Stoffes als ein Beispiel für die Adaptation des Rituals aus dezidiert klerikaler Perspektive gelten kann.[9]

Obwohl es sich bei dem Versöhnungsgeschehen um eine Szene handelt, die man zum festen Handlungskern dieser Überlieferung rechnet, da hier alle „Fassungen [...] eine an anderen Orten im Text kaum je gegebene Übereinstimmung"[10] zeigen, werden bei genauerer Untersuchung in der jeweiligen Ausgestaltung, Funktionalisierung und ‚Verhandlung' des Rituals doch erhebliche Differenzen zwischen den Texten sichtbar.

Viertens kann anhand der ›Herzog Ernst‹-Überlieferung besonders nachdrücklich aufgezeigt werden, daß unter Berücksichtigung der von den Historikern vorgelegten Forschungen auch offene Fragen einer textimmanent arbeitenden Interpretation neu fokussiert und für die Texte selbst neue Bedeutungshorizonte erschlossen werden können. Dies gilt vor allem für den ›Herzog Ernst B‹, der aufgrund seiner handlungslogischen Inkohärenzen gerade in diesem Textabschnitt der Forschung einige Probleme bereitet hat.

›Herzog Ernst B‹

Die Überlegungen zum Versöhnungsgeschehen im ›Herzog Ernst B‹[11] setzen bei der Darstellungsweise des Textes an, die von Brüchen und Unklarheiten im Handlungsgang geprägt ist, die sich – wollte man denn nur deskriptiv Verhaltensnormen und Verfahrensweisen gütlicher Konfliktbewältigung in literarischen Texten eruieren – als überaus störend erweisen. Ausgangspunkt der Interpretation ist somit gerade die durch diese Inkohärenzen und Widersprüche hervorgerufene Befremdlichkeit des Erzählens, die die Rückkehr des Herzogs aus dem Orient in das Reich, die Vorbereitung der Versöhnung mit dem König und nicht zuletzt auch das Versöhnungsritual selbst charakterisiert.

Syntagmatische Inkohärenzen: Ernsts Rückkehr ins Reich

Bereits die erzählerische Motivierung der Rückkehr Ernsts hat in der Forschung zu sehr unterschiedlichen Interpretationen des Handlungsablaufs geführt.[12] Unklarheit herrscht zunächst über die für das Procedere der Versöhnung nicht unwesentliche Frage, wer genau die Rückkehr Ernsts aus Jerusalem veranlaßt bzw. mit welchen Vollmachten sie der Kaiser dem Bayernherzog eigentlich nahelegt: als Einzelperson oder im Namen einer von ihm zuvor einberufenen Fürstenversammlung?

Berichtet wird zunächst, daß der Kaiser, als ihn ein *ritter* von Ernsts Aufenthalt in Jerusalem unterrichtet (5710–5726), diese Nachricht erfreut an die Fürsten weiterleitet:

> *Do enbot der keyser riche*
> *Den fursten alle gliche*
> *Von liebe diese mere,*
> *Das Ernst der hertzog were*
> *Zu Iherusalem wol gesunt.*
> (5727–5731)

Dadurch daß der situative Rahmen dieser Kommunikation unbestimmt bleibt, gibt der Text Anlaß zu weitreichenden Spekulationen über die konkrete Form des *enbietens*. Namentlich die Annahme aber, daß in diesen Versen die Anberaumung einer Fürstenversammlung angedeutet werde, deren Ergebnis die Zurücknahme der über Ernst einst verhängten Reichsacht (1426 ff.) darstelle,[13] erhält durch den Text keine Stütze. Das Verb *enbieten* wird später auch verwendet, als der Kaiser Ernst eine Botschaft nach Jerusalem schickt (5748); hier wie dort bedeutet es also ,durch eine Nachricht unterrichten'.[14]

Auch die anschließenden Verse, in denen die Reaktion der Fürsten auf diese Botschaft geschildert wird, geben keinen Hinweis darauf, daß ihr Handeln mit dem Kaiser abgestimmt, gemeinsam verantwortet oder rechtsgültig wäre:

> *Sye sprachen „nu sy ym vergeben*
> *Alles das er vns habe getan.*
> *Wir sollen dem edeln man*
> *Helffen vmbe des riches hulde*
> *Vnd des hertzogen schulde*
> *Hin legen myt mynnen*
> *Vnd des keysers hulde gewynnen".*
> (5734–5740)

Im Gegenteil: Die Fürsten sprechen zunächst die Vergebung in eigener Sache aus (*vns*)[15] und beschließen dann, Ernst zur Rehabilitierung auf Reichsebene (*riches hulde*) zu verhelfen und sich als seine Fürsprecher beim Kaiser allererst einzuschalten (*keysers hulde*). Von Interventionsversuchen der Fürsten, die in dieser Absichtserklärung beschlossen werden, ist später aber nicht mehr die Rede: Der Text läuft hier (vorerst) ins Leere. Er signalisiert somit, daß die verschiedenen Teile des Herrschaftsverbandes, die vormals in die kriegerischen Auseinandersetzungen involviert waren, jeweils zur Versöhnung bereit und damit wesentliche Voraussetzungen zur Beilegung des Konfliktes gegeben sind; doch ein gemeinsames Handeln oder Bemühungen zur Einung der verschiedenen Stimmen, die im Text nebeneinandergestellt zur Sprache kommen, werden gerade nicht erkennbar.

So beruhen schließlich auch die Einsicht des Kaisers, *Das er ym vnrecht dete* (5744), und seine Initiative zur Rückberufung Ernsts nicht auf dem Vermittlungsversuch einer zum Herrschaftsverband gehörenden Instanz oder auf einer politischen Konsensbildung, sondern auf einer durch Gebete der Königin erwirkten Eingebung Gottes (5741–5743).[16] Die weiteren Unklarheiten, die der Text in seiner Darstellung der Rückberufung und Rückkehr Ernsts aufweist, sind verbunden mit dem nun die Handlung dominierenden Motiv der Heimlichkeit. Die Aufforderung des Kaisers an Ernst, ausgerechnet heimlich zurückzukehren (*Das er taugenliche / Keme vor das riche*, 5749f.[17]), steht in offenem Widerspruch zur zugesicherten Vergebung und Wiedergutmachung des entstandenen Schadens (*ergetzen*), die schwerlich ohne eine rechtsgültige, und das heißt öffentliche Basis denkbar sind (5751–5756). Stellt die Aufforderung also einen nicht weiter zu hinterfragenden Bruch innerhalb einer schlechten Handlungsmotivierung dar, oder besteht zwischen ihr und der Tatsache, daß der Text einen offiziellen und konsensgestützten Reichsbeschluß bis zu diesem Zeitpunkt gerade nicht erzählt hat, ein Zusammenhang?[18] Seltsamerweise schweigt der Text sich dann auch darüber aus, ob die Nachricht des Kaisers den Adressaten überhaupt erreicht. Zu Ernst dringen im Gegensatz zu der heimlichen Botschaft des Kaisers nämlich offensichtlich weitverbreitete Nachrichten (*horte dicke sagen*, 5764), nach denen der Kaiser sich wohlwollend über ihn äußere (5765–5769) und auch die Fürsten für seine Sache seien (5772f.). Erneut läßt der Text hier eine Motivationslücke und einen Kohärenzbruch stehen.

Heimlich kehrt Ernst schließlich auch in das Reich zurück – anders aber wiederum, als es vom Kaiser wohl intendiert war: Obwohl der Herzog um seine guten Aussichten dort weiß, begibt er sich gerade nicht vor das *riche,* sondern unerkannt (*Das yn nyemant bekande*, 5827) nach Bayern, wo er *verholen* (5828) nach einem seiner Lehnsleute schickt. Mit dem Rat des Vasallen für das weitere Vorgehen wird Heimlichkeit zur Strategie: Er werde das *gesynde* bei sich *wol verstolen* unterbringen, damit *des nyeman ynne wirt* (5840–5843), während Ernst und Wetzel sich *verholen* (5839) nach Bamberg begeben sollten, wo der Kaiser einen *hof* halten und unter der Krone die Christmette begehen wolle (5832–5836).

In all diesen Kohärenzbrüchen wird offensichtlich, daß der Text an syntagmatischer Motivierung nicht interessiert ist. Dies mag man als ein narratives Defizit ansehen, doch hebt diese Erzählweise andererseits zweierlei klar hervor: Im Vorfeld der Rückkehr und des Versöhnungsgeschehens erscheint erstens eine auffällige Diskrepanz zwischen dem offensichtlich allgemein bekannten Versöhnungswillen aller politisch relevanten Entscheidungsinstanzen (des Kaisers und der Fürsten) einerseits und der Heimlichkeit andererseits, mit der Ernst ins Reich zurückkehren soll bzw. tatsächlich zurückkehrt. Vor dem Hintergrund des von ALTHOFF geschilderten Modells der Konfliktbeilegung könnte die Aufforderung, heimlich vor das *riche* zu kommen, als Angebot zur Aufnahme inoffizieller Verhandlungen mit dem Ziel einer öffentlichen Inszenierung der Versöhnung gedeutet werden. Demgegenüber bleibt aber ein Zweites festzuhalten: Trotz allgemein gegebener Versöhnungsbereitschaft vermeidet der Text jegliche Darstellung von Gemeinschaftshandeln, obwohl er es gerade in den vermeintlichen ‚Inkohärenzen' zunächst einspielt: Aufgerufen und zugleich vermieden wird die Gemeinschaft von Kaiser und Fürsten mit entsprechenden Vermittlungsversuchen; aufgerufen und vermieden wird zudem die Gemeinschaft von Kaiser und Herzog Ernst, indem das Angebot des Kaisers, von dem unklar bleibt, ob es Ernst überhaupt erreicht, nicht realisiert wird.

Intrige statt Vermittlung: Die Vorbereitung der Versöhnung

Heimlichkeit bestimmt auch die direkte Vorbereitung der Versöhnung, die von der Königin arrangiert und in allen Einzelheiten geplant wird. Zu ihr begeben sich Ernst und Wetzel, nachdem sie sich zunächst in einem Wald bei Bamberg versteckt gehalten haben (5846–5851). Das heimliche (*Verholen*, 5853) Treffen mit der Königin erfolgt in einem nicht-öffentlichen Rahmen, an einem nicht näher bezeichneten Ort in der *burg* (5852), wo Adelheit *heymlich* (5854) ihr Gebet verrichtet.

Mit dem Einschalten einer vermittelnden Instanz und dem Agieren in einer nicht-öffentlichen Sphäre sind wieder entscheidende Sachverhalte aufgerufen, die nach ALTHOFF als charakteristisch für die ‚deditio' gelten haben.[19] In der Tat scheint Ernsts Entschluß, einen indirekten Weg zum Kaiser zu wählen, trotz seines Wissens um dessen Versöhnungsbereitschaft, die zentrale Rolle zu bestätigen, die ALTHOFF Vermittlern für die Ausgleichsverhandlungen zwischen Verfeindeten zugeschrieben hat. Wenn ALTHOFF diese Vermittler auch als ‚Regisseure' der Unterwerfungsinszenierung bezeichnet,[20] so ist damit die Rolle der Königin, die die Planung und Organisation des weiteren Vorgehens in ihre Hand nimmt, im ›Herzog Ernst B‹ durchaus treffend charakterisiert. Allerdings bestehen zwischen dem im Text geschilderten Vorgehen und dem von ALTHOFF auf der Basis historiographischer Quellen beschriebenen Verfahren entscheidende Differenzen.

Zum einen prägen diese Vertraulichkeit gewährleistende Situation nicht informelle Gespräche,[21] sondern das Verhalten erscheint in der Annäherung an die Königin überaus formalisiert und ritualisiert. Denn schon hier werden formalisierte Handlungselemente, die auch später für das öffentliche Versöhnungsritual mit dem Kaiser wichtig sind, in allen Einzelheiten sichtbar: In einer religiös gerahmten Situation werfen sich beide Helden der Königin zu Füßen (5856 f.); die Kommunikation zwischen der Königin und ihrem Sohn bedarf eines Vermittlers, nämlich Wetzels, der auf Nachfrage seine und seines Begleiters Identität enthüllt, um *gnade* (5862) für Ernst bittet und um Hilfe, ihm die Gunst des Kaisers zu gewinnen (5863 ff.); die Königin reagiert positiv, indem sie den Bittsteller umarmt und küßt (5866–5869).

Vor allem aber unterscheiden sich Verfahrensweise und Art der vermittelnden Tätigkeit der Königin wesentlich von den Formen der gütlichen Einigung, die ALTHOFF herausstellt. Von einer Vermittlerin kann bei der Königin nicht in dem Sinne die Rede sein, in dem ALTHOFF diese bei ihm nahezu institutionalisiert erscheinende Rolle beschreibt[22]: So handelt die Königin nicht im Auftrag beider am Konflikt beteiligten Parteien, sondern ohne Wissen des Kaisers. Auch werden keine Absprachen getroffen, in denen beiden Seiten bereits im Vorfeld ihr Recht zugesichert – etwa ‚satisfactio‘ für Otto, Zusicherung einer schonenden Behandlung für den sich bedingungslos unterwerfenden Ernst – und dann in einem großangelegten Ritual für die Öffentlichkeit inszeniert würde.[23] Vielmehr wird das Geschehen, das in seinem Ausgang grundsätzlich offen ist, im Sinne listigen Vorgehens geplant: Zur Verlesung des Evangeliums – keinesfalls früher – soll Ernst vor dem Kaiser erscheinen und sich ihm zu Füßen werfen (5876–5879); bis dahin wird Ernst von der Königin versteckt gehalten (5870 f. u. 5882 f.).

In einem weiteren Schritt sichert die Königin ihrem Sohn die Hilfe und Unterstützung der Fürsten (5887–5907). Indem diese in die Planung eingeweiht werden, zieht das Handeln eine neue Grenze der Heimlichkeit. Denn mit der Fürstenschaft wird der Bereich vasallitischer oder verwandtschaftlicher Bindungen verlassen und eine Institution des Reiches einbezogen; gleichwohl aber informiert die Königin die Fürsten *taugenliche* (5890), was vor allem heißt: ‚geheim vor dem Kaiser‘.[24] Zu diesem Zeitpunkt sind also mit Ausnahme Ottos alle am Konflikt und später an der Versöhnung Beteiligten über Ernsts Anwesenheit und seine Absichten informiert.

Die seit Ernsts Rückkehr ins Reich verfolgte Strategie der Heimlichkeit, die immer neue Instanzen einbezieht, führt somit sukzessive zum Ausschluß der für die Versöhnung wichtigsten Instanz, des Kaisers. Ihr Ziel findet sie in dessen Überrumpelung: Unvorbereitet und unvermittelt soll der Kaiser während der Messe mit dem Gesuch der Geächteten konfrontiert werden. Gehandelt wird damit aber gemäß einer Strategie, die nach ALTHOFF die Verletzung einer der wichtigsten Normen des politischen Handelns und einen absoluten Tabubruch darstellt.[25] War im Vorfeld der Rückkehr die Gemeinschaft von Kaiser und Fürsten aufgerufen und zugleich vermieden worden, indem die jeweils einzeln gefaßten, gleichgerichteten Beschlüsse nicht zu gemeinsamer Aktion führten, und war die Gemeinschaft von Kaiser und Herzog als Möglichkeit erwähnt, aber nicht verwirklicht worden, indem Ernst die von Otto vorgeschlagene gemeinsame Heimlichkeit nicht wahrnahm, so wird nun im Vorfeld der Versöhnung mit der Mobilisierung der Fürsten als Fürsprecher des Herzogs eine dritte Gemeinschaft formiert: die des Fürstenstandes (einschließlich Ernsts) ohne den Kaiser.

Funktionalisierung: Das Versöhnungsritual

Mit dem Beginn des Versöhnungsgeschehens tritt die Handlung aus der Sphäre der Heimlichkeit heraus und in einen öffentlichen Raum ein. Entsprechende Signale setzt der Text gleich am Anfang der Szene, wenn Otto das Münster im Amtsornat betritt (*koniglich gewant*, 5909; *vnder der krone*, 5912), wenn die Erscheinung des Königspaares als repräsentativen Anlässen genügend charakterisiert wird (*Als sye zu hochgezijte dunt*, 5914) und wenn die anwesende Öffentlichkeit, bestehend aus den Fürsten (5910f.), dem die Messe zelebrierenden Bischof (5915) und einer größeren Menschenmenge (*Von luten gar grosz gedrangk*, 5916), hervorgehoben wird.

Charakteristisch ist darüber hinaus die Semantisierung dieses öffentlichen Rahmens und der Handlungen. Religiös bestimmt sind zunächst Ort und Zeit des Geschehens: Das Bittgesuch wird im Münster während der Weihnachtsmesse, genauer: zur Verlesung des Evangeliums bzw. zur Verkündigung der christlichen Lehre, die in ihrem Kern eine Versöhnungsbotschaft darstellt, vorgebracht (5919–5922). Auch die Zeichen, die das Auftreten Ernsts und Wetzels begleiten, besitzen eine religiöse Konnotation: In wollenen Gewändern und barfuß, in einer Bußfertigkeit signalisierenden Haltung, bringen sie ihre bedingungslose Unterwerfung durch einen Fußfall zum Ausdruck (5923–5925). Dem sakralen Rahmen entspricht ebenfalls die Mahnung der Fürsten, den Bittstellern doch Gnade zu gewähren um Gottes, der Leiden Christi und der Heiligkeit des Festtages willen (5926–5931). In diesen formalen Aspekten gleicht das Versöhnungsritual exakt dem Modell, das ALTHOFF als kennzeichnend für die ‚deditio‘ herausgestellt hat.[26]

Ohne jedoch zu wissen, wen er vor sich hat (5936), spricht Otto die Vergebung aus. Zum formalen Akt der Versöhnung, die zunächst also unabhängig von der Person des Bittstellers und damit vom spezifischen Gehalt des politischen Konfliktes stattfindet, gehören zum einen die öffentlich gesprochenen Worte des Kaisers, eine formelhafte Wendung, mit der jegliche Schuld, sei es auch ein so schweres Vergehen wie Königsmord, vergeben wird:

> *„Was er myr nû hat getan,*
> *Hette er myr genomen myn leben,*
> *Das sy ym dorch got vergeben.*
> *Ich wil mychs gen ym begeben."*
> (5932–5935)[27]

Zum andern wird der Rechtsakt durch gestische Handlungen sinnfällig konstituiert: Otto richtet den Gnadesuchenden auf und gibt ihm den Versöhnungskuß (5937 f.). In dem Moment, als der Kaiser Ernst in die Augen sieht und mit der Identität des Begnadigten auch die politische Relevanz des Aktes erkennt (5940 f.), erscheint der Ablauf jedoch offenkundig gestört. Die ‚Reue‘, die den Kaiser nun ergreift (*Es geruwete yn do das geschach*, 5942),[28] äußert sich, für jedermann sichtbar, in einer Abwendung signalisierenden Geste (*Der keyser nider nycht*, 5944). Zudem wird dem Herzog jegliche weitere Kommunikation verweigert (5945). Auf diese Ablehnung des Kaisers intervenieren die Fürsten erneut zugunsten des Herzogs, indem sie auf dem faktischen Vollzug der Versöhnung insistieren und auf ihren rechtskonstitutiven Charakter verweisen:

> *„Herre her keyser riche,*
> *Das ir so offentliche*
> *Vor dem riche habt getan,*
> *Das solt du auch billich stete han."*
> (5947–5950)

Damit ist die Gefährdung des Rituals beseitigt: Der Kaiser beugt sich dem fürstlichen Votum, die Gültigkeit der Versöhnung wird sowohl durch Geschenke des Kaisers (*Er gap ym selber vnd golt / Vnd ergetzete yn frumecliche*, 5958 f.) als auch durch eine Verzichtserklärung der Fürsten auf Schadenersatz gegenüber Ernst (5960 f.) bestätigt.

Dem Ritual kommt also aufgrund seines Vollzugs, der von der Öffentlichkeit bestätigt werden kann, unabhängig von der Identität der Begnadigten Wirksamkeit zu.[29] Gerade der dem Ritual innewohnende strenge Formalismus kann somit funktionalisiert werden, um den Kaiser zu überlisten und für Ernst Versöhnung zu erlangen. Das Ritual muß nicht zuvor eigens ausgehandelt werden, vielmehr erscheint es als vorgeprägtes Handlungsmuster, das man aufgrund seiner allgemeinen, hohen Verbindlichkeit für die ‚Intrige' einsetzen kann.

Literarische Inszenierung: Die Rolle der Fürsten

Wie schon die Motivierungen bei Ernsts Rückkehr ins Reich weist auch das Versöhnungsritual Unstimmigkeiten auf. Denn fraglich erscheint doch, warum bei allseits gegebenem Versöhnungswillen die Versöhnung überhaupt einer so umständlichen Inszenierung bedarf, warum der Kaiser im Widerspruch zu seiner Bereitschaft, sich gütlich zu einigen, aus den Vorbereitungen ausgeschlossen bleibt und überlistet werden muß und warum er schließlich während des Rituals tatsächlich Widerstand signalisiert, die Versöhnung gar bereut.

Diese Unstimmigkeiten, die den neuzeitlichen Interpreten vor dem Hintergrund eines kausal verknüpfenden und syntagmatisch kohärenten Erzählmodells irritieren und vor ein Rätsel stellen, wurden durch den Hinweis auf sagengeschichtliche Vorgaben stoffgeschichtlich-genetisch zu erklären versucht: Das Ritual wird als Teil einer traditionsmächtigen und daher unumgänglichen Vorgabe begriffen, die in das eigene Werk zu integrieren dem Dichter eben Schwierigkeiten bereitet habe, so daß es zu Brüchen und Inkohärenzen gekommen sei.[30] So spricht etwa BEHR davon, daß

der vom Stoff vorgegebene spektakuläre Schluß (Fußfall in der Kirche während des Weihnachtsevangeliums) [...] offenbar so dominierend [war], daß er eine weniger aufsehenerregende, dafür in sich stimmigere Rückkehr des Helden verhinderte. Denn Fürstenberatung und Fußfall fügen sich nur dann zusammen, wenn das Personal (zumindest teilweise) wechselt.[31]

Dem ist zweierlei entgegenzuhalten: Der Beschluß oder Wille zu einer Versöhnung und der sie konstituierende, Recht setzende Akt stellen vor dem Hintergrund der mittelalterlichen Politik keine Gegensätze dar. Das Ritual in der Öffentlichkeit braucht von daher nicht als überflüssiges Handlungselement,[32] als mangelhaft integriertes sagengeschichtliches Relikt qualifiziert zu werden. Die Unterwerfung des Herzogs muß – offensichtlich auch ganz unabhängig von der Schuldfrage – öffentlich geleistet und die Aufnahme in die Gemeinschaft des Reiches förmlich und für alle nachvollziehbar dargestellt werden.[33]

Für die Interpretation des Textes scheint es dagegen lohnender zu sein, die Motive des Unwissens Ottos und seines Widerstandes nicht allein auf

das (unbestreitbare) Faktum stoffgeschichtlicher Vorgaben zurückzuführen, sondern zu fragen, welche möglichen Funktionen im vorliegenden
Text sie erfüllen.[34] Sowohl das Unwissen des Kaisers über den während der Messe geplanten Unterwerfungsakt als auch dessen Reue nach dem Erkennen Ernsts
betonen nämlich in besonderer Weise die Rolle, die den Fürsten für die
Versöhnung zugeschrieben wird. Ihre Anwesenheit und Mitwirkung war
bereits in der Planung der Königin – die ihrerseits während des Rituals
völlig im Hintergrund bleibt – als notwendig herausgehoben worden
(5887–5907). Sie erweisen sich nun tatsächlich als die entscheidende
Instanz, die das Gelingen der Versöhnung gewährleistet.

Schon auf das erste Bittgesuch der Geächteten treten sie, ohne daß von
einer Reaktion des Kaisers zuvor berichtet würde und von daher eine besondere Notwendigkeit bestünde, den Bittenden helfend bei und ermah-
nen beschwörend den Kaiser zur Versöhnung, was von diesem auch umstandslos gewährt wird (5926ff.).[35] Durch die *riuwe* des Kaisers, die als
emotionale Regung (Schmerz, Ärger, Betrübnis, Reue) daraufhin eine
deutliche Zäsur darstellt, erscheint das Versöhnungsgeschehen aber gefährdet: Der in Frage gestellten Verzeihung für den unerkannten muß die
Bestätigung der Versöhnung für den identifizierten Herzog folgen. In dieser Doppelung kann die zentrale Bedeutung der Fürsten besonders hervortreten, denn die *riuwe* des Kaisers ist Anlaß dafür, daß die Fürsten ein
zweites Mal intervenieren.[36] Sie insistieren dabei nicht nur auf dem Vollzug des Rituals (vgl. oben), sondern erinnern Otto zugleich an ihre eigene
Stellung: Otto habe Ernst um Gottes willen, aber auch aufgrund ihrer Fürsprache vergeben: *Ir lieszen isz durch vns vnd dorch got* (5951). Dieser
selbstbewußte Hinweis auf die eigene politische Relevanz wird durch die
einlenkende Antwort des Kaisers nachdrücklich bestätigt:

> *„Nu esz uch herren duncket gut*
> *Vnd ir syn gnaden wollent han,*
> *So wil ich mynen zorn lan*
> *Vnd wil ym ymmer wesen holt. “*
> (5954–5957)

Der Kaiser ordnet sich dem fürstlichen Willen unter und erscheint selbst
nur mehr als dessen Vollstrecker, so daß am Ende des Versöhnungsaktes
der politische Wille der Fürsten als das Entscheidende exponiert wird.

Somit werden in dem Versöhnungsritual nicht nur die Rehabilitierung
des geächteten Bayernherzogs und seine Aussöhnung mit dem Reichs-
oberhaupt inszeniert, sondern durch die Strukturierung des Rituals ganz
deutlich auch eine Harmonisierung von kaiserlichem und fürstlichem

Handeln überhaupt.[37] Mit dieser Inszenierung gemeinschaftlichen Handelns (*uch, ir/ich*) führt der Text aber ein Problem seiner Lösung zu, das im Zuge der anfänglichen Intrige gegen Ernst ebenfalls aufgebrochen war und im Text deutlich problematisiert wird: die Schwierigkeit, einen einmütigen Willen und kollektives Handeln vor dem Hintergrund konkurrierender Kräfte innerhalb des Herrschaftsverbands herzustellen.

Literarische ,Verhandlung': Ritual statt Vermittlung

Die Vorbereitung der Versöhnungshandlung und ihr ritueller Charakter, vor allem aber die Unterordnung Ottos unter den fürstlichen Willen, kontrastieren mit Versuchen, die bereits in der Anfangsphase der Auseinandersetzungen unternommen worden sind, um den Konflikt beizulegen. Vor der Folie dieser früheren Vermittlungsversuche können die Vorgänge bei der Konfliktaustragung und -beilegung und besonders um das Versöhnungsritual noch deutlicher profiliert werden.

Nachdem Heimrich Ernst verleumdet hat (673–812), ziehen kaiserliche Truppen unter dessen Führung raubend und brandschatzend durch das Herzogtum Bayern (858–909). Ernst reagiert zunächst durchaus nicht mit aktiver Gegenwehr (*Da wider nyemant det. / Der edel rich mere / Er wiste das esz were / Von des riches gewalt*, 910–913),[38] sondern veranlaßt auf Rat seines Vertrauten Wetzel Vermittlungsversuche. Auch Wetzel nämlich hält einen Krieg gegen das *riche* in jedem Fall für problematisch:

> „*Dinit yr nu da wider icht,*
> *So mogent ir uch bereden nycht,*
> *So ir zu rede recht soldet stan,*
> *Irn hettent wider das riche getan,*
> *Vnd belybent in der schulde*"
> (919–923)

Er rät daher von jeglicher Gewalt dezidiert ab (*Ich enrait uch nů keyn wer*, 929) und setzt statt dessen auf eine Unterredung mit dem Kaiser (*zu rede komen lan*, 934), zumal es zunächst in Erfahrung zu bringen gelte, warum Ernst überhaupt in *vngnade* gefallen sei (947). Ernst und Wetzel klagen zunächst also nicht über eine Rechtswidrigkeit der kaiserlichen Maßnahmen, sondern interpretieren die Militäraktionen richtig als Zeichen des Huldverlustes und reagieren darauf in angemessener Weise mit Vermittlungsversuchen. Erst wenn diese Versuche scheiterten, so Wetzel weiter, sei Gegenwehr das adäquate Handeln (936–943), da somit das Unrecht des Kaisers (*Das uch der keyser gewalt dut*, 928) offensichtlich geworden sei[39] – statt heroischer Gewalt und Rache hier also zunächst Verhandlungen mit dem Gegner und Versuche, den Konflikt gütlich beizulegen.[40]

Als Fürsprecher bemüht Ernst zunächst die Königin, später schaltet er auf ihren Rat hin auch die Fürsten ein. Die Vermittlungsversuche beider Instanzen bei Otto sind inhaltlich in ihren wesentlichen Forderungen nahezu identisch[41]: Beide setzen sich für Ernst ein, da dieser die Huld des Kaisers ohne ein Vergehen und ohne den Grund zu wissen verloren habe:

Vnd das er ane schulde	*Das er ane schulde*
Verlorn habe dyne hulde:	*Mangelt uwer hulde,*
Er enweisz wie er die hat verlorn	*Dye hat er verlorn er ne weisz wie.*
(975–977, Königin)	(1125–1127, Fürsten)

Beide bitten um die Möglichkeit für Ernst, sich in einem rechtmäßigen Verfahren rechtfertigen und für den Fall einer Verfehlung verantworten zu dürfen:

Das du yen laiszest vor komen.	*Nu lat yen, herre, komen vor:*
Habe yeman icht vernomen	*Was er wider uch hat getan,*
Von ym das er dir habe getan,	*Des lat yn zu busze stan,*
Des wolle er dir zu busze stan,	*Nůr wye ir selb welt.*
Als ym arm vnd rich	
Erteilent rechtlich	
(983–988, Königin)	(1140–1143, Fürsten)

Beide erbitten schließlich für diesen Zeitraum einen Waffenstillstand:

des wil er gern dich gewern,	*Mit lybe vnd myt gute*
Ob du gnade gen ym hast	*Wil er sich an uwer gnade lan.*
Vnd ym so lange fryede last	*Lat yen die wile fryede han,*
Bisz das er dyr das beschein	*Bisz wir yen vor uch bringen*
Das er dich myt truwen meyn	*Zu rechten tedingen*
(990–994, Königin)	(1150–1154, Fürsten).

Der wichtigste Unterschied beider Vermittlungsversuche[42] besteht im jeweiligen Rahmen der Gesprächssituation. Die Unterredung zwischen dem Königspaar ist gekennzeichnet durch Zweisamkeit (*Zu dem keyser quam sye sa / Da sye yn heymelich wiste*, 964f.), der seitens der Königin auch die vertrauliche Anredeform in der zweiten Person Singular entspricht.[43] Demgegenüber erfolgt die Intervention der Fürsten vor der Öffentlichkeit des Hofes (*zu hoffe*, 1106) und demgemäß auch in aller Förmlichkeit, eingeleitet durch Fußfall und förmliches Redegesuch (1108ff.), das vom Kaiser ebenso förmlich und mit der Aufforderung, sich zu erheben, beantwortet wird (1114ff.). Beide Vermittlungsversuche, die in ihrer Sukzession eine Steigerung aufweisen, richten sich also darauf, dem Herzog zu einem rechtmäßigen Verfahren zu verhelfen.[44] Sie demonstrieren darüber hinaus, daß sich die im Text agierenden wichtigsten politischen Instanzen in ihrem Eintreten für Ernst einig sind.

Beiden Vermittlungsversuchen wiederum gemein ist ihre zornige und brüske Ablehnung durch den Kaiser (*In grymme zornecliche / Vnd in vil starcken vnsitten*, 998f.; bzw. *In zorne vnsittecliche*, 1159), so daß von nun an aus Furcht weitere Bittgesuche auch nicht mehr gewagt werden (*Sye getorste yn do nyt mer gebitten*, 1019; bzw. *Sust musten die fursten [...] die bede gen ym dorch forchte lan*, 1178f.).

Diese heftige und Konventionen gemeinschaftlichen Handelns verletzende Reaktion Ottos (*vnsitten*) mag sein Handeln durchaus in ein negatives Licht stellen, sie muß aber auf die Verleumdung des Pfalzgrafen zurückbezogen und vor dieser Folie interpretiert werden. Denn dessen Aussage, Ernst wolle die Stellung Ottos usurpieren (682–685), zielt nicht nur auf das Ausschalten eines bestimmten politischen Konkurrenten, sondern diskreditiert auch die übrigen Fürsten, wenn Heimrich ein Einvernehmen zwischen Ernst und den Fürsten in dieser Sache suggeriert (*Dye fursten synt ym alle holt*, 688; dazu 687ff.) und dies später als Szenario einer großangelegten militärischen Verschwörung ausmalt (*Er gewynnet eyn so kreffteclich here, / Syt ym die fursten gestent, / Das sye wol rytent vnd gent / Gen dyr gewaltecliche / Mit bornen in dem riche*, 792–796). Die Worte aktivieren somit ein Konfliktpotential, das dem ausbalancierten System der Machtverteilung im feudaladeligen Herrschaftsverband offensichtlich immanent ist.[45]

Das einmütige Eintreten der Fürsten für Ernst kann vor dem Hintergrund dieser Worte nur als Bestätigung von Heimrichs Behauptungen aufgefaßt werden. In der kaum verhüllten Drohung des Kaisers auf die fürstliche Intervention klingen solche Verdachtsmomente zumindest an:

> „*Wer mych vnd das riche mynnet,*
> *Der solle mych dirre bede verlan,*
> *Wolle er mych zu frunde han. [...]*
> *Welich furste yn des vertrost hat*
> *Das er ym wider mych gestat,*
> *Des vient wil ich ymmer syn:*
> *Das habent vff dye truwe myn.*"
> (1164–1166 u. 1173–1176)

Durch diese Aussage wird demnach nicht nur die ideale Gemeinschaft des Kaisers mit Ernst als Stiefsohn und präsumtivem Nachfolger sowie als herausragendem Repräsentanten der Partikulargewalt, sondern auch diejenige mit der Fürstenschaft insgesamt nachhaltig gestört. Sichtbar wird das nicht nur in den sich anschließenden Heimlichkeiten zwischen dem Verleumder und Otto (820–823) sowie dem Verbergen des Heeresaufgebotes vor der Königin und allen Fürsten (839–843), sondern auch in der Aufhebung der Beratergemeinschaft (vgl. z. B. 264 ff.) und ihrer Ersetzung durch die negativ geschilderte Zweisamkeit mit dem Pfalzgrafen (vgl. z. B. die heimliche Beratung beim Hoftag zu Speyer, 1276 ff.).[46] Der Kaiser wird im Verlaufe der Intrige zunehmend im Herrschaftsverband isoliert, die Regularien des konsensgestützten politischen Handelns werden zugunsten einer von Konsensfindung entbundenen Stellung der kaiserlichen Gewalt außer Kraft gesetzt.[47]

Vor dem Hintergrund der gescheiterten Vermittlungsversuche erscheint das am Ende des Textes inszenierte Versöhnungsritual nun als Durchführung einer Handlungsalternative zur Beilegung des Konfliktes. War der konventionelle Weg einer geregelten Vermittlung der Versöhnung zweimal gescheitert, so wird ein solcher nun vermieden und durch die von der Königin gelenkte List ersetzt. Damit wird jedoch auch die wesentliche Funktion der Vermittlungsversuche: das Herstellen von Einvernehmen als Bedingung des versöhnenden Aktes, durch das Ritual selbst, durch seine Gültigkeit schaffende Faktizität ersetzt.

Somit wird das von ALTHOFF beschriebene Modell geregelter Konfliktbeilegung im ›Herzog Ernst B‹ auf zweifache Weise problematisiert und zurückgewiesen: zum einen, indem es in den gerade geschilderten Vermittlungsversuchen der Kaiserin und der Fürsten zutage tritt, doch am Verhalten des Kaisers scheitert; zum anderen, indem es bei der tatsächlichen Versöhnung umständlich in den Text eingespielt, dann aber durch anderes ersetzt wird, so daß das Modell, das der Text am Ende bietet, ohne geregelte Vermittlung oder Vorverhandlungen auskommt, die in ALTHOFFS Modell die Schlüsselstellung innehaben. Deren strukturelle Position wird im Text durch die ‚Intrige‘ der Königin besetzt. Hierin besteht auch die besondere Pointe der Handlung: Die Mittel zur Lösung des Konfliktes korrespondieren mit denen seiner Entstehung. Während die Intrige des Pfalzgrafen und die sie begleitenden Heimlichkeiten den Kaiser innerhalb von Familie und Herrschaftsverband isolieren und Ottos Zweisamkeit mit Heimrich die übrigen politischen Instanzen von der Herrschaftsausübung ausschließt, erzeugen die ‚Intrige‘ und die Heimlichkeit der Königin, die den Kaiser zunächst isoliert, eine analoge Konstellation; doch werden hierbei die politischen Kräfte des Reiches integriert mit der Absicht, die Huld des Kaisers für Ernst zu erlangen und die Störung des Herrschaftsverbandes auf diese

Weise zu überwinden. Indem die Huld des Kaisers Zielpunkt der Handlung ist, wird er als politische Entscheidungsinstanz letztlich nicht demontiert, wie es vormals die Fürsten von Heimrich wurden, sondern bestätigt. Das Versöhnungsritual am Schluß des ›Herzog Ernst B‹ restituiert somit nicht nur die Stellung Ernsts, sondern darüber hinausgehend auch die Handlungsgemeinschaft der wichtigsten Instanzen des Reiches, wie sie zu Beginn des Textes in ihrer Idealität programmatisch vorgeführt (257 ff.), im Laufe der Handlung aber in Frage gestellt worden war.

›Herzog Ernst D‹

Gegenüber dem ›Herzog Ernst B‹ wird dem ›Herzog Ernst D‹ gemeinhin nicht nur ein stark ausgeprägtes Interesse an der ritterlich-höfischen Fest- und Turnierkultur, sondern auch eine deutlich kohärentere Handlungsführung und -motivierung bei der Rückkehr Ernsts in das Reich und der folgenden Versöhnung attestiert.[48] Mit diesen beiden Charakteristika des Textes hängt letztlich auch eine andere Akzentuierung des Rituals zusammen.

Akzentuierung der Handlungslogik im Vorfeld des Rituals

Zwar gewährt auch im ›Herzog Ernst D‹ der Kaiser während des Rituals dem unerkannten Bittsteller Vergebung und signalisiert, nachdem er den Herzog erkannt hat, Widerstand gegen den Versöhnungsakt, doch erscheint diese Reaktion deshalb stimmiger, weil der Kaiser aus der Vorgeschichte, in der die Rückkehr des Bayernherzogs motiviert wird, gänzlich ausgeblendet wird. Zwar wird zuvor kurz erwähnt, daß Otto von den Taten Ernsts in Jerusalem erfährt (*Vür den keiser diz ouch quam*, 5129), doch ist im Unterschied zum ›Herzog Ernst B‹ von einer Versöhnungsbereitschaft keine Rede. „Ein auf diese Weise überrumpelter Herrscher darf dann auch ablehnend reagieren, nachdem er gesehen hat, wem er soeben [durch die Versöhnungshandlung, C. D.] seine Gunst schenkte."[49]

Tatsächlich ist der Text in allen Einzelheiten um eine linear kohärente Handlungsführung bemüht, die in B gerade fehlt. Während dort der Kaiser selbst durch einen Boten Ernst unterrichtet, wird dieser in D durch einen Brief Adelheits (5170–5200) zur Rückkehr bewegt (5213–5219). Die Rolle Adelheits im Vorfeld der Versöhnung wird also im Unterschied zu B bereits für die Rückkehr Ernsts wichtig; charakterisiert ist sie dabei vor allem als um den Sohn besorgte Mutter (5134 ff., 5364 ff., 5176 ff., 5357 ff.) und als betont fromme Frau, was sich in wiederholten Gebeten an Maria äußert (5135 ff., 5414 ff.). Auch ist sie diejenige, die, noch bevor sie ihren Sohn benachrichtigt, die Fürsten versammelt, um sich ihrer Unterstützung zu versichern (5147–5154). Somit wird auch in diesem Punkt das kaiserliche, politische Handeln in B durch das Agieren der Mutter im Dienst einer syntagmatisch orientierten Handlungsmotivierung in D ersetzt. Während es in B bei der Absichtserklärung, Ernst unterstützen zu wollen, bleibt, setzen sich die Fürsten in D aktiv für den Herzog ein. Eine Handlung, die in B nicht ausgeführt ist, wird hier auserzählt. Wer sich dabei allerdings Vorverhandlungen im Sinne ALTHOFFS erwartet, wird auch hier enttäuscht. Denn die Fürsprachen der Fürsten gewinnen als geregelt politisches Handeln keine klare Kontur:

> *den künic für in sie bâten,*
> *mit willen sie daz tâten.*
> *vor im sie schuofen alle tage,*
> *daz vor dem keiser was die sage,*
> *Ernst der wære ein biderbe man*
> *und hæte sulche wunder getân,*
> *daz sîn müelîch und ungerne*
> *dem rîche ze enberne*
> *und ouch tiutschen landen wære.*
> (5155–5163)

Beschrieben werden nicht konkrete politische Interventionen und förmliche Prozesse, wie sie etwa in B in den gescheiterten Vermittlungsversuchen der Fürsten sichtbar werden und wie sie schwerlich *alle tage* (!) denkbar sind, sondern eine allgemeine ‚Stimmungsmache‘ (*sage*), die der Rückkehr Ernsts auf nicht näher spezifizierte Weise vorarbeitet:

> *diz was ein gengez mære*
> *under leien und under pfaffen.*
> *si wolden daz willic schaffen,*
> *daz er im gæbe hulde*
> *und verküre ûf in die schulde.*
> (5164–5168)

Daß diese Interventionsversuche so allgemein gehalten werden und eine Reaktion des Kaisers darauf überhaupt keine Erwähnung findet, geht deutlich auf Kosten einer Darstellung politischen Handelns, steht aber ganz im Zeichen einer auf Stimmigkeit bedachten Handlungsführung. Beide Tendenzen setzen sich im folgenden fort. Das Zurückdrängen politischer Akzente zeigt sich bei Ernsts Rückkehr, wo die Station in seinem

Herzogtum Bayern und die Interaktion mit seinem Vasallen ausgespart
bleiben und Ernst sich statt dessen direkt zum Hof begibt; die Heimlichkeit, mit der – wie in B – seine Ankunft dort erfolgt,[50] ist hier handlungs-
logisch erheblich besser motiviert. Das Interesse des Textes, die Haltung
des Kaisers bis unmittelbar vor der Versöhnungshandlung im Unbestimmten zu lassen, zeigt sich, wenn noch in der Nacht vor der Versöhnung die
Fürsten ihre Lobreden auf Ernst fortsetzen (5337 ff.), ohne daß allerdings
von einer entsprechenden Wirkung berichtet würde:

> *nâch dem rât wart wol gedâht*
> *vor dem keiser biz ûf die naht*
> *Ernestes des hêrren*
> *und Wetzels wol nâch êren*
> (5337–5340)

Der Text konfiguriert die Ausgangslage also anders als der ›Herzog
Ernst B‹: Er baut schon im Vorfeld der Rückkehr – im Gegensatz zu B –
eine eindeutige Konstellation auf, in der die Haltung des Königs unbestimmt bleibt, die Fürsten und die Königin sich hingegen dezidiert als Partei Ernsts ausgewiesen haben. Im Interesse einer syntagmatisch kohärenten Motivierung der List erscheinen die Arrangements im Vorfeld des Rituals wichtiger als in B, indem sie dem Verlauf des Rituals und vor allem
seiner Störung durch den Kaiser direkt vorarbeiten.

,deditio', höfisch

Während der Rahmen des Versöhnungsrituals in D mit dem von B über-
einstimmt (Ort ist das Bamberger Münster, 5437, Zeitpunkt die Christmette, 5266, 5305), ist die Darstellung des Rituals selbst entscheidend verändert: Eindeutig tritt dabei die ,deditio' als politisches Handlungsmuster
in den Hintergrund.[51] Dies zeigt sich zunächst in dem geringeren Interesse
des Textes für die Zeichenhaftigkeit und Formalität der rituellen Handlungen.

Unberücksichtigt bleiben schon die Zeichen des vestimentären Codes:
Während in B der Amtsornat des Kaisers erwähnt wird und die Bittsteller
sich ausdrücklich barfuß und im Bußgewand zu Füßen Ottos werfen, wird
in D während des Rituals selbst nichts über die Kleidung der Akteure gesagt. Daß Ernst hier offensichtlich noch das Pilgergewand trägt, das ihn als
Kreuzfahrer ausweist, geht lediglich aus zwei Bemerkungen aus dem Kontext der Versöhnung hervor: Vor dem Gottesdienst im Münster begibt
Adelheit sich zu den ,Pilgern' (d.h. Ernst und Wetzel), um angeblich Aus-

künfte über ihren Sohn zu erhalten (5350–5356); hier besitzt das Pilgergewand auch die Funktion einer Verkleidung, in der Ernst und Wetzel unerkannt bleiben können. Erst nach dem Versöhnungsritual wird die Kleidung wieder erwähnt, wenn bei den anschließenden Festlichkeiten im
Rahmen höfischer Repräsentation die Damen an dem Aufzug des im Pilgergewand tanzenden Ernst Anstoß nehmen; hier erscheint die Kleidung
als störende Differenzmarkierung zur höfischen *vreude*:

> *die pilgerîne in ir geswanze*
> *nâch den fideln süeze tanze*
> *an wîzer hant dâ trâten,*
> *als sie ir friunt des bâten*
> [...]
> *dô was maneges wîbes bete*
> *daz Ernst den kotzen von im tete*
> *und daz er schære sînen bart;*
> *vil des an in geworben wart*
> *von manegem rôten munde klâr.*
> (5501–5504 u. 5515–5519)

Als Ausdruck einer Bußfertigkeit der Bittsteller und damit als ein forma-
les Element des Rituals fungiert Ernsts Kleidung aber nicht.

Ein Zurücktreten von Formelementen des Rituals zeigt sich auch, wenn
der Kaiser zwar Ernst zum Zeichen der Versöhnung aufhebt (*er huop in ûf
mit der hant*, 5471), der entscheidende Versöhnungskuß aber – anders als
in B und auch C – fehlt.[52] Somit wird das komplexe Zeichensystem der
‚deditio‘ hier auf eine einzige Geste reduziert: den Fußfall (*er dranc, dâ der
keiser saz, / dem viel er für die füeze*, 5464 f.), der für die ‚deditio‘ zwar zen-
tral, doch nicht nur für dieses Ritual allein spezifisch ist.

Zudem scheint der Fußfall offensichtlich erklärungsbedürftig zu sein,
denn er wird im Vorfeld des Rituals gerechtfertigt, also als rituelles Zeichen diskursiviert. Als die Königin ihrem Sohn zu diesem Akt der Unterwerfung rät (*„du solt im vallen an sînen fuoz, / aldâ er dir vergeben muoz“*,
5391 f.), erinnert sie zunächst die Vergehen Ernsts gegen den König:

> *„gedenke, liebez kint, dâran,*
> *daz du im einen werden man,*
> *sînen œheim, slüege tôt.*
> *er selber kûm der selben nôt*
> *zuo der selben zît entran,*
> *dun hætes daz selbe im getân.“*
> (5393–5398)

Während in B dieser Akt im politischen Kontext unabhängig von Schuld-
fragen als selbstverständlich zum Ritual gehörig und von daher offensichtlich nicht weiter kommentierungsbedürftig erscheint,[53] gehen in D mit der
Erinnerung an das zu sühnende Ereignis eine eindeutige Bestätigung des
Anrechtes des Kaisers auf eine Wiedergutmachung durch den Unterwerfungsakt und schließlich eine implizite Kritik an Ernsts gewaltsamem Vorgehen einher:

> „*daz laster und die smâcheit*
> *mînem hêrren was von schulden leit.*
> *sun, swer dir slüege einen kneht,*
> *hæte er wol zuo im reht,*
> *du woldest sîn bezzerunge hân:*
> *alsô wil ouch ein ander man.*
> *hât sich Heinrîch an dir vergâht,*
> *ez wære wol ze guote brâht.*“
> (5399–5406)

Daß diese Diskursivierung auf einen prinzipiellen ‚Verfall‘ von Wissen
um die Spielregeln des politischen Rituals schließen läßt, erscheint – wenn
man den zeitgleichen ›Herzog Ernst C‹ berücksichtigt und die Präsenz des
Handlungsmusters in historiographischen Texten einrechnet – eher unwahrscheinlich. Es verweist aber zumindest auf eine Problematik, die mit
der Verschiebung des Musters in einen höfischen Kontext, in dem zumeist
unter Gleichrangigen agiert wird, einhergeht: Höfische Ritter – und als ein
solcher wird Ernst in D deutlich gezeichnet – unterwerfen sich allenfalls
als Besiegte im Zweikampf, und wenn sie knien, dann in der Regel vor der
höfischen Dame.[54]

Die Diskursivierung der Zentralhandlung des Rituals kann man als
Teil einer weitergehenden Hervorhebung von Verbalhandlungen der
Versöhnung ansehen, die zum Teil auch die ausgesparten nonverbalen
Zeichen ersetzen. Diese Tendenz wird zunächst darin sichtbar, daß der
Inhalt der bischöflichen Lesung gegenüber B spezifiziert wird (es handelt sich um die Weihnachtsgeschichte in Lk 2)[55] und daß vor allem – im
Unterschied zu B – auch explizit die Wirkung der bischöflichen Predigt
auf die Anwesenden, besonders auf den König, angesprochen wird
(5455 ff.), der durch sie *ze grôzer andâht* gebracht worden sei (5460). Die
Art der Darstellung erweist sich auch in dieser Hinsicht als ausführlicher
und verdeutlichender als in B, wo dem Geschehen offensichtlich nicht in
solchem Maße ‚psychologisch‘ vorgearbeitet werden muß. Anders als
in B werden auch der Wortlaut von Ernsts Gnadengesuch und dessen
Sprachgestus wiedergegeben:

mit dêmuot sprach der süeze:
„herre, ich hân wider iu getân,
daz vergebt durch got mir armen man."
(5466–5468)

Die Bezugnahme dieses Gnadengesuchs auf den religiösen Rahmen des Geschehens führt die in der bischöflichen Predigt angelegte Verankerung der Versöhnung im Horizont christlich-religiöser Normen fort. Und auch die anschließenden Versöhnungsworte des Kaisers, die als performativer Sprechakt eine den Rechtsakt konstituierende Geste ersetzen, führen dies fort. Sie zeigen an, daß der Kaiser hier nicht politisch, sondern primär christlich handelt:

Der keiser sprach: „dir sî vergeben
got gebezzer dîn leben!" (5469f.)

Mit der durchgehenden Verbalisierung der Versöhnungshandlung geht also eine deutliche Verschiebung der Handlungsnormen gegenüber B einher, mit der auch eine signifikante Strukturveränderung des Rituals in D verbunden ist. Denn der zur *andâht* gebrachte König vergibt hier spontan dem Bittsteller, ohne daß die Fürsten die Bitte unterstützten, wie es in B (und auch in C) geschieht. Die in B so exponierte politische Instanz ist also in D aus dem Vergebungsakt zunächst ausgeklammert. Auch in dieser Hinsicht drängt der Text die politische Dimension der Handlung zurück.[56]

Erst als Otto aufgrund der Identität des von ihm Begnadigten *ungemach* und *leide* zu erkennen gibt (5474, 5477), schalten sich die Fürsten ein und ermöglichen so die Bestätigung der zuvor ohne ihr Zutun herbeigeführten *süene* (5488). Doch auch in diesem Einschreiten bestätigt sich die für D charakteristische Tendenz, den rituellen Mechanismus der Handlung zurückzudrängen und damit die Konturen des politischen Rituals zu verwischen. Während in B der Akt als eine vollzogene und gültige Handlung (*habt getan*, 5949; *Ir lieszen isz*, 5951) unter Betonung des Öffentlichkeitsaspektes (*offenliche / Vor dem riche*, 5948f.) und in seiner rechtlichen Dimension (*billich stete han*, 5950) dem Kaiser vor Augen gehalten wird, mahnen die Fürsten den Kaiser in D in weitaus allgemeinerer, unspezifischer Form und erinnern ihn an seine – hier dominiert wieder die Sprache – bisherige Worttreue:

„ir habt gegeben hulde
Ernsten umb sîne schulde;
swaz ir ie gesprâcht, daz hieltet ir wâr."
(5481–5483)

Der Akzent verschiebt sich damit vom formalen Handlungsvollzug der ‚deditio' zur königlichen Worttreue, die hier Parallelen zu dem literarischen, vor allem aus der Artusepik bekannten Motiv vom verpflichtenden Königswort besitzt.[57]

Entproblematisierung

Die wichtige Rolle der Fürsten bestätigt sich somit auch in der Fassung D insofern, als der Kaiser ihrem Anliegen nachkommt, doch wird sie nicht in der für die ›Herzog Ernst‹-Tradition sonst geltenden und in B besonders exponierten, ‚doppelten' Weise inszeniert. Die für B herausgearbeitete Funktion des Rituals, Gemeinsamkeit des Handelns herzustellen und öffentlich zu demonstrieren, steht in D damit im Hintergrund. Allerdings war die Gemeinschaft des Reichsverbandes während des Konfliktes zwischen Kaiser und Bayernherzog – anders als in B – auch nie in dieser Weise in Frage gestellt worden. Gerade auch in diesem Punkt entspricht in analoger Weise zu B die Darstellung des Versöhnungsrituals in D der Art und dem Verlauf des vorangegangenen Konfliktes zwischen Kaiser und Bayernherzog: Während sich der Konflikt in B vor dem Hintergrund der Reichsthematik entwickelt und das Zusammenwirken von Partikular- und Zentralgewalt in seiner Problematik thematisiert wird, ist in D eine deutliche Tendenz zur Entproblematisierung des Reichsverbandes sowie zur Personalisierung des Konfliktes festzustellen.[58]

Verschiebungen in der Präsentation politischer Konstellationen zeigen sich bereits zu Beginn des Konfliktes. In B stellt sich das enge, väterliche Verhältnis des Kaisers zu Ernst (566; 584f.; 608–612) im Horizont des Lehnssystems dar (586ff.; 602ff.); Ernsts herausragende Stellung wird über seine für die feudale Sozialordnung wichtige Tätigkeit als Berater definiert (616–626; *Sîn name stuont in allen obe / die ze manigen jâren / des keisers rât wâren*, 632–634[59]), woran sich schließlich auch die Konkurrenz des Pfalzgrafen entzündet (*Das er ym von hertzen wurde gram, / Wan man yn zu hoffe nyt vernam / So wol als da voren*, 665–667). Hingegen wird in D Lehnsterminologie nicht verwendet; Ernsts Beziehung zum Kaiser und seine besondere Position im Reichsverband sind neben der familiären Bindung in einem konkreten Amt festgelegt:

> *ich wil dich haben als mînen sun.*
> *die fürsten râten ouch daz mir,*
> *daz ich des bevelhe dir,*
> *daz du gerihtes sullest pflegen*
> (452–455)

Dieses Amt, das von Ernst zunächst abgelehnt (462–467), auf Drängen der Fürsten jedoch schließlich angenommen wird (468–478), besteht also in der Übertragung der königlichen Gerichtsbarkeit, einer Art Mitregentschaft, auf die auch die Fürsten eingeschworen werden (472 u. 479f.).[60] Aufgrund seiner gerechten Richtertätigkeit handelt sich Ernst den Haß der *unrein gemuoten* (486), aufgrund seines allgemeinen Ansehens (499– 508) hingegen denjenigen des Pfalzgrafen ein.

Abweichende politische Funktionsweisen zeigen sich auch in den weiteren Handlungsabläufen: Die Verleumdung Ernsts arbeitet z. B. mit anderen Mitteln als in B.[61] Der wichtigste Unterschied, der wiederum auf eine Entproblematisierung in der Darstellung der Reichsgemeinschaft verweist, ist die völlige Herausnahme der Fürsten aus der Intrige, wie BEHR zutreffend festgestellt hat:

War es im ›Herzog Ernst B‹ die Angst vor einer von Ernst inszenierten Fürstenverschwörung, die den Kaiser zum Handeln veranlaßte, so droht ihm in D der verleumderische Pfalzgraf Heimrich mit einem gegen ihn gerichteten Mordanschlag (v. 546–551), nach dessen erfolgreicher Durchführung sich dann der Bayernherzog an die Spitze des Lehensverbandes zu setzen beabsichtige. Die Fürsten sind daran völlig unbeteiligt.[62]

Dementsprechend fehlen in den sich anschließenden Bemühungen, die Demontage von Ernsts Position zu betreiben, die für den ›Herzog Ernst B‹ charakteristischen Heimlichkeiten vor den Fürsten (647ff.). Im Gegenteil: Ernst wird in Anwesenheit der Fürsten offiziell seines Amtes als Richter enthoben (650ff. u. 673ff.), wodurch zugleich die Fürsten von ihrem Eid auf Ernst entbunden werden (647–649 u. 661–662). Der Text läßt dabei aber keinerlei Anzeichen einer Konfliktsituation oder eines Bewußtseins dafür erkennen, sei es nun seitens der Fürsten oder seitens Ernsts. Als man Ernst die *voitîe* nimmt (676), geht er vielmehr, befreit von der mit dem Amt verbundenen *unmuoze* (685), wie früher ritterlichen Tätigkeiten nach:

> *ez was im liep, der helt gemeit*
> *frœlîchen hin ze lande reit:*
> *er ahte sîn niht umb ein ei,*
> *er hielt sich an den turnei.*
> (677–680)

Ein weiteres Indiz für die Zurücknahme des Reichsverbandes als von dem Konflikt betroffener politischer Instanz und damit für die Verschiebung des Konfliktes selbst sind die fehlenden Bedenken Ernsts, gegen die vom Pfalzgrafen geführten kaiserlichen Truppen sofort zurückzuschlagen. Der Reichsverband als Ganzes scheint vom Konflikt nicht explizit betroffen zu sein: Als der Bote der belagerten Stadt Nürnberg den auf Turnier-

fahrt befindlichen Herzog endlich antrifft (817 ff.), eilt Ernst der Stadt unverzüglich zur Hilfe (831 ff.) – und dies bezeichnenderweise ohne eine Beratung, in der wie in B das Problem abgewogen würde, daß Widerstand
gegen den Kaiser zugleich als Widerstand gegen das Reich gedeutet werden könnte.

Es kommt weiterhin – dies wiederum anders als in B – während der laufenden Konflikte zu keinerlei Störungen des Verhältnisses zwischen Kaiser und Fürsten. Namentlich der fürstliche Interventionsversuch, der in B
bei Ausbruch des Konfliktes unternommen wurde und zu einer brüsken,
die Fürsten maßregelnden Zurückweisung führte, fehlt in D.[63]

Somit problematisiert der Text, indem er den Kaiser stets im Einvernehmen mit den Reichsfürsten handeln läßt, die Machtstellung des Kaisers
nicht. Gerade im Vergleich zu B wird deutlich, daß das Funktionieren des
Herrschaftsverbandes nicht diskutiert, sondern unberührt vom Konflikt
als selbstverständlich vorausgesetzt wird. Anders als in B, wo es zu einer
Isolation des Kaisers im Herrschaftsverband und zu seinem eigenmächti-
gen Handeln ohne Rücksprache mit Vertretern der Fürstenschaft kommt,
erscheint in D während des gesamten Konfliktes einzig der Herzog isoliert, während die grundsätzliche Einheit der Partikular- und der Zentralgewalt des Reichs mehrfach hervorgehoben wird (vgl. 1197 ff., 1277 ff. u.
1449 ff.).[64]

Der Konzentration auf das Verhältnis Otto – Ernst und damit der Personalisierung des Konfliktes entspricht im Vollzug der Versöhnung – wie
oben erwähnt – eine personelle Fokussierung des Kaisers und des Herzogs, während andere, vom Konflikt indirekt Betroffene, sei es nun die Königin, sei es Wetzel, seien es die Fürsten, während des Rituals gar nicht in
Erscheinung treten oder zurückgedrängt werden. Das Eintreten der Fürsten für Ernst und das Einlenken des Kaisers ist im ›Herzog Ernst D‹ vor
dem Hintergrund der das ganze Werk kennzeichnenden Harmonisierungs-
tendenz zu bewerten. Die Bestätigung des Rituals steht in der Linie des im
Text kontinuierlich erwähnten kaiserlich-fürstlichen Gemeinschaftshan-
delns, das im Ritual keiner umständlichen Doppelinszenierung bedarf,
weil es nie in Frage gestellt und gestört worden war.

›Herzog Ernst C‹

Der ›Herzog Ernst C‹,[65] der über seine frühneuhochdeutsche Übersetzung (›Herzog Ernst F‹) die Stofftradition und -rezeption bis ins 20. Jahrhundert bestimmt hat, ist geprägt von klerikalem Bildungshintergrund
und, wie EHLEN dargelegt hat, von spezifisch monastischen Kommunikationsbedingungen, die sich außer in der lateinischen Sprache vor allem in

der rhetorischen Durchformung der Prosa, dem Zitat- und Anspielungshorizont und der Terminologie konkretisieren.[66] Dieser produktionsästhetischen Spezifik des Textes korrespondiert eine inhaltliche Gestaltungstendenz, die die Geschichte des Bayernherzogs mit hagiographischen Erzählmustern verbindet. So findet nicht nur religiöse Motivik stärker als in allen anderen Fassungen Eingang in die Erzählung, sondern es wird vor allem die Figur der Adelheit anders als in den anderen Texten konturiert und stärker in die Handlung eingebunden. Adelheit ist erstens nicht nur die Königin (akzentuiert in B) und Ernsts Mutter (akzentuiert in D), sondern auch und vor allem Heilige und insofern gegenüber den volkssprachlichen Versionen anders besetzt; und sie erhält zweitens nicht nur bei der Vorbereitung der Versöhnung (so in B) und bei Ernsts Rückkehr (beides in D), sondern nun auch innerhalb des Versöhnungsrituals eine tragende Funktion. Im Zusammenhang damit steht aber auch eine entscheidende Strukturveränderung des Rituals.

Der geschulte Blick: Die Signifikanz zeichenhaften Handelns

Der klerikale Hintergrund des Textes zeigt sich zunächst in einer ausgeprägten Sensibilität für die Signifikanz der Zeichen im Kontext des Rituals, gerade auch in der Ausgestaltung der politisch-rechtlichen Dimension der Handlung.

Besonderes Augenmerk legt der Text zunächst auf die Beschreibung der Kleidung der am Ritual Beteiligten. Während beim festlich gekleideten und unter der Krone gehenden Kaiser die vestimentären Zeichen und Insignien seines Amtes hervorgehoben werden,[67] findet die Erscheinung der Kaiserin Beachtung wegen ihrer Kostbarkeit und Schönheit,[68] die – Zeichen ihrer herausragenden Bedeutung – den ganzen Kirchraum erleuchtet habe.[69] Auch der Ornat des die Messe zelebrierenden Bischofs wird als dem Anlaß des kirchlichen Hochfestes entsprechend charakterisiert.[70] Mit der Beschreibung dieser Protagonisten entwirft der Text ein Kontrastbild zur Erscheinung Ernsts, der später, lediglich in eine graue *cappa* gehüllt, auftritt (381/11). Der Umhang des Herzogs fungiert damit nicht nur als Signal seiner Bußfertigkeit und seiner Absicht, um Gnade zu ersuchen, sondern auch als unmißverständliches Zeichen seiner Desintegration aus der versammelten Gemeinschaft. In umgekehrter Entsprechung werden Ernst und Wetzel dann nach der Versöhnung – und noch vor dem Fortgang der Meßfeier – mit höchst kostbarer Kleidung eingekleidet (385/10). Die gesellschaftliche Reintegration der in die kaiserliche Huld wiederaufgenommenen Helden findet also am vestimentären Code ihre für alle Anwesenden sinnfällige Demonstration und Bestätigung.[71]

Ähnlich zeichenhaft sind auch die Bewegungen der Akteure des Rituals zu werten. Dem Einzug des Kaisers in die Kirche, der, umgeben von einer Schar Adliger, einen im Chor befindlichen Thron besteigt, folgt der Einzug der Kaiserin, die sich ebenfalls auf einem Thron im Chor niederläßt.[72] Der gemessenen Bewegung des Herrscherpaares (*procedit*), dessen Auszeichnung sowohl durch die jeweilige Begleitung als auch durch die räumliche Absonderung signalisiert ist, kontrastiert wiederum Ernsts späteres Hervortreten vor den Kaiser, dessen Vehemenz die Aufmerksamkeit der Anwesenden erregt.[73] Als schließlich nach der Versöhnung die versammelte Gemeinde an dem Ort des Versöhnungsgeschehens zusammenläuft,[74] wird damit die anfängliche räumliche Hervorhebung des Kaiserpaares aufgehoben wie auch die Integration des Herzogs in die Gemeinschaft im genauen Sinne ‚körperlich' nachvollzogen.

Während des Rituals werden auch die Gestik und Mimik der Beteiligten exakt verfolgt. Ernst wirft sich dem Kaiser zu Füßen (*genibus imperatoris prouolutus ante pedes procidit*, 381/13) und bringt sein Gnadengesuch unter Klagegeschrei vor (*suplex flebili voce clamitauit*, 382/1f.). Die Gestik fehlt auch beim eigentlichen Versöhnungsakt nicht, in dem Otto Ernst befiehlt, sich vom Boden zu erheben (*de terra prostratum surgere imperauit*, 383/4f.), und ihm den Friedenskuß gibt (*Osculum* […] *pacis ei libans*, ebd.). Auch die Mimik des Kaisers, die in den volkssprachlichen Texten lediglich angedeutet wird, findet genaue Beachtung. Zorn, der sich sowohl in Ottos Gesichtsrötung (*rubor subito uultui eius innatus*, 383/7f.) als auch seinem finsteren und Abneigung signalisierenden Blick ausdrückt (*torue et mente obliqua inspexit*, 383/8), entflammt ihn in dem Moment, als er den Herzog erkennt. Entsprechend wird, als er sich dem Votum der für Ernst eintretenden Fürsten beugt, vermerkt, daß er – Zeichen seiner Besänftigung – inzwischen auch wieder Stimme und Miene beherrscht (*interim disciplinata uoce et facie*, 384/4). Mit ähnlicher Wendung, doch in erkennbarer Abstufung, äußerte sich zuvor bereits sein Unmut darüber, mit dem Gnadengesuch des noch unerkannten Herzogs unvorbereitet konfrontiert zu sein (vgl. dazu unten), gerade darin, daß er Stimme und Miene unter Kontrolle hält (*voce temperata et sub habitudine uultus satis disciplinata*, 382/8f.).

Daß der Text dabei nicht nur an der Darstellung kontrollierten Verhaltens, sondern auch an der Restitution von Ordnung auf rechtlicher Basis in hohem Maße interessiert ist, spiegelt sich schließlich auch in der Tatsache, daß – jeweils im Unterschied zu den volkssprachlichen Texten – auch die Versöhnung mit Wetzel als eigenes, zweites Ritual ausgestaltet wird und die Wiedereinsetzung Ernsts in seine alte Position und Herrschaft eingehendere Behandlung erfährt: Nach der Versöhnung zwischen Kaiser

und Herzog wird nämlich Wetzel auf Nachfrage Ottos von Ernst herbeige-
führt (384/11 f.)[75] und von Otto – Signal seiner Vergebungsbereitschaft –
huldvoll begrüßt (*benigne salutauit*, 384/13); ebenso folgt, begleitet von
einer versöhnlichen Rede (384/12–385/5), der Versöhnungskuß (*osculum
pacis*, 385/7 f.). Erwähnt wird im Anschluß an die Messe auch eine Mahlgemeinschaft, in der die Versöhnung abgeschlossen und die wiederherge-
stellte Integrität des Herrschaftsverbandes demonstriert werden (385/
17 ff.).[76] Die Restitution Ernsts in seine alte Herrschaft erfolgt durch eine
förmliche Ansprache des Kaisers in repräsentativer Öffentlichkeit (*In pre-
sencia* […] *omnium principum et ministerialium regni*, 388/6 f.), in der Otto
auf alle unrechtmäßig konfiszierten Güter des Herzogs verzichtet, ihn wiederum in seine Herrschaft einsetzt und zum Mitregenten macht.[77]

Mit seiner aufwendigen und detailreichen Beschreibung der vestimentären, kinesischen und gestisch-mimischen Zeichen, die das Versöhnungsritual begleiten und konstituieren, bietet der ›Herzog Ernst C‹ –
verglichen mit allen anderen Texten der Tradition (einschließlich der lateinischen E und Erf) – hinsichtlich der Formalität der Handlung die Voll-
endung des Rituals im Horizont der Schriftkultur. Allerdings weist das Ritual auch in diesem Text einige spezifische Gestaltungsmomente auf, die
vor allem seinen Verlauf betreffen, aber auch mit einer bedeutenden Um-
akzentuierung seiner Substanz verbunden sind.

Funktionalisierung: Der christliche Wertehorizont

In der gesamten ›Herzog Ernst‹-Tradition ist das Ritual der ‚deditio‘
durch seinen Ort und seinen Zeitpunkt in einen religiösen Rahmen eingebettet, der dem politischen Handeln eine sakrale Legitimität verleiht. Die
Instrumentalisierung des christlichen Normenhorizonts zur Beeinflussung
des kaiserlichen Handelns, die in D schon zu konstatieren war, wird dabei
in C entschieden forciert.

Der Unterwerfungsakt wird – wie in D – durch die Predigt des Bischofs
vorbereitet, der zuvor aber – anders als in den anderen Texten – ausdrücklich in die Pläne Adelheits eingeweiht worden war und bei dem es sich
zudem um einen Verwandten Ernsts handelt.[78] Die in ihrem Wortlaut wie-
dergegebene Predigt des Bischofs ist – im Unterschied zur allgemeiner ge-
haltenen Weihnachtspredigt in D – in sehr pointierter Weise auf das Versöhnungsritual hin abgestimmt und wird zur Stimulierung der Versöhnungsbereitschaft des Kaisers explizit instrumentalisiert. Unter Berufung
auf die christliche Kardinaltugend der *caritas* (380/7 ff.) erfolgt die Mahnung, am heutigen Tag jedwede Feindschaft beizulegen und den Schuld-
nern zu vergeben.[79] Die Art, in der hier die rhetorische Stilisierung des

Textes das zentrale Wort *debere* mit seinen Derivaten hervorhebt, bringt
den geradezu beschwörenden Tenor der Paränese zum Ausdruck.[80]

Daß diese ihre Wirkung nicht verfehlt, zeigt sich in zwei wichtigen
Punkten der folgenden Handlung. Erstens wirft Ernst sich – entgegen den
eigentlichen Plänen[81] – noch während der Predigt (*Inter hec verba*, 381/11)
dem Kaiser zu Füßen, und er begründet – anders als in den anderen Texten – seine Bitte um Wiederaufnahme in die kaiserliche Huld auch mit
dem Hinweis auf die Heiligkeit des Festtages.[82]

Zweitens zeigt sich dies in der anschließenden Intervention der Fürsten,
die – ähnlich wie in B – hinzutreten, um zusätzlich zur vorausgegangenen
geistlich-paränetischen Aufforderung auch von weltlich-politischer Seite
das Anliegen des Bittstellers zu unterstützen. Obgleich mit dem Plan
Adelheits lediglich diejenigen Fürsten vertraut gemacht worden waren,
die mit Ernst blutsverwandt sind, intervenieren nun ausdrücklich alle Fürsten: die in den Plan eingeweihten und die nicht-eingeweihten.[83] Betont
werden somit die Einmütigkeit, mit der alle Fürsten dem Kaiser dazu
raten, den am Boden Liegenden aufzuheben,[84] und die Unabhängigkeit
der fürstlichen Zustimmung zu diesem rituellen Gnadengesuch von verwandtschaftlichen oder anderweitigen Interessen. Die Funktion der Unterscheidung von Verwandten und Nicht-Verwandten an dieser Stelle liegt
gerade darin, zu zeigen, wie sich aufgrund der Wirksamkeit der eindring-
lichen Predigt zentrale politische Ordnungsmuster auflösen, indem sich
unter dem christlichen Wertehorizont eine Gemeinschaft höherer Ordnung formiert. Und dies zeigt: Das Gnadengesuch findet in dieser Situation auch ohne eine Kenntnis der *causa* den spontanen Beifall aller.

Störung: Das politische Handeln des Kaisers

Daß der ›Herzog Ernst C‹ mit seinem monastischen Hintergrund den
christlichen Wertehorizont entschiedener ausarbeitet, ist nicht weiter verwunderlich; um so überraschender ist dann aber, daß der Kaiser im Unterschied zu allen anderen Personen des Textes sich davon wenig beeindruckt
zeigt: Trotz des mit geistlicher und weltlicher Autorität forcierten Drucks
und trotz aller Einmütigkeit weigert er sich, dem Gnadengesuch stattzuge-
ben. In dieser Weigerung bietet C eine für das Ritual singuläre Variante,
und die Begründung, die er dafür angibt, formuliert explizit eine Spielregel der politisch-rituellen Interaktion, die ALTHOFFS These bestätigt, der-
zufolge spontane politische Akte gegen die allgemeine Praxis verstoßen
und das Versöhnungsritual vorausgehender Absprachen bedarf.[85] Während der Kaiser in B den Bitten der Fürsten umstandslos folgt bzw. in D
ohne irgendeine zusätzliche Bitte dem Gnadesuchenden unmittelbar ver-

gibt, verweigert Otto dies im vorliegenden Text mit der Begründung, daß er so plötzlich und unvorbereitet mit der Sache konfrontiert werde und zudem nicht wisse, welcher Art die Vergehen des Bittenden seien.[86]

Während in B und D die Versöhnung aufgrund der List gelingt, droht sie in C gerade wegen dieser Strategie zu scheitern, weil der Kaiser nicht bereit ist, der den Regeln des sonst Üblichen widersprechenden Forderung der Fürsten zu folgen und einen derartigen ‚Blankoscheck' auszustellen.

Somit wird in C nicht nur am entschiedensten der christliche Wertehorizont prononciert, sondern in der Verweigerung des Kaisers ihm auch am entschiedensten das politische Normensystem gegenübergestellt. Die List droht zu scheitern, weil Otto statt christlich eben politisch handelt. Um das Ritual gelingen zu lassen, wird ein neuerliches Handeln notwendig.

Politisches Handeln und Wirken Gottes

Dies übernimmt Adelheit, die damit anders als in B und D (und den beiden anderen lateinischen Texten), in denen die Königin als Regisseurin des Rituals während seiner Ausführung völlig im Hintergrund bleibt oder allenfalls eine Statistenrolle einnimmt, nun auch innerhalb des Rituals selbst die zentrale Rolle spielt und das Gelingen ermöglicht. Deutlicher noch als durch das Fehlen der ersten fürstlichen Intervention in D wird durch diese in der Tradition ebenfalls singuläre Variante dem Ritual spezifische Kontur und Signifikanz verliehen.

Der Text bereitet Adelheits Eingreifen in die Versöhnung dabei schon bei ihrem Einzug in die Kirche in einem Dialog vor, den sie mit dem Kaiser führt. Otto bewundert Adelheits Schönheit und bemerkt anläßlich ihrer festlichen Kleidung scherzend, sie möge doch stets so vor ihm erscheinen (379/8 ff.). Adelheit entgegnet, sie wolle all seine Wünsche erfüllen, fügt aber die für die folgende Intervention nicht unwichtige Bemerkung hinzu, Christus möge seinen Willen so beeinflussen, daß auch er ihren Wünschen immer entspreche.[87] Und tatsächlich: Dem Wunsch Adelheits, das Vergehen des Bittstellers zu vergeben (382/12–383/1), kommt der Kaiser unverzüglich nach. Was er den Fürsten eben noch unter politischer Perspektive verwehrte, wird auf Bitten Adelheits plötzlich umstandslos erfüllt, unabhängig noch vom konkreten Vergehen und unwissend um die Identität des Herzogs.[88]

Der Text scheint damit in der Verweigerung des Kaisers erst politisches Handeln zu inszenieren, um es dann um so entschiedener zurückzuweisen. Denn inhaltlich ist die Bitte der Kaiserin völlig auf die bischöfliche Predigt bezogen, indem sie an die Festlichkeit des Tages (*pro hodierne sollempni-*

tatis honore, 382/13) und an die Vergebung Christi, auf die Otto möglicherweise ebenfalls angewiesen sein werde,[89] erinnert. Somit erhält auch die Mahnung des Bischofs, die wie die Fürsprache der Fürsten durch die Weigerung Ottos zur Vergebung zunächst ignoriert worden ist, erst aus dem Mund Adelheits ihre Wirksamkeit. Daß Otto dann den unerkannten Bittsteller aufhebt und ihm den Versöhnungskuß gewährt, endlich also christlich statt politisch handelt, erscheint auf diese Weise wesentlich als Verdienst Adelheits.

Gegenüber den anderen Fassungen ist die Struktur des Rituals erheblich verändert, indem die Versöhnungshandlung zwei ‚Krisen‘ erfährt: durch die Weigerung des Kaisers zur Vergebung vor dem Erkennen des Herzogs und durch seinen Unmut danach. Zwar zieht auch das Erkennen Ernsts eine Krise nach sich, die – wie in den anderen Texten – die Intervention der Fürsten erfordert, die die Unwiderruflichkeit der im Namen Christi gewährten Vergebung feststellen und einmütig und mit großem Nachdruck fordern, sie unantastbar zu machen.[90] Zwar bildet die Zustimmung des Kaisers, in der er sich dem Votum der Fürsten unterordnet, den Abschluß der Versöhnungshandlung.[91] Doch liegt gerade in dem Verweis der Fürsten auf die Faktizität der soeben vollzogenen rituellen Versöhnung (*irretractabilis*) und dem nochmaligen Aufruf ihrer religiösen Verankerung (*pro omnium dominorum Dominatore*) eine Bestätigung dafür, daß die erste Krise als die entscheidende anzusehen ist. Somit erhält das Eingreifen Adelheits eine das Gelingen des Rituals bestimmende Funktion.

Adelheit aber ist im Text als Heilige stilisiert,[92] so daß das Gelingen des Rituals auf das Wirken Gottes zurückgeführt werden kann, wie es der Text auch wiederholt tut: einmal durch den Mund des Kaisers[93] und ein zweites Mal durch den Erzähler, der die Versöhnung in eine Reihe von anderen Wundern (*alia miracula*) stellt, die Gott durch Adelheit gewirkt habe[94] und die abschließend noch aufgezählt werden. Indem auf diese Weise die Versöhnung als Manifestation des Wirkens Gottes auf Erden ausgegeben wird, schiebt der Text die Funktionalität und den Mechanismus des politischen Rituals beiseite.

Dies wird auch unterstützt durch die Stellung des Rituals im Handlungsverlauf der Erzählung. Denn in C ist die Versöhnung mit dem Kaiser erst der zweite Akt der Vergebung für Ernst; der erste ist zuvor schon durch den Papst in Rom erfolgt. Und daß diese Vergebung als Reintegration des Herzogs nicht nur in die kirchliche Gemeinschaft, sondern auch in die weltlich-politische Ordnung zu verstehen ist, wird in der Beschreibung von Ernsts Romaufenthalt angedeutet. Seine Ankunft in Rom folgt einem dem ‚adventus regis‘ nahestehenden Muster: Schon auf dem Weg in die Stadt eilt der römische Adel (*Romana nobilitas tota*, 370/10) dem Herzog und seinem Gefolge entgegen, und als er zu Sankt Peter gelangt (*ad limina*

Apostolorum, 370/12), wird er vor dem Kirchenportal von einer großen Menschenmenge am Eintritt gehindert, die ihm und den Seinen huldigen (*salutatur*, 371/1). Dann wird er vom Klerus mit Hymnengesang begrüßt und nach einem Gebet an die Apostel vom Papst in dessen Palast bewirtet (371/1 ff.). Als Ernst hier die ‚Ilias' seiner Mühen berichtet und das Unrecht seiner Vertreibung beklagt (371/6 ff.), löst der Papst nach Abnahme der Beichte Ernst und sein Gefolge vom Anathema, das sie mit Brandschatzung und Raub im Reich auf sich gezogen hatten; dies geschieht vor einer geistlichen (dem römischen Klerus) und weltlichen (dem römischen Senat) Öffentlichkeit (371,10 ff.).

Ernsts Romaufenthalt, der in dieser Form erneut eine charakteristische Variante in C darstellt,[95] kann somit als eine erste Reintegrationshandlung gelesen werden, die von der nachfolgenden politischen Versöhnung dann nur mehr bestätigt wird. Indem die politische Lösung jedoch ein Wunder neben anderen ist, erscheint sie weniger metaphysisch verankert als vielmehr deutlich relativiert. Denn es ist nicht das politische Normensystem, das die Versöhnung gewährleistet, sondern es ist das Wirken Gottes, das Ordnung restituiert. So wird in Ernsts ‚deditio' vor dem Kaiser das, was mit der Vergebung durch den Papst schon vollzogen worden war, nun durch das Wunder der Heiligen durchgesetzt – gegen die politischen Spielregeln des Rituals.

Zusammenfassung

Die Versöhnungsszene in den ›Herzog Ernst‹-Fassungen B, D und C weist in ihrem Handlungskern ein hohes Maß an Übereinstimmung auf. In allen drei Texten wird die Vergebung für den Herzog durch eine List erreicht, die ein rituelles Muster und den ihm inhärenten formalen Mechanismus instrumentalisiert: Der Kaiser vergibt im Ritual dem sich bedingungslos unterwerfenden Ernst, ohne zu wissen, um wen es sich handelt, und ohne Kenntnis des zu vergebenden Vergehens. Ebenso besteht im zweiten Teil der Szene, in der die Gültigkeit des Rituals bestätigt wird, Übereinstimmung: Ernst wird nach der Vergebung vom Kaiser erkannt, der daraufhin Unmut und Widerstand (*riuwe* in B, *ungemach* in D, *ira* in C) signalisiert; es schreiten die Fürsten ein, sprechen für Ernst und erreichen die Bestätigung der im Ritual vom Kaiser vollzogenen Versöhnung.

Daß für diese Konstanz die stoffgeschichtliche Bindung der Texte oder gar ein Substrat von hinter der Geschichte stehenden realhistorischen Ereignissen verantwortlich war, mag sein. Die Varianten in den verschiedenen Adaptationen des vorgegebenen Rituals, die vor allem die Beachtung und Bewertung seiner Formalität, die Beteiligung unterschiedlicher Akteure und die Handlungsstruktur betreffen, sind hingegen nicht mit einem stoffgeschichtlichen Rekurs zu erklären und erschöpfen sich auch bei weitem nicht in einem unspezifischen Ausnutzen etwaiger Darstellungsspielräume. Sie lassen sich vielmehr als gezielte Akzentverlagerungen und Umdeutungen des Rituals und seiner Spielregeln verstehen, in denen sich übergreifende Darstellungstendenzen des jeweiligen Textes widerspiegeln und für die auch gattungsspezifische Einflüsse namhaft gemacht werden können.

So ergibt sich im Horizont des im ›Herzog Ernst B‹ hervorgehobenen feudaladeligen Herrschaftsverständnisses ein symmetrischer Aufbau der Handlung, eine Doppelstruktur, in der Kaiser und Reichsfürsten sich durch das rituelle Gemeinschaftshandeln erneut zu einem Herrschaftsverband konstituieren, dessen Integrität zuvor zerstört worden war. Innerhalb der höfisierenden Bearbeitungstendenz des ›Herzog Ernst D‹ werden politische Handlungsmuster zurückgedrängt, das Ritualgeschehen konzentriert sich auf Ernst und den Kaiser, der im Sinne religiöser Handlungsnormen handelt. Der lateinische ›Herzog Ernst C‹ verändert die Struktur des Rituals in der Weise, daß das Versöhnungsgeschehen auf den Einfluß der heiligen Adelheit zurückgeführt wird und damit die Lösung des politischen Konfliktes auf göttliche Einflußnahme angewiesen erscheint. So funktionalisieren die Texte die Ritualdarstellung im Sinne eines jeweils spezifischen Textinteresses.

Im Hinblick auf offene Fragen der Textinterpretation hat sich vor allem für den ›Herzog Ernst B‹ der Rückgriff auf das Modell der ,deditio' als lohnend erwiesen. Kohärenzprobleme des Textes im Vorfeld der Versöhnung erscheinen in neuem Licht und können anders erklärt werden als durch den Verweis auf eine mangelhaft bewältigte Traditionsvorgabe, wenn man sie auf den vorgreifenden Einfluß einer rituellen Handlungskohärenz zurückführt, von der die narrative Kohärenz der Geschichte beeinträchtigt wird.[96] Die Berücksichtigung des rituellen Verhaltensmodells scheint gerade in dieser interpretatorischen Hinsicht wesentlich leistungsfähiger zu sein als etwa ein Versuch, die literarische Handlung auf zeitgenössische verfassungs- oder strafrechtliche Normen hin abzubilden.

Nicht zuletzt werden in den Texten auch die Funktionsweisen der ,deditio' und ihrer Spielregeln intensiv und unterschiedlich diskutiert. In B werden Absprachen des Versöhnungsaktes durch den Wirkmechanismus des Rituals selbst ersetzt; D drängt beide Aspekte weitestgehend in den Hintergrund und gibt damit auch den spezifischen rituellen Charakter der Handlung als ,deditio' preis; C schließlich führt die Notwendigkeit von Vorverhandlungen des Rituals als eine politische Norm deutlich vor, um sie dann um so entschiedener beiseite zu schieben. Die Texte offenbaren darin einen Umgang mit dem rituellen Muster, der keineswegs nur fiktionales ,Spiel' ist, sondern eine reflektierte ,Verhandlung' der kulturellen Poetik des Rituals.

Schluß

Ritual und Literatur sind je für sich Bestandteil eines sie integrierenden und umfassenden kulturellen Zusammenhangs, und sie stehen – wie zu zeigen war – in einem wechselseitigen Austauschprozeß.

Im ersten Teil der Arbeit wurden Rituale nicht nur als Mittel zur Konstruktion politisch-gesellschaftlicher Wirklichkeit, sondern selbst als kulturelle Konstrukte begriffen, die im wesentlichen über ihre Form, Substanz und Funktion bestimmt sind. Dabei zeigte sich, daß diese drei Faktoren eng aufeinander bezogen werden müssen und daß Rituale komplexe Kulturmuster darstellen, die man weder erfassen kann, wenn man sie auf strengen Formalismus oder auf durch Tradition verbürgte Unwandelbarkeit festlegt, noch, indem man sie auf eine Substanz, einen Geltungsraum, eine Bedeutung oder eine Funktion beschränkt. Ziel der Überlegungen war von daher nicht ein geschlossenes und abstraktes Modell von Ritual, sondern die Beschreibung von Elementen, die mittelalterlichen Herrschaftsritualen zugrunde liegen und die grundsätzlich dynamisch miteinander interagieren können, sowie von Strategien und Prinzipien, nach denen diese Elemente arrangiert und kombiniert werden können. Die unterschiedlichen ‚Gattungen‘ von Ritual sollten ebenso dargestellt werden wie ihre vielfältigen Strukturierungsfunktionen in den unterschiedlichen Feldern mittelalterlicher politischer Interaktion.

Gewonnen wurden diese Konstituenten sowohl aus historiographischen als auch aus literarischen Texten, die – auf je eigene Weise – als Faktoren des kulturellen Zusammenhangs betrachtet werden und deshalb Rückschlüsse auf ein zugrundeliegendes Kulturmuster des Mittelalters erlauben. Wenn in beiden Texttypen beispielsweise Ritualität wesentlich als Formalität erscheint, wenn beide aber zudem zeigen, daß Formelemente von Ritualen auch variabel handhabbar sind, so wird man das eine wie das andere als grundsätzlichen Bestandteil einer umfasenderen kulturellen ‚Poetik des Rituals‘ im Mittelalter ansehen dürfen. Wenn gezeigt werden kann, wie in beiden Texttypen Rituale als sowohl symbolische wie instrumentelle Handlungen im politischen Kontext zur Konstitution von Ordnung und Legitimität eingesetzt werden, wie sie deshalb auch bestimmten Funktionalisierungen ausgesetzt sind, umkämpft und in ihrer Interpretation umstritten sein können, kurz: wie mit ihrer Hilfe Bedeutung generiert wird, dann wird man das nicht allein als ein Spezifikum schriftsprachlicher Kommunikation über Rituale, sondern als Ausdruck und ‚Fortschreibung‘

einer Möglichkeit betrachten können, die Ritualen offensichtlich prinzipiell inhärent ist.

Im zweiten Teil der Arbeit ging es dagegen darum, die Spezifik literarischer Ritualdarstellungen zu profilieren und die Funktionalisierung politischer Rituale im und für den schriftsprachlichen Text, d.h. die Wechselwirkung von Ritual und Literatur, zu beschreiben. Dabei konnte gezeigt
werden, daß Rituale für den Entwurf des dem fiktionalen Text zugrundeliegenden Gesellschafts- und Herrschaftsbildes eine eminente Rolle spielen und daß die Texte Rituale im Rahmen der eigenen Poetik instrumentalisieren. Ausgeführt wurde dies v. a. am ›Willehalm‹, wo Wolfram sich mit
dem Begrüßungsritual eines Handlungsmusters bedient, um die prinzipiellen Voraussetzungen und Funktionsweisen eines Herrschaftsmodells zu
reflektieren, das wesentlich auf Verwandtschaft beruht. Im Kontext der
Munleun-Szene wird in den Begrüßungsritualen paradigmatisch vorge-
stellt, welche Verpflichtungen Verwandtschaft zu erfüllen hat und welche
Funktionen ihr im Herrschaftsverband zukommen; die *helfe*-Problematik
wird im Medium des Begrüßungsrituals bereits reflektiert, bevor es zu
ihrer eigentlichen Verhandlung kommt. Das Ritual erweist sich in diesem
Handlungsabschnitt als wesentliches Strukturelement des Textes, es wird
in seinen Doppelungen und Variationen selbst integraler Bestandteil der
Poetik des Textes.

Literarische Texte reflektieren – und das war ein weiterer Gegenstand
der Untersuchung – auf besondere Weise die ‚kulturelle Poetik‘ des Rituals. So werden ebenfalls im ›Willehalm‹ verschiedene Funktionen und
Interaktionsformen von Begrüßung überlagert und gegeneinander ausge-
spielt. In der Wolfram eigentümlichen narrativischen Mehrfachperspekti-
vierung wird ein komplexes ‚Spiel‘ mit der Zeichenhaftigkeit, den Funktionen und der Form verschiedener Typen des Begrüßungsrituals getrieben.

Daß die kulturelle und literarische Poetik des Rituals eng zusammen-
gehören, zeigte sich dabei nicht nur am ›Willehalm‹, sondern auch am
Gralsritual des ›Parzival‹, einem komplexen Ritual, das im ersten Teil der
Arbeit unter dem Aspekt seiner ‚Gemachtheit‘ untersucht wurde. Dabei
wurde der fiktionale Charakter dieses Rituals keineswegs übersehen. Gerade weil das Gralsritual nicht nur in einen fiktionalen Text eingebunden
ist, sondern anders als etwa die in Kapitel 5 und 6 behandelten Rituale der
Begrüßung und der ‚deditio‘ als Handlungsmuster nicht in historischen
Kontexten verortet werden kann, konnte es im ersten Teil als Beispiel
dafür fungieren, wie ein Ritual literarisch ‚gemacht‘, ‚erfunden‘, konstruiert wird. Es läßt gerade deshalb Rückschlüsse darauf zu, was nach dem
kulturellen Verständnis der Zeit ein Ritual wesentlich ausmacht, doch
zeigte sich zugleich, daß Wolfram nicht nur irgendwie aus der vorgegebe-

nen kulturellen ‚Poetik des Rituals' schöpft. Am Gralsritual läßt sich nicht nur nachweisen, daß Ritualität im Mittelalter wesentlich über Formalität konstituiert wird, sondern daß Wolfram die formalen Register in allen Einzelheiten meisterhaft ausagiert. Das Gralsritual veranschaulicht nicht nur, daß sich in einer Vielzahl von Ritualen religiöse und politische Substanz überlagern, sondern auch, wie im fiktionalen Entwurf, beides auf komplexe Weise synthetisiert wird. Darin liegt der entscheidende – wenn man so will – literarische ‚Mehrwert'. Als volkssprachlicher Dichter einer feudaladeligen Gesellschaft entwirft Wolfram, der sich selbst als Laie stilisiert und kirchlich institutionalisierte Rituale im ›Parzival‹ zu erzählen zumeist verweigert, das Bild einer religiös verankerten Rittergesellschaft, die mit dem Gral über ein Stück christlichen Heils verfügt und somit selbst Teil der Heilsgeschichte ist. Und sie besitzt in diesem Zusammenhang ein Ritual, das dem zentralen Ritual derjenigen Institution, die in der Lebenswelt christliches Heil zu verwalten für sich beansprucht, weder in seiner Komplexität noch in seiner bedeutsamen Rätselhaftigkeit nachsteht. Damit legt Wolfram ein spezifisch literarisches Zeugnis dafür ab, wie Rituale für Legitimierungsprozesse, an denen auch die Literatur Anteil hat, funktionalisiert werden können.

Im Zusammenhang von Legitimations- und Abgrenzungsstrategien muß das Verhältnis von Ritual und Text wohl als wechselseitig charakterisiert werden, doch wären weitere Untersuchungen in dieser Hinsicht notwendig. Die im Verlauf der Analysen mehrfach geäußerte Beobachtung, daß in epischen Texten die ‚großen' Rituale der Ausübung, Durchsetzung oder Repräsentation von Herrschaft (wie Krönung, Herrschaftsübergabe, Adventus, ‚deditio' o. ä.), die in den historiographischen Texten eine größere Rolle spielen, deutlich unterrepräsentiert sind, legt die Vermutung nahe, daß volkssprachliche Texte die Rituale, die von Klerikern ‚verwaltet' werden und dezidiert in der Schriftkultur verankert sind, eher vermeiden und durch die Darstellung anderer Ritualtypen (etwa Begrüßungen) ein eigenständiges Modell der Inszenierung von Herrschaft bereitstellen. Diese Beobachtung bedürfte freilich einer genaueren Überprüfung durch eine systematische und weiterreichende Durchsicht der Texte.

Am Beispiel des ›Herzog Ernst‹ konnte hingegen gezeigt werden, daß die Darstellung eines Ritualtyps, der primär in den Bereich der Historiographie gehört, im literarischen Medium eine spezifische ‚Verhandlung' erfährt. Inwieweit dabei bestimmte Darstellungstendenzen auf textspezifische Konventionen oder auf Diskurstraditionen verschiedener Kultursphären rückführbar sind und sich damit verändern, konnte bei den Texten des ›Herzog Ernst‹ nur angedeutet werden, in denen durch übergeordnete Gattungstendenzen bedingte Interessen und wohl auch unterschiedliche Diskurstraditionen zu Buche schlugen. Das Interesse an rituel-

lem politischem Gemeinschaftshandeln verschiebt sich in diesem Fall von
Text zu Text.

Indem volkssprachliche Texte, die sich offensichtlich eher für die in der
Mündlichkeit verankerten Rituale interessieren, diese in die Schrift auf-
nehmen, verleihen sie ihnen – wie WENZEL betont hat – zugleich Autorität
und Legitimität:

> Der geschriebene Text erlangt dabei eine Autorität, die sich auch in der höfischen
> Gesellschaft zunehmend behauptet, denn durch die ‚literarische Überhöhung ihrer
> Handlungsethik' werden die realen Formen ritualisierten Handelns gleichsam zu
> traditionellen Leitelementen, sie gewinnen an Legitimität und Verbindlichkeit,
> indem sie schriftlich fixiert sind und somit bereits vor-geschrieben erscheinen.[1]

Ein solcher ‚Verschriftungsprozeß' wird beispielsweise am Ende des ›Herzog Ernst B‹ angedeutet, wo berichtet wird, daß der Kaiser nach der
Versöhnung die Gründe und Umstände der Vertreibung, die Abenteuer
Ernsts und seine Rückkehr ins Reich aufschreiben läßt (6003–6007). Der
Text wird somit als Bericht von Augenzeugen autorisiert und damit auch
das in ihm dargestellte Ritual. Es scheint aber gerade in diesem Fall, wo
sich der Text im Horizont von Geschichtsschreibung verortet, auch eine
umgekehrte Strategie der Legitimation vorzuliegen, in der das Ritual der
‚deditio' als vertexteter Ritualtyp und ‚historische Formel' genutzt wird,
um den literarischen Text selbst zu autorisieren. Doch auch die Darstellung primär in der Mündlichkeit und Praxis verhafteter Rituale kann
einem Text Autorität und Glaubwürdigkeit verleihen, indem er die durch
Tradition verbürgte Sinnhaftigkeit der Ritualhandlung für sich usurpiert.
In diesem Sinne könnte man auch fragen, ob Wolfram, der den Rezipienten nach der Schilderung des mysteriösen Gralsrituals nicht aufklärt und
ihn auf einen späteren Zeitpunkt vertröstet (241,1ff.), sich der autoritati-
ven Aura eines Rituals bedient, dessen Sinnhaftigkeit trotz (oder gerade
wegen) seiner rätselhaften Bedeutung prinzipiell nicht hinterfragt wird.
Hier nimmt der Text zumindest ritualanologen Charakter an. Jedenfalls
erfolgt der ‚Kyot-Exkurs' (453,1ff.), in dem Wolfram durch die vorgebli-
che Quellenüberlieferung eine konventionelle Autorisierungsstrategie
anwendet, nicht nach dem Gralsritual, der Schilderung des Kultes, sondern erst, wenn die Geschichte des Grals und seiner Gesellschaft diskursiv entfaltet wird.[2] Die wechselseitigen Legitimierungsstrategien im Zusammenhang von Ritual und Literatur erscheinen somit als komplexes
Thema für sich.

Mit dem ›Herzog Ernst‹ wurde die Frage des literarischen Gattungs-
horizontes angeschnitten, und es konnte gezeigt werden, daß das Ritual in
den unterschiedlichen Texttypen spezifisch nuanciert wird und daß das Ritual und seine politischen Regeln unterschiedlich reflektiert werden. Eine

umfassendere Antwort auf die Frage, ob prinzipiell ein Zusammenhang zwischen der Behandlung des Themas ‚Ritual' in epischen Texten und ihrer Zugehörigkeit zu unterschiedlichen ‚Gattungen' literarischen Erzählens erkennbar ist, ist jedoch nicht nur wegen der hinlänglich bekannten Problematik des Begriffs ‚Gattung' und seiner Applikation auf mittelhochdeutsche Texte schwierig, sondern auch weil das Bild, das die Texte – mit autorspezifischen Tendenzen – bieten, sich klaren Zuschreibungen zu widersetzen scheint. Einen mehr oder minder ausgeprägten Sinn für die Darstellung ritueller Interaktionen besitzen die meisten Texte; ebenso zeichnet sich ein Bild von zumeist für volkssprachliche epische Texte charakteristischen Ritualtypen ab. Die erkennbaren Unterschiede in der tendenziellen Präferenz für verschiedene Ritualtypen (etwa im ›Rolandslied‹ Beratungen, bei Wolfram das Rituelle schlechthin) decken sich nicht mit ‚Gattungs'-Grenzen; auch Darstellungstendenzen (Wolframs perspektivische Brechung, im ›Nibelungenlied‹ ein zur Vernichtung von Gesellschaft führendes Scheitern[3]) sind eher auf die Individualität eines Textes als auf die Gattungsspezifik zurückzuführen. Somit ist eine eindeutige Relation von ‚Ritual' und ‚Gattung' schwer auszumachen.

Der Frage, ob es gleichwohl Gruppen von Texten gibt, die einen für ihr Erzählen wichtigen Handlungstyp in spezifischer, von anderen Texten unterschiedener Weise gestalten, müßte mit Hilfe von Ritualen aus anderen als den hier angesprochenen Bereichen der Herrschaftsausübung weiter nachgegangen werden, etwa anhand der Beratungen. Die Beratung stellt als „Inbegriff von Gemeinschaftshandeln im Personenverband" ein zentrales Instrument politischer Willensbildung im Mittelalter dar.[4] In der literarischen Repräsentation von Beratungen scheinen sich gattungstypische Tendenzen abzuzeichnen: Während sie im ‚Höfischen Roman' um 1200 marginalisiert sind, sind sie für die ‚Helden-' und ‚Spielmannsepik' charakteristisch,[5] etwa zur Inszenierung eines Herrschaftskollektivs (z. B. ›Rolandslied‹, ›Rother‹), zur Profilierung eines einzelnen Mitglieds des Herrschaftsverbandes (z. B. ›Nibelungenlied‹), zur Demonstration des Spannungsverhältnisses zwischen Kollektiv und einzelnem (z. B. ›Herzog Ernst‹), auch in der Ironisierung des Handlungstyps (z. B. ›Münchener Oswald‹). Doch ergeben sich bei dieser Frage nicht unerhebliche Schwierigkeiten. Anders als dies etwa bei Begrüßungen oder Unterwerfungen der Fall ist, liegt der Ritualcharakter von Beratungen nicht zwingend auf der Hand. So können bestimmt nicht alle der genannten Szenen gleichermaßen sinnvoll als Ritual bezeichnet werden: Während die Ritualität der Beratungen etwa im ›Rolandslied‹ unverkennbar ist, indem sie einen hohen Grad an Formalität (rituelle Anfänge und Beendigungen des gesamten Rituals sowie der einzelnen Handlungselemente; genaue Regeln

der Interaktion; Gesten, Körperhaltung und rituelle, stereotype Sprachfor-
meln, mittels deren gegenseitige Ehrerbietung zelebriert wird) sowie die
Aspekte der Öffentlichkeit und der kollektiven Repräsentation beinhal-
ten, treten diese für das Ritual wichtigen Elemente in anderen Texten,
etwa in der ›Kudrun‹, wo es sich zumeist um ‚Einzelbesprechungen‘ handelt, in den Hintergrund.

Auch die Frage nach ihrer gattungsbestimmenden Funktion kann nicht
generalisierend beantwortet werden, wie es aufgrund der Dominanz der
Beratungen im ›Rolandslied‹ etwa OTT-MEIMBERG versucht hat.[6] Tatsächlich erweisen sich Beratungen – ähnlich wie dies oben für einen kleineren
Textabschnitt im ›Willehalm‹ dargestellt wurde – als ein wichtiges Mittel
der Poetik dieses Epos, indem sie über weite Strecken den Textverlauf
strukturieren.[7] Hier kann genau verfolgt werden, wie in den Beratungen
der Herrschaftsverband als handelndes Subjekt allererst konstituiert wird
und wie der Kaiser in diesem Zusammenhang als Repräsentant eines kollektiven Willens erscheint. Das ›Rolandslied‹ läßt dabei erkennen, welche
angestrengten Prozesse erforderlich sind, um diesen gemeinschaftlichen
Willen zu finden. Indem es zumeist zum Ausbruch von Dissens und zum
Streit zwischen rivalisierenden Gruppen und einzelnen Persönlichkeiten
kommt, werden Tendenzen, die die Ordnung der Beratung stören, thematisiert. Der Versuch aber, die am ›Rolandslied‹ beobachteten Phänomene
als charakteristisch für eine Gattung, etwa die der ‚Chanson de geste‘, zu
postulieren, führt nicht weiter. Zum einen zeigt der Vergleich mit der französischen ›Chanson de Roland‹, daß die Darstellung der Beratungen eine
spezifische Eigenart des deutschen Textes ist. Zum anderen bietet der andere prominente, dieser Gattung zugerechnete Text, der ›Willehalm‹, ein
völlig anderes Bild. Zwar finden auch hier an zentralen Situationen des
Handlungsgangs Beratungen statt,[8] doch sind diese nicht für die spezifische Konstitution des Textes grundlegend. Wolfram, der, wie beschrieben,
bei der Darstellung ritueller Handlungen mit großer Genauigkeit verfahren kann, ist hier an der Formalität und den genauen Prozessen der Beratung weitaus weniger interessiert als etwa der Verfasser des ›Rolands-
liedes‹.

Gänzlich ausgespart blieb in dieser Untersuchung ein Thema, das seit
langem in der mediävistischen Literaturwissenschaft etabliert, aber in den
letzten Jahren vor allem durch Arbeiten WENZELS neuen Fragestellungen
zugeführt worden ist: das Verhältnis von Text und Bild. So scheint es im
Rahmen einer umfassenderen ‚Poetik des Rituals‘ durchaus lohnend zu
sein, den in dieser Arbeit untersuchten Ritualdiskurs im Text auch in Bildern zu verfolgen. Aus literaturwissenschaftlicher Perspektive dürfte der
Vergleich zwischen Text und Bild besonders interessant sein: Wie werden

im Text erzählte Rituale im den Text illustrierenden Bild repräsentiert? Der in die ›Parzival‹-Handschrift Cgm 19 inserierte Illustrationsblock beispielsweise, dessen vier Bildseiten das Geschehen von der Versöhnung vor Joflanze bis zur Taufe Feirefiz' enthält, präsentiert die Handlung nicht nur in einer eigenständigen Narrativik und Sequenzierung, sondern auch in einer gegenüber dem Text erheblich abweichenden Gewichtung der einzelnen Handlungsteile: Die aufwendig beschriebenen Begrüßungen und Versöhnungen in Wolframs Text treten in der Bildfolge zugunsten mehrfach dargestellter Tischgemeinschaften völlig in den Hintergrund.[9] Eine systematische Durchsicht illustrierter Epenhandschriften zu auch im Text gegebenen Ritualdarstellungen dürfte zu instruktiven Erkenntnissen über Darstellungsinteressen und -möglichkeiten von Text und Bild führen, gerade im Hinblick auf das Thema des so entschieden auf der Sichtbarkeit seiner Handlungen basierenden Rituals.

Die Frage der besonderen Reflexion von rituellem Handeln in literarischen Texten könnte noch weitergeführt werden. Eine kritische Distanz zu politischen Ritualen zeigte sich in den hier untersuchten Beispielen mancherorts, etwa in der Munleun-Episode des ›Willehalm‹ oder im ›Herzog Ernst C‹. Eine kritische Reflexivität, die nahezu als ‚Antiritualismus' bezeichnet werden kann, läßt sich bei Gottfried von Straßburg beobachten, der Rituale in einem umfassenden Sinn unterläuft. Dies fängt bei den von dem Erzähler gestörten Initiationsritualen Tristans an (besonders der Schwertleite, die letztlich zur Initiation des Dichters umfunktionalisiert wird), setzt sich in dessen als Gottesurteil stilisierten und problematisierten Zweikämpfen fort, zeigt sich in Isoldes Probe des heißen Eisens und macht auch nicht vor konventionellen Klageritualen halt, wenn in den Klagen um Riwalin die Symbolizität rituellen Geschehens unterlaufen wird und das Ritual nur mehr Folie einer weiterreichenden literarischen Inszenierung ist, durch die allein noch der Tod und seine dramatischen Folgen erfaßt werden können.[10]

Doch wurde auf eine ausführlichere Darstellung Gottfrieds verzichtet, weil mit ihm neben Wolfram, der in dieser Untersuchung breiten Raum einnimmt, kein für die Literatur um 1200 repräsentatives Bild gezeichnet würde. Ziel dieser Untersuchung war es, einen Einblick in die vielfältigen Möglichkeiten von Funktionalisierung von Ritualen und ihrer Reflexion zu geben, angefangen bei ‚mimetischer' Orientierung und ihrer Funktionalisierung als traditioneller Mittel der Sinnstiftung, von der eine Vielzahl von literarischen Texten zeugt, über graduelle Verschiebungen im poetischen Kontext bis hin zur komplexeren und vielschichtigen Einbettung und besonderen Reflexion, Distanz und Kritik rituellen Handelns.

Weitere Autoren und Textsorten, Medien und Ritualtypen könnten noch berücksichtigt werden, doch zeigten sich in den nur exemplarisch behandelten Texten und Ritualen einige wichtige, grundsätzliche Möglichkeiten, die spannungsreiche Beziehung von Literatur und Ritual, von kultureller und literarischer Poetik zu beschreiben.

Der Kunsthändler ließ das Schild GESCHLOSSEN an der Tür hängen, zog die Portieren an der Eingangstür zu und schenkte zwei große Gläser Maltwhisky – Rauch und Haselnuß – ein.

„Zu gegebener Zeit", sagte er, und seine Stimme klang so müde, wie Inni sich fühlte, „werde ich Ihnen mal alles über die Teezeremonie erzählen. Alle diese Dinge haben ihre Geschichte und ihre Bedeutung. Darüber könnte man Jahre studieren."

Er deutete mit einer unbestimmten Geste auf einen Schrank hinter sich, wo hinter der Gardine ganze Bücherreihen schimmerten.

„Vorläufig nicht." Inni schüttelte den Kopf. „Mir reicht's."

Anmerkungen

Einleitung

[1] Vgl. dazu z. B. BURKE 1986 und 1992, bes. S. 32.

[2] BURKE 1992, ebd.

[3] In dieser Zeit erschienen einige der heute schon als ‚Klassiker' geltenden Forschungen zum Ritual, z. B. von DOUGLAS, GOFFMAN und TURNER. Mit diesen und weiteren Arbeiten formierten sich die sogenannten ‚ritual studies' zu einer eigenen Forschungsrichtung; vgl. dazu BELLIGER/KRIEGER 1998, S. 7–12.

[4] Zur ambivalenten Haltung vgl. BURKE 1992, z. B. S. 36, und SOEFFNER 1988, der zeigt, wie auch antiritualistische Bewegungen in der Moderne ihre eigenen Rituale hervorbringen. – Die ‚Allgegenwart' von Ritualen in den letzten Jahren wird nicht nur in dem gehäuften Auftreten des Begriffs in Titeln wissenschaftlicher Arbeiten manifest, sondern zeigt sich auch, wenn er als modischer Aufmacher populärer Ratgeberliteratur fungiert und den Umschlag belletristischer Werke ziert. Als Kuriosität in diesem Zusammenhang kann der in Deutschland seit 1984 unter dem Titel ›Sing, Zigeuner, sing‹ (engl. ›Gypsy in amber‹) erhältliche, 1996 aber unter dem Titel ›Ritual‹ neu aufgelegte Roman von Martin Cruz Smith gelten.

[5] Etwa GOFFMAN ²1991, SOEFFNER 1988, 1989, 1990, 1991 und ²1995 sowie BERGESEN 1998.

[6] Übergreifende Überlegungen etwa von HAUSCHILDT 1993 sowie von BELL, GRIMES und JENNINGS im Sammelband von BELLIGER/KRIEGER 1998; zum Thema ‚Gottesdienst und Ritual' vgl. z. B. JETTER ²1986 und WERLEN 1984, S. 148–229. – Die Verbindung von Ritual und Religion ist für die Forschung quer durch die Disziplinen lange Zeit obligatorisch gewesen; vgl. u. a. DURKHEIM 1994, MALINOWSKI 1983, GIRARD 1987; dazu auch Kapitel 2, S. 34 ff.

[7] Etwa FREUD 1973, ERIKSON 1968, bes. S. 488 ff., und 1978 oder VANDERMEERSCH 1998 (zu psychotherapeutischen Ritualen).

[8] Etwa GLUCKMANN 1962 und 1965, LÉVI-STRAUSS 1973 und 1973/1975, TURNER 1989a und 1989b sowie die Beiträge in MOORE/MYERHOFF 1977 und BELLIGER/KRIEGER 1998. Als zentraler Impulsgeber für die Geschichts- und Literaturwissenschaften haben sich die Arbeiten von GEERTZ ²1991 und 1994 erwiesen; vgl. MÜLLER 1995 und 1998b, S. 39 ff.

[9] Unter dem Begriff ‚historische Anthropologie' werden verschiedene, in ihren Fragestellungen und Methoden durchaus divergierende Forschungsrichtungen subsumiert. Zu den Traditionen aus dem englischen und amerikanischen Bereich vgl. etwa HABERMAS/MINKMAR 1992; zur französischen Tradition der ‚Annales'-Schule LE GOFF [u. a.] 1994. Einen instruktiven Überblick dazu und eine Auseinandersetzung im Hinblick auf eine Anwendung der Methoden für die germanistische Mediävistik bieten PETERS 1992 und KIENING 1996.

[10] ASSMANN 1992, hier besonders die Überlegungen zu Ritual und Fest als Formen kollektiver Erinnerung (S. 48–66) und die Ausführungen zu „ritueller und textueller Kohärenz" (S. 87–103).

[11] Vgl. die Aufsätze von GREENBLATT zu ‚Schmutzigen Riten' (1995b, S. 31–53) oder zu Ritualen des Exorzismus (1993, S. 124–208).

[12] Vgl. dazu NELSON 1986, BAK 1990, RAGOTZKY/WENZEL 1990, ALTENBURG [u.a.] 1991, KOZIOL 1992, LEYSER 1993, BERNS/RAHN 1995, FUHRMANN 1996, DUCHHARDT/ MELVILLE 1997, BUC 2000, KAMP 2001 und GÖRICH 2001 (die beiden Letztgenannten konnten für meine Arbeit nicht mehr berücksichtigt werden).

[13] Vgl. v.a. die in ALTHOFF 1997 gesammelten Arbeiten sowie ALTHOFF 1999, 2000, Inszenierungscharakter, Fußfälle.

[14] Dem als ‚Text' spezifizierten Kulturbegriff der Ethnologie bzw. Anthropologie korrespondiert in der Literaturwissenschaft die Infragestellung des traditionellen Textbegriffs; vgl. dazu die Problemskizze der gegenwärtigen Forschung in MÜLLERS Vorbemerkung zu MÜLLER 1996a, S. XVf. – Zur Bedeutung der Medialität vgl. insbesondere WENZEL 1995. – Zur Ausweitung der Ritualforschung auf eine Theorie der ‚performance' und ihrem Bezug zum Theater vgl. u.a. TURNER 1989b sowie SCHECHNER 1990 und 1998; ein knapper Forschungsüberblick dazu bei BELLIGER/ KRIEGER 1998, S. 9–29.

[15] Dazu zuletzt STROHSCHNEIDER 1996, MÜLLER 1996b und 1999.

[16] Vgl. dazu WARNING 1974 und 1997, MÜLLER 1998a und 2000a sowie PETERSEN 2001.

[17] QUAST 1999.

[18] Erzählte Rituale untersucht SCHEUER 1999, allerdings nicht unter der genannten Perspektive. Dagegen liegen von historischer Seite bereits Angebote zum interdisziplinären Gespräch vor: ALTHOFF 1999 und 2000 äußert sich zu erzählten Ritualen in zentralen Texten der deutschsprachigen höfischen Epik.

[19] So GREENBLATT 1995b in seinem bekannten Aufsatz ›Grundzüge einer Poetik der Kultur‹, S. 107–122. Zum Transfer des Begriffs auf das Arbeitsfeld der germanistischen Mediävistik vgl. MÜLLER 1995, S. 447f.

[20] Unter ‚Kulturwissenschaft' firmieren sehr unterschiedliche Ansätze und Methoden, die diesem Paradigma einen etwas verschwommenen Charakter oder, positiv gewendet, eine ihrer Programmatik durchaus entsprechende Offenheit verleihen. Vgl. grundsätzlich STURM 1991, HANSEN 1993 und 1995 sowie – unter der Perspektive ‚Kultur- und Literaturwissenschaft' – BASSLER 1995, RÖCKE 1995, BÖHME/ SCHERPE 1996, GLASER/LUSERKE 1996 und die Kontroverse zwischen HAUG und VON GRAEVENITZ 1999.

[21] Vgl. BÖHME/SCHERPE 1996, S. 12: „Charakteristisch für die Kulturwissenschaft [ist], daß sie eine Form der Moderation, ein Medium der Verständigung, eine Art Kunst der Multiperspektivität darstell[t], um die heterogenen, hochspezialisierten, gegeneinander abgeschotteten Ergebnisse der Wissenschaften zu ‚dialogisieren', auf strukturelle Gemeinsamkeiten hin transparent zu machen, auf langfristige Trends hin zu befragen, disziplinäre Grenzen zu verflüssigen und ein Geflecht von Beziehungen, Vergleichen, Differenzen, Austauschprozessen und Kontexten zu entwickeln. Kulturwissenschaft ist in diesem Verständnis nicht eine Einzelwissenschaft, sondern eine Metaebene der Reflexion und eine Form der beweglichen

Verschaltung [...]." In diesem Sinne bezeichnet der Begriff ‚Kulturwissenschaft' weniger eine Disziplin als primär eine Arbeitsweise, er ist gewissermaßen ein „Kontextbegriff" (VON GRAEVENITZ 1999, S. 100 u. ö.).

[22] Vgl. VON GRAEVENITZ 1999: „Dieser Begriff der ‚Kulturwissenschaften' ist zunächst nur neutraler als der Begriff ‚Geisteswissenschaften', hält anders als deren ‚Geist' und sein platonisch-hermeneutisches Schriftmodell die Probleme von Materialität, Medialität und Repräsentation für ganz verschiedene Konzeptualisierungen offen, auch für hermeneutische" (S. 96). Zur begrifflichen Klärung von (älterer) ‚Kultur-' und ‚Geisteswissenschaft', ihren historischen Impulsen und den Hintergründen der Opposition der (aktuellen) Kulturwissenschaft vgl. VON GRAEVENITZ, ebd., sowie LENK 1996, S. 121–124.

[23] Vgl. BELL 1998.

[24] VON GRAEVENITZ 1999, S. 101.

[25] GEERTZ [2]1991, S. 253, 259 u. 9.

[26] GREENBLATT 1995 a, S. 49.

[27] SOEFFNER 1989, S. 178.

[28] Nicht um das Eruieren abstrakter, übergeordneter Schemata geht es also, sondern um die Beschreibung konkret vorliegender Verhaltensmodelle; vgl. dazu auch GEERTZ [2]1991, S. 25 f.: „Dem Verhalten muß Beachtung geschenkt werden, eine recht gründliche Beachtung sogar, weil es nämlich der Ablauf des Verhaltens ist – oder genauer gesagt, der Ablauf des sozialen Handelns –, in dessen Rahmen kulturelle Formen ihren Ausdruck finden. [...] Was immer Symbolsysteme ‚im Rahmen ihrer eigenen Bedingungen' sein mögen, wo immer sie bestehen, empirisch werden wir ihrer erst habhaft, wenn wir Ereignisse untersuchen, und nicht, indem wir abstrahierte Entitäten zu einheitlichen Mustern zusammenfügen."

[29] GOODY 1977, S. 27.

[30] Dies ist eine der zentralen Prämissen der Forschungen von GREENBLATT (vgl. 1993, S. 125).

[31] Zum Problem von Fakten und Fiktion vgl. die radikalisierte Gleichsetzung bei WHITE 1986, 1990 und 1991; kritisch dazu OEXLE 1992. Zum Thema vgl. auch GENETTE 1992, bes. S. 65 ff., sowie MÜLLER 1995, S. 447 f. – Zur interessegeleiteten Konstruktion von Geschichte in mittelalterlicher Historiographie vgl. v. a. FRIED 1995 anhand der Darstellungen der Krönung Heinrichs I. (bes. S. 276 ff. u. 311) und 1996; vgl. neuerdings ALTHOFF, Fußfälle (S. 1 ff.) und Inszenierungscharakter (S. 3 ff.). – Zur Nähe von Ethnographie und Dichtung GEERTZ [2]1991, z. B. S. 23.

[32] Diesen Vorwurf mußte sich des öfteren die mentalitätsgeschichtliche Forschung gefallen lassen; vgl. RÖCKE 1995, S. 218.

[33] ALTHOFF, Fußfälle, S. 2.

[34] Damit soll historiographischen Texten weder ihre grundsätzliche Reflexivität abgesprochen noch sollen literarische Texte auf diese reduziert werden. Vgl. dazu die Kontroverse von HAUG 1999, der den Sonderstatus von Literatur darin sieht, sich selbst zu reflektieren, und ihren „eigentlichen Sinn" darin, „in Aporien hineinzuführen, sie bewußt zu machen und bewußt zu halten" (S. 87), und VON GRAEVENITZ 1999, S. 107, der dagegen mit einer allgemeinen kulturellen Reflexivität argumentiert.

[35] GREENBLATT 1995 a, S. 55 f. Diese Austauschprozesse sowie die Literatur selbst

beschreibt GREENBLATT in ökonomischer Terminologie (Kunstwerk als „Produkt eines Geschäfts zwischen einem Schöpfer oder einer Klasse von Schöpfern [...] und den Institutionen und Praktiken der Gesellschaft" [1995 b, S. 120]), er nennt sie „Verhandlungen" (1993) u. ä. m. GREENBLATT reduziert die Wirkung der Literatur dabei keineswegs auf eine affirmative Bedeutung, wie es ihm von HAUG 1999, S. 83, oder wie es generell einer „semiologisch operierende[n] Kulturwissenschaft" von LENK 1996, S. 126, vorgeworfen wird: „Denn große Kunstwerke sind keine neutralen Relaisstationen im Umlauf des kulturellen Materials. Es geschieht etwas mit Dingen, Überzeugungen und Praktiken, wenn sie in literarischen Texten dargestellt, neu imaginiert und inszeniert werden, etwas oft Unvorhersehbares und Beunruhigendes [...]. Die Fähigkeit der Künstler zu neuartiger Montage und Gestaltung der Kräfte ihrer Kultur, wodurch Elemente machtvoll interagieren, die im allgemeinen Haushalt kaum miteinander in Kontakt treten, hat die Kraft zur Erschütterung dieses affirmativen Verhältnisses" (GREENBLATT 1995 a, S. 57).

[36] Es wird zu zeigen sein, daß gerade durch letzteres auch Brüche und Inkohärenzen eines Textes erklärt werden können, was jedoch keineswegs zu einer ‚glättenden' Lektüre führen muß, die die Alterität des Erzählens hinwegzuinterpretieren sucht. In diese Richtung zielt die grundsätzliche Kritik, die LENK 1996 an ‚kulturwissenschaftlichen' Ansätzen übt: „Unterstellen wir jeder Kultur, jeder Lebenswelt eine ihr eigene Logik, eine text-analoge Bedeutungsstruktur, ist damit die Irritation gebannt, die von jenen Monumenten der Kultur ausgeht, die sich der symbolischen Ordnung wissenschaftlicher Beschreibung sperren" (S. 126). Doch trifft diese Kritik m. E. den Gegenstand nicht. Zu den Grundvoraussetzungen des Ansatzes von GEERTZ, den LENK vornehmlich in den Blick nimmt, gehört es doch, daß jeder Versuch der Interpretation ein eigenes Einschreiben von Sinn bedeutet. Der Versuch, Alterität zu beschreiben, heißt nicht eo ipso, Irritationen zu beseitigen, sondern diskursiv kenntlich zu machen und zu vermitteln. In der Konsequenz drängt LENKS Kritik die Frage auf, wie fremde Wahrnehmungs- und Verhaltensmuster alternativ denn zu beschreiben wären, und droht zum resignativen Verzicht auf eine Beschäftigung mit diesen zu führen. Zum Anliegen, Alterität zu beschreiben, und zu dessen grundsätzlichen Aporien vgl. MÜLLER 1998 b, bes. S. 12 ff. u. 39 ff.

[37] GREENBLATT 1995 a, S. 50 f.

Poetik des Rituals I

[1] SOEFFNER [2]1995, S. 11.

[2] Vgl. dazu Einleitung, S. 2 mit Anm. 12.

[3] KOZIOL 1992, S. 289.

[4] Das Stichwort ‚Ambivalenz und Ambiguität' fällt z. B. schon bei MYERHOFF 1977, S. 199, oder GOODY 1977: „[T]he terms are vagueness itself" (S. 25); „[w]hen we look around the fields of the analysis of ritual, we find widespread confusion" (S. 26).

[5] WERLEN 1984, S. 21 ff., HAUSCHILDT 1993, S. 25. BRAUNGART 1992 hingegen unterscheidet nach Disziplinen einen religionswissenschaftlichen von einem kulturanthropologischen und einem ethologischen Ritualbegriff (S. 2).

[6] Vgl. SOEFFNER [2]1995, S. 10 f.: „So neigen wir dazu, die ‚Form' vom ‚Inhalt' abzutrennen. Die Rede von den angeblich ‚leeren' Ritualen oder von ‚bloß totem', ri-

tualisiertem Handeln entspringt dieser Neigung. [...] Wir vergessen oder übersehen, daß die ‚Wahl' einer Form – neben vielem anderen – soviel erkennen läßt: die
Form ist selbst ein ‚Inhalt', der die Handlungsäußerungen jeweils in einer spezifischen Komposition ausgestaltet und in die für sie typischen Tonarten und Harmo-
nien oder Disharmonien einstimmt." Vgl. auch SOEFFNER 1989, S. 178.

[7] Vgl. SOEFFNER ²1995, S. 108.

1. Zur Form des Rituals

[8] SOEFFNER 1989, S. 178.

[9] BRAUNGART 1996, S. 75.

[10] MOORE/MYERHOFF 1977, S. 22.

[11] Den Begriff verwendet SOEFFNER ²1995, S. 111. Auf seine Problematik weist
BRAUNGART 1996, S. 37, hin, doch bevorzugt er schließlich selbst diesen Begriff, weil
er, „eher als der kargere Begriff der Form, die Kohärenz der einzelnen Elemente,
Evidenz und Prägnanz einer umfassenden ästhetischen Erfahrung" betonen könne
(ebd.; vgl. auch S. 114).

[12] Zur weiteren Abgrenzung zu Routinen und Habitualisierungen aufgrund des
symbolischen Gehalts der Handlung vgl. Kapitel 2, S. 39 ff.

[13] OGRIS 1990, Sp. 297. Zum Formalismus von Ritualen vgl. auch KAUFMANN
1971, die Beiträge von SCHMIDT-WIEGAND sowie ANGENENDT 1992, S. 120 f.

[14] LEYSER 1993, S. 25.

[15] Vgl. oben S. 12, Anm. 6.

[16] WENZEL 1995, S. 133; dort u. a. Beispiele aus dem ›Willehalm‹ (173,20 ff.) und
dem ›Herzog Ernst B‹ (3160 f.).

[17] Weitere Beispiele bei ALTHOFF 1997, S. 218 u. 252 f., JOHANEK 1991, S. 532 ff.,
und MORAW 1988, S. 74 f.

[18] Dazu grundsätzlich VAN GENNEP 1986.

[19] Vgl. dazu BRÜHL 1971 und 1978.

[20] Der Wiederholungscharakter gehört zum integralen Bestandteil von gängigen
Ritualdefinitionen, etwa bei JETTER ²1986, S. 103 ff., und BRAUNGART 1996, S. 74 ff. –
Zu rituellem Handeln bei einmaligen Anlässen vgl. dieses Kapitel, S. 22 f., v. a.
Anm. 51.

[21] Zu Codierungen des Raumes im Herrschaftskontext vgl. WENZEL 1995,
S. 131 ff.

[22] Zur Leistung von Sprache im Ritual vgl. WERLEN 1984, bes. S. 90 ff. u. 324 ff.,
und KLEIN 1987; zu rituellen Sprechakten vgl. ALTHOFF 1997, S. 254 f. Zur generellen
Opposition von Sprache und Ritual als verschiedenen, diskursiv-rationalen bzw.
symbolisch-präsentativen Kommunikationsvorgängen vgl. u. a. LANGER 1987, AR-
GYLE 1979 und DOUGLAS 1986.

[23] SCHMIDT-WIEGAND 1982, S. 363; vgl. WENZEL 1995, S. 158.

[24] Gesten und Gebärden gehören zumeist, nicht aber selbstverständlich in den
Bereich rituellen Verhaltens. Wenn ich im folgenden von rituellen Gesten spreche,
dann um den Unterschied zu einzelnen Gesten und Gebärden zu verdeutlichen, die
nicht Bestandteil eines übergreifenden Rituals sind. Eine Grenzziehung zwischen

Geste und Ritual ist dabei aber nicht immer leicht. So kann ein Begrüßungskuß als Bestandteil des umfassenderen Begrüßungsrituals als rituelle Geste betrachtet werden, ebenso kann aber eine solche Geste – gerade in literarischen Texten – metonymisch das ganze Ritual repräsentieren. – Eine terminologische Unschärfe zeigt in dieser Hinsicht SOEFFNER ²1995. Der von ihm geschilderte Bodenkuß des Papstes wird z. B. zunächst als „Geste" (S. 120), wenige Zeilen später als „Ritual" (S. 121) bezeichnet. Die Begriffe ‚Geste' und ‚Gebärde' verwende ich synonymisch; zu Fragen der Definition vgl. PEIL 1975.

[25] TURNER 1989a, S. 130.

[26] Vgl. dazu dieses Kapitel, S. 26f.

[27] Zu magischen Ritualen vgl. MALINOWSKI 1983, v. a. S. 54ff., DOUGLAS 1986, S. 22f., ARGYLE 1979, S. 177, und Kapitel 2, S. 44. Zu religiösen Ritualen vgl. u. a. JETTER ²1986, WERLEN 1984, S. 148ff., hier besonders S. 149f. zu variablen Elementen auch bei der Realisierung des liturgischen Formulars. ANGENENDT 1992 und 1997b, S. 16–19, beschreibt demgegenüber das Bemühen der Kirche um die vereinheitlichende Festlegung von Formen in der mittelalterlichen Liturgie.

[28] Einerseits wird die Festigkeit von Ritualen mit Schrift, Varianz mit fehlender normierender Verschriftung in Verbindung gebracht (z. B. GOODY 1990, S. 26–37, und ANGENENDT 1997b, S. 16–19), andererseits wird mögliche Varianz des Rituals der Schriftlichkeit zugeordnet, seine feste Form hingegen mit seinem in mehrfacher Wiederholung eingeübten Gebrauch in schriftlosen Gesellschaften begründet (z. B. ASSMANN 1992, S. 88–103, und ALTHOFF 1997, S. 103).

[29] Herausgegeben von ELZE 1960. Vgl. dazu SCHRAMM 1969, OEXLE [u. a.] 1993 und OTT 1995. Zu anderen Krönungsordines vgl. NELSON 1986, v. a. S. 239–374, BAK 1990 und KOZIOL 1992, S. 295f.

[30] Keiner der mittelalterlichen Ordines hat wohl absolute Verbindlichkeit erlangt; vgl. SCHRAMM 1969, S. 80, OEXLE [u. a.] 1993, Sp. 1441, und OTT 1995, S. 541.

[31] Zur Variabilität und Verhandelbarkeit etwa des Krönungseides vgl. ELZE 1960, S. XXXIIf.; zur Verhandlung Ottos IV. mit Innozenz III. über seine Kaiserkrönung vgl. Otto von St. Blasien, S. 156. – Das im 12. Jahrhundert zunehmende Bemühen der römischen Kurie um Festlegung des Krönungsrituals schränkte die Spielräume immerhin ein. Berichte von spontanen Verfügungen über Handlungen, die zum ‚heiligen' Kern der Kaiserkrönung gehörten, scheint es jedenfalls nicht zu geben. Anders konnte etwa Widukind von Corvey von der Weigerung Heinrichs I. berichten, bei seiner Königserhebung 919 Salbung und Königskrone anzunehmen. Die kolportierte Begründung, daß Heinrich als Erhöhung über seine *maiores* genügte, als König angesprochen und bezeichnet zu werden (*dicar et designer*), stilisiert den das Ritual verletzenden Akt als Ausdruck der ‚humilitas' des Erhöhten: *penes meliores vero nobis unctio et diadema sit: tanto honore nos indignos arbitramur* (Widukind, I, 26, S. 58). Die Glaubwürdigkeit der Darstellungen Widukinds und auf ihm basierender Autoren wird von Historikern bezweifelt (vgl. dazu, mit affirmativer Tendenz, ALTHOFF 1997, S. 112 mit Anm. 25), doch scheint entscheidend zu sein, daß die Stilisierung des Aktes gerade in der Zeit formuliert worden ist, in der an der schriftlichen Fixierung und Normierung des Krönungsrituals gearbeitet wurde; so setzte nach FRIED 1995 Widukinds Darstellung „wohl jene Krönungsordnung voraus, die kurz vor 960 für das ‚Pontificale Romano-Germanicum' wahrscheinlich

in Mainz redigiert worden war, und deren Kernstück just die von Heinrich abgelehnte Salbung war" (S. 311).

[32] Unter dem Aspekt der mündlichen Tradierung könnte man ‚Rituale' begrifflich von den schriftlich fixierten ‚Zeremoniellen' mit deutlichem Anweisungscharakter unterscheiden. Der Begriff ‚Zeremoniell' ist aber durch seine Verwendung im 18. Jh. (Lünig, von Rohr) historisch spezifisch geprägt, vgl. die Beiträge in BERNS/RAHN 1995. Umgekehrt bezeichnet der lat. Terminus ‚rituale' eine schriftliche Sammlung liturgischer Riten für den einfachen Presbyter. Zu anderen, nicht weniger problematischen Unterscheidungen von ‚Ritual' und ‚Zeremonie' vgl. Kapitel 2, S. 34 ff., und Kapitel 3, S. 50 f.

[33] ALTHOFF 1997, S. 103.

[34] Diesen Aspekt betont vor allem KOZIOL 1992, z. B. S. 296 ff.

[35] Es geht also im folgenden nicht um einen Überblick über feudaladelige Eheschließungspraktiken und über ihre Entwicklungsgeschichte bis in die Neuzeit. Zu den unterschiedlichen Formen und komplexen Entwicklungen im einzelnen vgl. MIKAT 1971, SCHMIDT-WIEGAND 1978, SCHRÖTER 1985, ARIÈS 1986 und ANGENENDT 1997 a, S. 269–290.

[36] Vgl. dazu MIKAT 1971, Sp. 814.

[37] Vgl. WACKERNAGEL 1971, demzufolge im mittelalterlichen Verlobungs- bzw. Ehering spätantik-christliche und germanische Bräuche und Vorstellungen zusammengeflossen sind.

[38] Vgl. MIKAT 1971, Sp. 818 ff., und SCHRÖTER 1985, S. 293 ff.

[39] Die Vermählung von Kriemhilt und Siegfried findet, nachdem Kriemhilt in den entsprechenden Wunsch ihres Bruders und Vormundes Gunther eingewilligt hat (612 f.), vor Zeugen im Ring statt (614,3), wo sowohl Kriemhilt ihr Einverständnis erklärt (614,4–615,3) als auch Siegfried gelobt, sie zur Frau zu nehmen (615,4–616,1). Nach diesem gegenseitigen Versprechen (616,1) folgen Umarmung und öffentlicher Vermählungskuß (616,2–4). Dem Beilager der beiden Königspaare (628 ff.) folgt am nächsten Morgen ein Kirchgang (644,1–3): *dô wurden si gewîhet* (645,3), womit entweder die kirchliche Einsegnung oder ein Krönungsakt angedeutet wird. Ähnliche Formalhandlungen werden bei den Vermählungen am Schluß der ›Kudrun‹ hervorgehoben: Ortrun und Hildeburg stehen als Bräute im Ring (1648,1 f.); Ortwin und Hartmut geloben jeweils, sie zur Frau zu nehmen (1648,3 f.). Ortwin zieht Ortrun aus dem Kreis und steckt ihr einen Ring an (1649), Hartmut umarmt Hildeburg, und beide tauschen Ringe aus (1650). Nach der Vermählung Siegfrieds mit Herwigs Schwester durch ein gegenseitiges Eheversprechen (1663,1 f.; 1665,1–1666,1) finden zunächst die Beilager der Paare sowie ein kirchlicher Einsegnungsakt statt (1666,4 und 1667,1). Wie auch im ›Nibelungenlied‹ (646) findet anschließend eine Promotion von mehreren hundert Knappen zu Rittern statt (1667,2). Vgl. zu beiden Texten ZALLINGER 1928, LOERZER 1971 und SCHRÖTER 1985, v. a. S. 29 ff., 105 ff. u. 128 ff.

[40] Vgl. MIKAT 1971, Sp. 814, SCHMIDT-WIEGAND 1978, Sp. 188, und SCHRÖTER 1985, S. 295 ff. u. 335 f.

[41] Zu weiteren Bräuchen, die Eingang in die kirchliche Trauung fanden, vgl. SCHMIDT-WIEGAND 1978, Sp. 189.

[42] Es handelt sich dabei um einen langfristigen Prozeß, der im 10./11. Jahrhundert

einsetzte und seit dem 12. Jahrhundert, in dem sich der Ehekonsens als kirchen-
rechtliches Ehekonstitutiv durchsetzte und in dem die Ehe in die Zahl der Sakra-
mente aufgenommen wurde, stark forciert wurde. Erst seit dem Trienter Konzil ist
die kirchliche Trauung aber im katholischen Bereich eine Gültigkeitsvoraussetzung
der Ehe, im protestantischen Bereich ist die Entwicklung komplexer; vgl. MIKAT
1971, Sp. 818–823. Zur Etablierung einer kirchlich-staatlichen Eheschließungszere-
monie vgl. weiter SCHRÖTER 1985, S. 385 ff.

[43] Die Rechtsform der Zivilehe, deren Anfänge schon in der Reformation begründet sind, setzt sich in Deutschland erst im Gefolge der französischen Revolu-
tion (‚Code Civil‘ 1803) durch, endgültig aber erst mit dem Reichsgesetz von 1875;
vgl. MIKAT 1971, Sp. 822 f.

[44] In diesem Sinne könnte man natürlich auch von zwei konträren Ehemodellen
(etwa feudaladeliges oder weltliches vs. kirchliches oder christliches) mit entsprechend unterschiedlichen, rivalisierenden Ritualen ausgehen, vgl. z. B. ARIÈS 1986.
Daß dies auch in der Literatur eine wichtige Rolle spielen kann, zeigt sich etwa bei
Gottfried, wo die Legitimität Tristans als Nachfolger seines Vaters Riwalin von
Morgan in Abrede gestellt wird. Wegen der bevorstehenden Fehdehandlungen hei-
raten Riwalin und Blanscheflur auf Rat Ruals (*und râte zwâre, daz ir ê / ze kirchen
ir geruochet jehen, / da ez pfaffen unde leien sehen*, 1628 ff.) nach *kristenlîchem site*
(1631). Zu der geplanten *hôhgezît* (1624), bei der Riwalin Blanscheflur *offenlîche /
vor mâgen und vor mannen* (1626 f.) ehelichen soll, kommt es wegen Riwalins Tod
nicht mehr. Während sich der Marke-Hof mit der von Rual geschilderten Hoch-
zeitszeremonie (4189–4192) offensichtlich zufriedengibt und Tristans Legitimität
nicht in Zweifel zieht, erscheint das Ritual aus der Sicht des Feudalherren Morgan
ungültig (5401–5417). Daß dahinter rivalisierende Rituale von Eheschließung stehen könnten, hat SCHNELL 1982, v. a. S. 340–344, plausibel gezeigt. – Die obige Darstellung zielt aber nicht auf die Beschreibung des ‚Rivalisierens‘ von Ritualen, sondern auf strukturelle Transformationsprozesse und institutionelle Übergriffe in einzelnen ihrer Teile.

[45] Ein Beispiel dafür, wie sich der symbolische Gehalt eines ganzen Rituals ändern kann, findet sich z. B. bei DOUGLAS 1986, S. 58 ff.: Das Fastenritual als Ausdruck
christlicher Frömmigkeit wird zum besonderen kollektiven Symbol der in London
lebenden Iren und somit zum Ausdruck nationaler Identität, zum Symbol der
Gruppenloyalität.

[46] SOEFFNER 1991, S. 76; an anderer Stelle spricht SOEFFNER [2]1995 vom „Griff in
die Requisitenkiste öffentlich-ritueller Darstellungsmittel". (S. 184 f.)

[47] Vgl. dazu ALTHOFF 1997, S. 271.

[48] *Principes vero ante regem cruces portari cernentes, quod videre soliti non fue-
rant, valde mirati sunt* (S. 36).

[49] *ob quam causam cruces ante ipsum detulerant* (S. 36). – Die *causa* kann dabei
entweder unspezifisch als ‚Grund‘ oder aber als ‚Rechtsstreit‘ verstanden werden:
„Wegen welchen Rechtsstreites führt ihr mit den Kreuzen Klage?"

[50] Zur Perspektivität der Szene vgl. Näheres in Kapitel 4, S. 69 f.

[51] KOZIOL 1992 etwa nennt als anschauliches Beispiel den Stolz Thietmars von
Merseburg auf seine Erfindungsgabe, als er eine Liste mit Sünden, die ihm ein Priester überreicht hatte, auf einen Reliquienschrein in dessen Kirche legte. Nach Ko-

ziol speist sich dieses neue Ritual aus verschiedenen geläufigen Bräuchen: Sündenlisten an ein Kreuz zu heften oder auf den Altar zu legen, Heilige als Vermittler zur Sündenvergebung anzurufen, schließlich Vermittler zur Überreichung von Petitionen im Namen ihrer Klienten einzuschalten: „From three different customs, one new ritual." (S. 296) – Als ein weiteres Beispiel nennt Koziol Prozessionen der Mönche von Lobbes, um einen Kreislauf von Fehdeaktionen zu beenden (S. 296f.); vgl. auch den Auszug des Klerus aus dem belagerten Tortona bei Otto von Freising und Rahewin, S. 328–336. – Althoff 1997, S. 109–111, zeigt, wie nach dem Bericht der ›Quedlinburger Annalen‹ in der Unterwerfung Heinrichs des Zänkers unter Otto III. zwei Ritualtypen, die Huldigung des Lehnsmannes mit Handgang und die ‚deditio‘, miteinander kombiniert und vermischt worden sind.

⁵² Soeffner ²1995, S. 11 f.

⁵³ Althoff 1997, S. 121.

⁵⁴ Nach dem von Parzival erwirkten, übrigens doppelt vollzogenen Versöhnungskuß (268,14ff.; 270,6ff.) führt Orilus Jeschute zur *suonstat* (272,5). Nach einem Bad Jeschutes wird die Wiederaufnahme der Beziehung durch das Beilager und die Mahlgemeinschaft vollzogen (*diu senfte süeze wol getân / gieng ouch ûz ir bade sân / an sîn bette: dâ wart trûrens rât*, 273,15–17; *vogele gevangen ûf dem klobn / si mit freuden âzen, / dâ se an ir bette sâzen. / frou Jeschûte etslîchen kus / enpfienc: den gab ir Orilus*, 273,26–30). Diese Gemeinschaft von Tisch und Bett hatte Orilus zuvor aufgekündigt (*ich ensol niht mêr erwarmen / an iweren blanken armen, / […] geselleschaft wirt lâzen / mit trinken und mit ezzen: / bî ligens wirt vergezzen*, 136,1f. u. 26–28). Jeschute wird zudem eingekleidet und mit einem standesgemäßen Pferd ausgerüstet (*ir lide gedienen bezzer wât / dan si dâ vor truoc lange*, 273,18f.; *Dô zôch man der frouwen wert / starc wol gênde ein schœne pfert, / gesatelt unt gezoumet wol*, 274,1–3); auch dies hatte ihr zuvor Orilus entzogen (136,29–137,11).

⁵⁵ Vgl. zum folgenden Winkelmann 1873; daneben Petersohn 1987 und Hucker 1990, v. a. S. 22–35, 95–101 u. 567–570.

⁵⁶ So etwa in den Fortsetzungen der ›Weingartner Chronik‹, nach denen Erzbischof Adolf von Köln die Wahl Philipps damit angefochten habe, daß weder der Mainzer Erzbischof noch der Pfalzgraf an ihr teilgenommen hätten (S. 61); an der von Adolf ins Werk gesetzten Wahl Ottos nahm Pfalzgraf Heinrich, inzwischen vom Kreuzzug zurückgekehrt, dann teil, über die Stimme des noch im Heiligen Land befindlichen Mainzer Erzbischofs konnte Adolf selbst verfügen. – Eine intensive wahlrechtliche Argumentation lassen nur die Stellungnahmen der römischen Kurie erkennen, am deutlichsten die Dekretale ›Venerabilem‹ Papst Innozenz’ III., in der dieser Ottos Wählern – v. a. den Erzbischöfen von Köln, Mainz und Trier – ein größeres Gewicht attestiert als denjenigen Philipps.

⁵⁷ Friedrich, der Sohn Kaiser Heinrichs, wurde in dem Jahr zwar volljährig und avancierte damit zu einem möglichen Prätendenten auf die Reichskrone, doch spielte er zu diesem Zeitpunkt im Reich noch keine Rolle.

⁵⁸ Diese politische Funktion der Heirat macht v. a. die Chronik Burkhards von Ursberg explizit: *Timens autem Otto, quod ministeriales spectantes ad Philippum non facile suo subderentur imperio, sed ad suos nativos dominos redirent, filiam Philippi tamquam dominam omnium rerum, que ad generationem illam spectabant, accepit uxorem.* (S. 97) – Vgl. auch, weniger deutlich, die ›Halberstädter Chronik‹, S. 122.

[59] Die Bedeutung des Kölner Erzbischofs als Koronator basierte nicht auf einem ‚gesetzten‘, sondern wohl eher auf einem aus der Tradition hergeleiteten Recht. Otto von St. Blasien nennt ihn und den Trierer Erzbischof zur Krönung *specialiter privilegiati* (S. 138); die ›Marbacher Annalen‹ formulieren entschiedener, daß es das *ius* des Kölner Erzbischofs sei, den König zu salben (*regem inungere*), und das des Trierers, seine Inthronisation vorzunehmen (*in sedem regni locare*, S. 202). – Die zweifelhafte Legitimität von Philipps Koronator spiegelt sich in den offenkundigen Schwierigkeiten der deutschen Chronisten, ihn überhaupt korrekt zu bezeichnen: Für Arnolds von Lübeck ›Slawenchronik‹ (VI,2, S. 219) und die ›Erfurter Chronik‹ (S. 199) war es der *archiepiscopus Tarentinus*, für die ›Marbacher Annalen‹ der *Taretanus archiepiscopus* (S. 204), für die Fortsetzungen der ›Weingartner Chronik‹ gar der *patriarcha Aquileiae* (S. 62), lediglich die ›Halberstädter Chronik‹ nennt ihn korrekt *Tarantasiensis archiepiscopus* (S. 113).

[60] Den deutlichsten Ausdruck für das Bewußtsein dieser beiderseitigen Defizite bietet Otto von St. Blasien mit der Bemerkung, daß Otto sich gerühmt habe, zwar nicht im Besitz der königlichen Insignien, wohl aber des rechtmäßigen königlichen Ortes zu sein: *gloriabatur se, etsi non regalia, iura tamen et loca regalia retinere.* (S. 138) – Die legitimatorische Bedeutung der Reichsinsignien wird natürlich v. a. aus staufischer Perspektive betont, etwa von Burkhard von Ursberg, der Philipps Entscheidung, sich zum König wählen zu lassen, damit begründet, daß er *in potestate sua haberet insignia imperialia, utpote coronam et crucem et alia quae attinebant* (S. 76), oder in Walthers von der Vogelweide ‚Kronen‘-Strophe (Str. 9,I, L 18,29), die Philipps Legitimität an die wie für sein *keiserlîchez houbet* (V. 4) prädestinierte Krone knüpft.

[61] Daß diese Aushändigung im Rahmen des Frankfurter Reichstages durch Philipps Protonotar, Bischof Heinrich von Speyer, durchaus rituellen Charakter im Sinne einer Herrschaftsübergabe hatte, wird man annehmen dürfen. Die Quellen freilich lassen davon (als etwas Selbstverständlichem?) kaum etwas erkennen; vgl. den vagen Anklang in der – im übrigen ungenauen – Formulierung der ›Erfurter Chronik‹: *Inde marscalcus, trium predecessorum enutritor regum, adiens regem Ottonem, regni insignia, civitates, urbes et castella sibi, utpote potencie regali, subegit.* (S. 206)

[62] Vgl. Petersohn 1987, S. 58.

[63] Walthers aus Anlaß der Magdeburger Festkrönung entstandene Strophe mag diesen Konnex explizit gemacht haben, sofern man, wie dies zuerst Wapnewski 1967 getan hat, ihren strittigen letzten Vers *daz ez den wîsen müeste wol gevallen* (9,II,12, L 19,16) auf die drei Kölner Heiligen bezieht.

[64] So jedenfalls Petersohn 1987, S. 55f. – Das unter dem Aspekt von Legitimität reziproke Verhältnis von Philipps und Ottokars Königskrönungen klingt in Arnolds ›Slawenchronik‹ an, die im Zusammenhang der Mainzer Ereignisse das Bild einer den römischen König, seine Königin und den böhmischen König zusammenschließenden Prozession evoziert: *[Philippus] cum magna sollempnitate rex consecratur et Romanorum augustus* [!] *salutatur. Ibi quoque regina regio diademate non tamen coronata, sed circulata processit* […]. *[Ottokar] tytulo regio a Philippo sublimatus ibi et ipse procederet coronatus et gladii regis baiulus.* (S. 219) – Daß die staufische Partei Philipp als rechtmäßig designierten Kaiser ansah, kommt beson-

ders deutlich in Burkhards von Ursfeld Nachruf auf den Staufer zum Ausdruck, in dem er gegen die *Romani* polemisiert, die Philipp nicht *in katalogo imperatorum* führten: *licet constet ex predictis, quod potenter regnaturus fuisset sicut et alii de parentela eiusdem, si non impedisset mors.* (S. 91) – Vgl. ebenso die in diesem Kapitel, Anm. 60, zitierte Strophe Walthers von der Vogelweide sowie seine Strophe zu Philipps Magdeburger Festkrönung (9,II, L 19,5).

⁶⁵ Die ›Kölner Königschronik‹ erwähnt zudem, daß Philipp nach seiner zweiten Krönung dem Kölner Erzbischof neben anderem ebenfalls *insignia regalia* geschenkt habe (S. 174), wobei ein Bezug auf Ottos Stiftung zwar naheliegt (vgl. PETERSOHN 1987, S. 61), aber aufgrund der Kürze der Notiz nicht klar wird.

⁶⁶ Vgl. die Ausführungen zu dieser gerichtlichen Institution im ›Sachsenspiegel‹, zur angesprochenen Funktion v. a. Landrecht I,60 und Lehenrecht 67. Der ‚Vorsprecher‘, der im Namen einer Prozeßpartei spricht, aber von dieser jederzeit korrigiert werden kann, ist zu unterscheiden von der Person, die einen Eid vorspricht, den eine Partei zu leisten und im Wortlaut nachzusprechen hat (vgl. ebd., Lehenrecht 66).

⁶⁷ *Pueri ac puellule per mediam civitatem sepius processionem agentes verasque letanias imitantes iocis suis gravia seria portenderunt.* (Otto von Freising und Rahewin, S. 546/548, Zitat S. 548)

⁶⁸ SOEFFNER ²1995, S. 192.

⁶⁹ Aufgrund der unbestimmten Bezüge der Personalpronomina könnte man auch annehmen, daß es erneut der Handschuh ist, der fallengelassen wird; er würde dann also dreimal gereicht. So oder so: Die Übergabe der Machtinsignien ist gestört.

⁷⁰ Mit dem Scheitern von Ritualen befaßt sich KOZIOL 1992, S. 310 ff.; BRANDT 1990 untersucht gescheiterte Repräsentationsakte.

⁷¹ Dudo von St. Quentin, II, 28 f., S. 168 f.; vgl. dazu ALTHOFF 1997, S. 224 f., FUHRMANN 1996, S. 31, und WENZEL 1995, S. 171.

⁷² FUHRMANN 1996, S. 24 f.

⁷³ Zum rechtsgeschichtlichen Hintergrund des Gottesurteils und dem formalen Procedere bei Gottfried vgl. v. a. COMBRIDGE ²1964, S. 83–112, SCHNELL 1980 sowie SCHILD 1996 (mit weiterführenden Literaturhinweisen); zur Deutung der Szene vgl. auch GRUBMÜLLER 1987 und SCHNELL 1992, S. 59–80.

⁷⁴ In der Darstellung des Sturzes wird der Eidesformel genau vorgearbeitet, indem das *ze arme-* und *ze sîten-*Liegen als besonders inszeniert erscheint: *der wallære nider zer erden sanc / und viel als âne sînen danc, / daz sich der val alsô gewac, / daz er der künigîn gelac / an ir arme und an ir sîten* (15597–15601).

⁷⁵ Zur Bezeichnung *gelüppeter eit* vgl. COMBRIDGE ²1964, S. 106–111. – Daß die Täuschung, die in der ‚doppelten‘ Wahrheit der Eidesformel angelegt ist, in Beziehung steht zur ähnlich manipulierten Eidesleistung Isoldes in der ‚Baumgartenszene‘, hebt GRUBMÜLLER 1987, S. 151 f., hervor.

⁷⁶ Einen Überblick über die verschiedenen Interpretationen gibt SCHNELL 1980. Zu den Schwierigkeiten einer Interpretation der Szene aufgrund ihrer Mehrperspektivität vgl. auch Kapitel 4, S. 75 f.

⁷⁷ So auch SCHILD 1996, S. 72.

⁷⁸ Anders SCHNELL 1980, S. 310 u. 312 ff.

⁷⁹ Die Sache stellt sich somit bei Gottfried komplizierter dar als in anderen Tex-

ten, in denen gezeigt wird, daß die Probe des heißen Eisens manipulierbar ist. SCHILD 1996, S. 60–63, betont z. B., daß die Eisenprobe natürlich nicht darin bestand, zu prüfen, ob der Proband sich die Hände verbrannte oder nicht, sondern darin, wie schnell und gut die durch das Eisen beigebrachte Wunde wieder verheilte. Diese Art der Beweisführung setzt auch der Stricker in seinem ›Heißen Eisen‹ voraus, wobei die Probe dann auch dementsprechend anders manipuliert wird: Ein Mann wird von seiner Frau zur Eisenprobe getrieben und manipuliert sie – anders als Isolde – dadurch, daß er heimlich zwischen seine Hände und das Eisen einen *gevüegen spân* (71) legt. Dieser ebenso einfache wie wirksame Trick bezieht sich somit auf einen natürlichen Kausalzusammenhang, der darin besteht, daß man sich bei der Berührung eines heißen Eisens nun einmal gehörig die Hände verbrennt. So ergeht es denn auch der von ihrem Mann zur gleichen Probe gezwungenen Frau, und dies provoziert auch keine übermäßige Entrüstung ihres Mannes. Erst als seine Frau verweigert, sich zur Heilung die Hände verbinden zu lassen, weil sie so sehr verbrannt seien, daß sie ihr nie wieder *ze nutze* werden könnten (181–184), hält er sie des Ehebruchs für schuldig. Gottfrieds Bemerkung hingegen, daß Isoldes Hände nicht verletzt werden, stellt den Ausgang seines Rituals in Parallelität zu Wunderberichten von Heiligen (vgl. dazu COMBRIDGE ²1964, S. 83 ff. u. 113 ff., sowie SCHILD 1996, S. 63) und zeigt, daß ein Naturgesetz zugunsten eines rituell-transzendenten Mechanismus außer Kraft gesetzt wird. Dadurch verkompliziert sich die Sache bei Gottfried – gerade auch in Hinblick auf die Frage seiner Kritik – erheblich.

[80] Vgl. die Forschungsüberblicke zu Wolfram bei BUMKE ⁷1997, S. 53 ff. u. 107 ff., und die entsprechenden Literaturhinweise bei BUMKE ⁶1991, S. 181 ff. – Einen Überblick über verschiedene Interpretationsansätze zu Chrétiens Gralskonzeption bieten das Nachwort bei OLEF-KRAFFT 1991, S. 658 ff., und der ›Parzival‹-Kommentar von NELLMANN 1994, II, S. 574 ff. – Zum ›Conte du Graal‹ als der Hauptquelle des ›Parzival‹ vgl. BUMKE ⁷1997, S. 158–160. – Für die Druckfassung meiner Arbeit wurde zudem BUMKE 2001 berücksichtigt.

[81] Im folgenden zitiert nach der Ausgabe von SCHÖLER-BEINHAUER.

[82] Die quadratische Form des Raumes wird besonders hervorgehoben (*An la sale, qui fu quarree / Et autant longue come lee*, 3083 f.) und durch die Einrichtung und das Agieren im Raum noch akzentuiert: Genau in der Mitte (3085) befindet sich das Bett, auf dem Perceval und der Gralskönig während des Essens und des Gralsaufzugs vor einem Feuer sitzen, das zwischen vier Säulen brennt (3093–95). Die festliche Erleuchtung des Palas wird erwähnt (3187–89). Anwesend sind neben dem Gralskönig und Perceval aber nur einige Diener und Knappen (3180 f., 3254–67).

[83] Die Funktion und Bedeutung des silbernen Tellers bleibt bei Chrétien unklar, vgl. dazu NELLMANN 1994, II, S. 578 f., und das Nachwort von OLEF-KRAFFT 1991, S. 658 ff. Zur Symbolik der Gralshandlungen vgl. Kapitel 2, S. 43–48.

[84] Dies läßt sich indirekt den exakten Fragen des trauernden Fräuleins an Perceval später (3547 ff.) entnehmen.

[85] Das Lanzen-Gralsritual erscheint lediglich als eine die Vorbereitungen des Mahles und das Auftragen der verschiedenen Gänge begleitende Handlung, wie der Text mehrfach vermerkt (3190 ff., 3290 ff., 3299 ff.).

[86] Zu der Rätselhaftigkeit dieser Feuerstellen und dem Problem ihrer räumlichen Anordnung, gerade im Vergleich zu Chrétien, vgl. NELLMANN 1994, II, S. 570 f. Er verweist auf eine Erklärung, nach der Wolfram – seine Vorlage mißverstehend – sich die vier Säulen des Quadrats bei Chrétien nebeneinander gedacht habe, so daß er, in jedem Zwischenraum eine Feuerstelle annehmend, auf drei Kamine komme (ebd., S. 571). Daß Wolfram drei viereckige Kamine bietet (statt wie Chrétien nur einen), scheint mir jedoch ganz in die allgemeine Tendenz der weitreichenden Umgestaltung Wolframs zu passen: Er überbietet Chrétien, und er arbeitet zudem, wie noch aufzuzeigen sein wird, mit einer ausgeprägten Zahlensymbolik, die die Ordnungshaftigkeit der Vorgänge unterstreicht und dabei auch räumliche Elemente einbezieht; zur Deutung der Kamine in diesem Kontext vgl. Anm. 95 dieses Kapitels.

[87] Zur Verwendung von Aloeholz als heilkräftiger Droge vgl. NELLMANN 1994, II, S. 571.

[88] Dazu ebd., S. 575 f., und BUMKE 2001, S. 67.

[89] Vgl. NELLMANN 1994, II, S. 577.

[90] Aus dem Munde Trevrizents erfährt man später, daß Anfortas' Wundschmerzen bei Mondwechsel und bestimmten Sternenkonstellationen schlimmer als sonst sind (*etslîcher sterne komende tage / die diet dâ lêret jâmers klage, / die sô hôhe ob ein ander stênt / und ungelîche wider gênt: / unt des mânen wandelkêre / schadet ouch zer wunden sêre*, 490,3–8). Den König befällt dann ein innerer Frost, der durch das Auflegen der Lanzenspitze auf die Wunde förmlich aus dem Körper gezogen wird (490,13 ff.). Diese Prozedur genügt jedoch nicht mehr, wenn der Saturn seine höchste Umlaufbahn erreicht hat. Dann muß die Lanzenspitze zur Bekämpfung der Schmerzen in die Wunde gestoßen werden, woran die ganze Gesellschaft durch das Tragen der Lanze und das dadurch ausgelöste Klagen teilnimmt (489, 24–490,2; 492,23–493,14).

[91] Vgl. die Diskussion dieser Frage bei BUMKE 2001, S. 67 f. Unabhängig davon, ob es sich hier um einen einmaligen oder öfter wiederholten Vorgang handelt, kann die Handlung als rituell betrachtet werden; vgl. dazu auch dieses Kapitel, S. 22 f.

[92] Dazu dieses Kapitel, S. 31 f. sowie Kapitel 2, S. 43–48.

[93] Der Prozessionscharakter des Einzugs wird bei der zweiten Gruppe durch die Angabe *vierstunt zwuo* (233,13) unterstrichen.

[94] Sowohl die Kleidungs- als auch die Zahlenordnung führen darüber hinaus zu einer Gruppierung zweiter Ordnung, in der die beiden ersten Gruppen (4+8) den beiden letzten ohne Repanse (6+6) gegenüberstehen, was auch der tableauhaften Aufstellung der Damen am Ende – je zwölf auf beiden Seiten Repanses – entspricht.

[95] So ist die Vierzahl auch in den vier Gralsgruppen der Prozession präsent; dividiert man die den zweiten Teil des Rituals bestimmenden Zahlen 100 : 4, so ist das Ergebnis mit der Zahl der 25 Gralsträgerinnen identisch. – In diese Zahlenspekulation können im übrigen auch die in Anm. 86 dieses Kapitels erwähnten drei viereckigen Kamine einbezogen werden: Die Addition 3+4 ergibt die Siebenzahl der letzten Gralsgruppe, die Multiplikation 3×4 die Zahl Zwölf.

[96] Vgl. Otto von Freising und Rahewin: *est enim consuetudo curie, ut regna per gladium, provincie per vexillum a principe tradantur vel recipiantur* (S. 290), sowie

die Ausführungen zu den Krönungsordines in diesem Kapitel, S. 19. Zu der Geste bei Wolfram vgl. Kapitel 2, S. 46 f., v. a. Anm. 72.

[97] Zu Wolframs Gralsritual vgl. Kapitel 2, S. 43–48 u. Kapitel 4, S. 76–78.

2. Zur Substanz des Rituals

[1] So etwa ARGYLE 1979, S. 165: „Unter Riten werden standardisierte Muster sozialen Verhaltens verstanden, die [...] sich auf religiöse oder okkulte Vorstellungen beziehen. Beispiele sind Trauungsgottesdienste und religiöse Heilungen [...]. Unter Zeremonien werden standardisierte, symbolische Muster sozialen Verhaltens verstanden, die sich nicht auf religiöse Vorstellungen beziehen. Beispiele sind Begrüßungen oder eine Verleihung der Doktorwürde."

[2] TURNER 1989 b, S. 126; vgl. auch S. 127.

[3] Die Gründe der Kritik sind unterschiedlich. MOORE/MYERHOFF 1977 erklären die Unterscheidung für obsolet, da die Ethnologie es zumeist mit ‚primitiven‘ Gesellschaften zu tun habe, in denen die unsichtbare Welt in der sichtbaren stets präsent sei und von daher alles eine religiöse Dimension habe (S. 3 f.). Ähnlich betont ARGYLE 1979, daß in ‚primitiven‘ Gesellschaften eine Unterscheidung zwischen Zeremonie und Ritual schwierig sei (S. 165), und konzediert, daß die Dichotomie auf einer spezifisch neuzeitlich geprägten Weltsicht basiere. – Anders kritisiert DOUGLAS 1986 die undifferenzierte Perspektive europäischer Ethnologen, die in sämtliche Rituale von Stammesgesellschaften religiösen oder magischen Sinn hineininterpretierten, und plädiert demgegenüber für die Existenz ‚säkularer‘ Rituale. ‚Säkularismus‘ begreift sie dabei nicht als ein seit Ende des 18. Jahrhunderts in Mitteleuropa zu beobachtendes Phänomen, sondern als einen „urtümlichen Weltauffassungstyp" (S. 33), den sie als „Gewohnheit, nicht hinter die Sinngegebenheiten des Alltagslebens zurückzufragen", und als „Gleichgültigkeit gegenüber religiösen Institutionen" definiert (S. 34).

[4] Zur Ausweitung des Begriffs vgl. die Einleitung von BELLIGER/KRIEGER 1998, S. 7 f. – Eine gewisse Fortschreibung erfährt die Dichotomie in der Unterscheidung von ‚Riten‘ und ‚Ritualen‘. So verwendet BRAUNGART 1996 z. B. den lat. Begriff ‚ritus‘ für „solche kultischen, im religiösen Zusammenhang vollzogenen Rituale, die besonders festgelegt sind" (S. 59), und grenzt sie von weitergefaßten, vor allem dem profanen Bereich zuzuweisenden ‚Ritualen‘ ab. Damit kehrt er die etymologische Relation der Begriffe gewissermaßen um: *rituale* als substantiviertes Adjektiv-Derivat von *ritus* bezeichnete zunächst lediglich die kodifizierte Form kirchlicher ‚Riten‘, bevor es v. a. als Lehnwort im Deutschen seine Bedeutungsvielfalt erhielt.

[5] DURKHEIMS Sprachgebrauch weist keine Differenzierung zwischen ‚Zeremonie‘ und ‚Ritual‘ auf. Er kann die Begriffe einmal synonymisch auf ein und denselben Vorgang anwenden, ein andermal scheint ‚Zeremonie‘ der übergeordnete Begriff für einen Zyklus verschiedener ‚Riten‘ zu sein; vgl. etwa 1994, S. 173, 216 u. 298.

[6] Ebd., S. 309; prägnant: „Gott ist nur der bildhafte Ausdruck der Gesellschaft."

[7] Ebd., S. 28.

[8] Ebd., S. 293.

[9] Ebd.

[10] SMITH 1998, S. 215.

[11] GOFFMAN [2]1991, S. 54. ‚Ritual' definiert er als „mechanische, konventionalisierte Handlung, durch die ein Individuum seinen Respekt und seine Ehrerbietung für ein Objekt von höchstem Wert gegenüber diesem Objekt oder seinem Stellvertreter bezeugt." (1974, S. 97; ähnlich [2]1991, S. 64 ff.) – Wechselseitige Anerkennung und Ehrerbietung bestimmt er als „grundlegendes strukturelles Merkmal von Interaktion." ([2]1991, S. 17)

[12] Zur politischen Theologie des Mittelalters vgl. beispielsweise KANTOROWICZ [2]1994.

[13] Vgl. KÖLZER 1980 und TENFELDE 1987.

[14] TENFELDE 1987, S. 51. Die Ausführungen TENFELDES beweisen dabei schlagend, daß die unterschiedlichen Formen des Adventus-Rituals und die unterschiedlichen Bereiche, in denen sie im Mittelalter praktiziert wurden, ebenso wie ihre unterschiedlichen Vorformen (griechische Antike, römische Zeit) immer wieder auf einen gemeinsamen zentralen Punkt verweisen: die Epiphanie des Heiligen.

[15] Vgl. ANGENENDT 1997 a, S. 463–471 u. 664–682.

[16] Zur Schwertleite und ihren Handlungsschemata äußert sich ausführlich Bumke [6]1992, S. 318–341, zur Beteiligung der Kirche bes. S. 330–334. Bumke verweist hier zudem auf zwei für die oben skizzierten Zusammenhänge interessanten Punkte: Liturgische Texte für die Weihe der ritterlichen Waffen zeigen offensichtlich einen Zusammenhang zum Ritual der Königskrönung (S. 333); in ihren Anfängen handelt es sich zudem um ein Ritual, das zunächst nur im Kontext der Herrschaftsausübung von Königen eine Rolle spielte (S. 334). So zeigt sich auch bei diesem Ritual die komplexe Überlagerung unterschiedlicher Geltungsräume.

[17] Dieser Aspekt wird v. a. von SOEFFNER betont, wenn er Rituale etwa als „spezifische Darstellungsfiguren für Außeralltägliches und Außergewöhnliches" charakterisiert ([2]1995, S. 178), in ihnen die „Grenze vom Alltäglichen zum Außeralltäglichen" überschritten sieht (ebd., S. 182) oder ihren „Wirklichkeitsakzent im Außeralltäglichen" verortet (1989, S. 163).

[18] KOZIOL 1992, S. 294 u. 298 f.

[19] Vergleichbar BERGESEN 1998, S. 67: „Je mehr ein Ritus zu den Makroriten gehört, desto mehr besteht eine Differenzierung zwischen dem Ritus und dem ausführenden Akteur. Oder ähnlich: je mehr es sich um einen Makroritus handelt, desto heiliger ist die rituelle Handlung."

[20] SOEFFNER 1991, S. 75, und 1989, S. 176.

[21] Anders KLEIN 1987, S. 8: „Nichts scheint erhebender, als gemeinsam nach eingeführten Regeln etwas Sinnloses zu tun."

[22] „Wie wir gesehen haben, haben bei vielen menschlichen Riten die Leute keine klare Vorstellung, was sie tun oder warum sie es tun." (ARGYLE 1979, S. 168; vgl. auch S. 166) – SOEFFNER [2]1995 spricht von einem ‚subjektiven' und einem ‚objektiven' Sinn, den Personen einem Ritual zumessen (S. 102; vgl. zudem S. 193, Anm. 18).

[23] Zur Etymologie von Hokuspokus vgl. WAHRIG 1997 und KLUGE/SEEBOLD 1989, S. 314. Zur mittelalterlichen Liturgie unter frömmigkeitsgeschichtlichem Aspekt vgl. ANGENENDT 1997 a, S. 351–515.

[24] Dies schließt auch die Darstellungsperspektive von Texten ein; vgl. dazu Kapitel 4.

[25] Vgl. S. 37, Anm. 20 dieses Kapitels; daneben DOUGLAS 1986, S. 1–10 u. 13 f., und TURNER 1989 a, S. 46 f. Sogar GOFFMAN [2]1991, der mit einem weiten Ritualbegriff arbeitet, spricht von „symbolisch ausgedrückten Bedeutungen" (S. 65).

[26] Dies scheint gerade in Anbetracht einer immer weiter ausufernden Begriffsverwendung sinnvoll; vgl. dazu u. a. HAUSCHILDT 1993, S. 26 ff., BRAUNGART 1996, S. 43 ff. u. 48 ff. Die Warnungen vor einem zu weit gefaßten Ritualbegriff waren zeitweise ein fester Topos der Ritualforschung – beispielhaft etwa in pointierter Weise bei GOODY 1977, S. 27: „But if we include in our definition of ritual ‚handshaking, teeth cleaning, taking medicines, car riding, eating, entertaining guests, drinking tea, or coffee, beer, sherry, whisky […]' then one can […] ‚go on adding activities ad infinitum' […]. And what's the point? We then have a category that includes almost all action that is standardised in some way or other, and we then have to begin all over again breaking it down into some more meaningful categories. However, given the initial vagueness, perhaps it is better to build up from nothing rather than break down from everything."

[27] SOEFFNER 1990, S. 46. Zu den gemeinsamen Leistungen von Routinen und Ritualen vgl. SOEFFNER [2]1995, S. 107, Anm. 5, sowie HAUSCHILDT 1993, S. 26 ff.

[28] MÜLLER 1998 b, S. 346.

[29] ARGYLE 1979, S. 165. TURNER 1989 b spricht in diesem Sinne bei rituellen Handlungen von fehlender „technologische[r] Routine" (S. 126). GLUCKMAN 1962 unterscheidet expressive, technische und unterhaltsame Handlungen (S. 22). Für FLUSSER 1994 läßt sich um so „reiner" von Ritualen sprechen, je absichtsfreier sie durchgeführt werden; die Zuschreibung von Sinn und Zweck eines Rituals stelle zumeist nur einen nachträglichen Rationalisierungsversuch dar (S. 167 ff.).

[30] Vgl. auch BRAUNGART 1996, S. 108.

[31] An anderen Stellen schreibt ARGYLE 1979 ähnlich vorsichtig: Rituale bestünden „eher aus sozialen Signalen als aus instrumentellen Handlungen". (S. 167)

[32] GOFFMAN [2]1991, S. 63: „Die Art und Weise, wie die Handlung ausgeführt wird […], erfüllen die instrumentell orientierte Situation mit zeremonieller Bedeutung." Daß darin sicherlich wiederum die Gefahr liegt, den Ritualbegriff zu weit zu fassen, zeigt die berechtigte Kritik, die etwa BRAUNGART 1996, S. 47, an GOFFMANS Theorie der Techniken der Imagepflege übt. BRAUNGART selbst nimmt GOFFMANS Hinweis aber offensichtlich auf, wenn er schreibt, daß „eine instrumentelle Alltagshandlung wie das Öffnen einer Weinflasche oder das Schneiden eines Brotes in einem bestimmten Kontext zu einer symbolisch bedeutsamen, durch mehrfache Wiederholung möglicherweise sogar zu einer rituellen Handlung werden" kann (S. 109), und dies an anderer Stelle am Schneiden einer Hecke expliziert (S. 43 f.). – Zur Kritik der Opposition ‚instrumentell – symbolisch' im Hinblick auf Rituale vgl. ebd., S. 108.

[33] Vgl. z. B. ALTHOFF 1997, S. 272 ff.

[34] Vgl. dazu etwa GLUCKMAN 1962.

[35] LEYSER 1993, S. 2. LEYSER bindet die Bewertung der Handlung als rational oder irrational an die Perspektive der Ritualteilnehmer. Auf das Problem, daß solche oder ähnliche Zuschreibungen zumeist aber die Sicht eines Beobachters aus der Außenperspektive darstellen und das Ritual somit zu einer spezifischen ‚Beobachterkategorie' wird, haben WERLEN 1984, S. 82, HAUSCHILDT 1993, S. 26, und BRAUN-

GART 1996, S. 117, hingewiesen. Die Frage ist, ob eine solche Haltung innerhalb eines Rituals überhaupt möglich ist und ob man gerade über die Teilnehmerperspektive eine Differenzierung zwischen mittelalterlichem und neuzeitlichem Ritual vornehmen kann.

[36] GEERTZ ²1991, S. 49.

[37] Man vergleiche etwa die graphische Übersicht zur Zeichentheorie von E. Leach bei WERLEN 1984, S. 31. Zu unterschiedlichen Verwendungen des Symbolbegriffs vgl. zudem GEERTZ ²1991, S. 49, sowie BRAUNGART 1996, S. 108 ff.

[38] Vgl. BRAUNGART 1992, S. 7, und 1996, S. 112–116.

[39] WERLEN 1984, S. 82–86, wählt diesen Begriff, weil er ‚symbolisch‘ „durch die unterschiedlichen Verwendungsweisen in der Semiotik und mit ihr verwandter Disziplinen" als zu belastet empfindet. ‚Expressiv‘ bedeutet für ihn, „daß die ausgeführte Handlung A für einen bestimmten ‚Inhalt‘ B steht, wobei diese Relation *stehen für* noch unbestimmt ist". (S. 82 f.) Die Relation wird dann im Zuge seiner Untersuchung je nach Kontext unterschiedlich konkretisiert. Zur Kritik daran vgl. BRAUNGART 1996, S. 117, Anm. 212.

[40] Das tut DOUGLAS 1986 mit ihrer These, daß „die Aufnahmefähigkeit im Hinblick auf materielle Zeichen in verschiedenen Epochen unterschiedlich stark entwickelt ist" und „daß die Fähigkeit, Symbole als Symbole wahrzunehmen (und ebenso ihre Interpretation im einzelnen) sozial determiniert ist" (S. 22). Vgl. ebenso SOEFFNER 1991, S. 73, und GEERTZ ²1991.

[41] Vgl. BRAUNGART 1996, S. 110 f., der hierzu v. a. Sündenbock-Rituale nennt; vgl. auch BOCKMANN/KLINGER 2000, S. 274–283.

[42] Vgl. z. B. SOEFFNER 1989, S. 162: „Symbole setzen nicht Zeichen für etwas – sie sind selbst die Realität oder ein Teil der Realität, die sich in ihnen ausdrückt." Er gebraucht in diesem Zusammenhang die Begriffe „Realsymbolik" und „Transparenzsymbolik": „Bei ersterem wird das Symbol als solches nicht mehr als ‚Zeichen für‘ gesehen, sondern wird selbst zur Realität [...]. Beim anderen ‚scheint‘ das Wesen des Symbolisierten durch das Symbol hindurch." – Unmittelbare, präsentative Symbole legt auch BRAUNGART 1996 seiner Ritualdefinition zugrunde (S. 112 u. 115).

[43] Dieser Handlungsaspekt läßt sich im Bereich des Kultes gut veranschaulichen: Das Kreuz kann für sich als Symbol für das Christentum oder als Zeichen aufgefaßt werden, das auf den Kreuzestod Christi und die Erlösung verweist. In einer kultisch-rituellen Handlung, z. B. der Anbetung des Kreuzes, wird aber unmittelbar Christus bzw. Gott selbst als präsent angebetet.

[44] GEERTZ ²1991, S. 25 f.

[45] Ebd., S. 49.

[46] Daß GEERTZ in dieser Definition nicht das Symbol auf seine Rolle als Signifikanten reduzieren will, zeigt sein Verweis auf LANGER 1987 in einer Anmerkung zu seiner Definition (ebd., Anm. 5). – Vgl. BRAUNGART 1996, S. 110, Anm. 176.

[47] GEERTZ ²1991, S. 52 ff.

[48] BRAUNGART 1996, S. 111.

[49] SOEFFNER 1989, S. 162 f., 1991, S. 73 ff., sowie ²1995, S. 124 ff. u. 182 f., daneben DOUGLAS 1986, S. 23; vgl. zudem TURNER 1989 a, S. 46. – Dies bedeutet jedoch nicht, daß Rituale und ihre Bedeutung für die Handelnden nicht einsichtig wären, denn

ihnen erscheinen Symbol und Ritual als natürliches, keineswegs willkürliches oder arbiträres Zeichen. Zum Begriff der Natürlichkeit vgl. DOUGLAS 1986, S. 1–10; auch KOZIOL 1992 spricht von der „[n]aturalness" symbolischen Verhaltens (S. 294); vgl. zudem SOEFFNER ²1995, S. 105 ff.

[50] SCHMIDT-WIEGAND 1982, S. 366.

[51] Vgl. KOZIOL 1992, S. 309.

[52] BUC 2000, z.B. S. 183. BUC zielt allerdings primär auf die textuelle Vermittlung von Ritualen und ihren spezifischen Überlieferungszusammenhang. Vgl. dazu Kapitel 4, S. 70 f., v. a. Anm. 15.

[53] Dazu Kapitel 4, S. 71 f.

[54] KOZIOL 1992, S. 309 f. – Von Stephans Fußfall vor Pippin berichten die am Hof Karls des Großen entstandenen ›Metzer Annalen‹, vgl. den Textausschnitt bei HARTMANN 1995, S. 35.

[55] Diese Version bietet der im Umkreis der römischen Kurie entstandene ›Liber pontificalis‹; vgl. den Textausschnitt bei HARTMANN 1995, S. 34.

[56] FUHRMANN 1996, S. 28.

[57] KOZIOL 1992, S. 310.

[58] Vgl. dazu Kapitel 4, S. 69 ff.

[59] Die folgenden Überlegungen bauen auf den dortigen Analysen (S. 28–33) auf.

[60] Es muß dabei offenbleiben, ob Chrétien diese Vorgänge im Verlauf seiner Erzählung noch erhellen wollte; die Einkehr beim Einsiedler, die bei Wolfram zur Erklärung aller Hintergründe führt, bringt bei Chrétien jedenfalls keine Aufklärung. Die Rätselhaftigkeit kann deshalb nicht allein mit dem fragmentarischen Charakter des französischen Textes begründet werden.

[61] MALINOWSKI 1983, S. 58.

[62] Die strukturelle Zusammengehörigkeit von Handlung und auf sie bezogenen Fragen wird vom Text nachdrücklich betont. Während Percevals Besuch auf der Gralsburg stellen die unterbliebenen Fragen auf der Handlungsebene Leerstellen dar, die jedoch durch entsprechende Erzählerkommentare aufgefüllt werden. So vermerkt der Erzähler gleich nach dem Erscheinen der blutenden Lanze die Scheu, die den Gast davon abhält, eine Frage zu dem wunderbaren Ereignis zu stellen (*Si s'est del demander tenuz / Comant cele chose avenoit*, 3204 f.). Unmittelbar im Anschluß an den ersten Gralsaufzug bedauert der Erzähler erneut, daß Perceval nicht die Frage stellt, wem mit dem Gral aufgewartet werde (*Et n'osa mie demander / Del graal cui l'an an servoit*, 3244 f.). Auch die übrigen Male, an denen der Gral an Perceval vorüberzieht, sind für den Erzähler Anlaß zur Klage, daß Perceval die Frage versäumt (*Et li vaslez ne demanda / Del graal cui l'an an servoit*, 3292 f.; *Mes il ne set cui l'an an sert,* 3302) und sich statt dessen auf Essen und Trinken konzentriert (vgl. neben den genannten Stellen außerdem: 3398–3401 und 4735–4739). – Innerhalb der erzählten Welt ist die Zusammengehörigkeit von Handlungen und Fragen offensichtlich als Muster bekannt: In der sich an die Gralsszene anschließenden Begegnung mit dem trauernden Fräulein wird der Aufzug der blutenden Lanze und des Grals durch genaue Nachfragen des Fräuleins und die Antworten Percevals szenisch detailliert wiederholt (3545–3570), und auch die Fragen, die Perceval hätte stellen sollen, werden hier wieder genannt (*„Et demandastes vos por quoi / Ele seignoit?"*, 3552 f.; *„Demandastes vos a la jant / Quel part il aloient*

einsi?", 3568 f.; vgl. dann auch 3605). Auch die Gralsbotin bezieht sich in ihrer Verfluchung Percevals auf die Doppelfrage zu Lanze und Gral (*Por quoi cele gote de sanc / Saut par la pointe del fer blanc? / Et del graal que tu veïs / Ne demandas ne n'anqueïs / Quel riche home l'an an servoit*, 4657–4661). Beim Eremiten schließlich werden die Fragen erneut wiederholt, und hier erfährt Perceval endlich, daß mit dem Gral dem alten Gralskönig aufgewartet wird (6372–6380, 6400 f., 6409–6419). Zur Handlung bei Chrétien vgl. grundsätzlich auch BUMKE 2001, S. 65 f. u. 69 f.

[63] Vgl. dazu MALINOWSKI 1983, der anhand der Zweck-Mittel-Relation magische von religiösen Ritualen unterscheidet: „Vergleichen wir einen Ritus, der ausgeübt wird, um den Tod im Wochenbett abzuwehren, mit einem anderen typischen Brauch, der Zeremonie einer Geburtsfeier. Der erste Ritus wird als Mittel zu einem Zweck ausgeführt, er hat ein bestimmtes praktisches Ziel [...]. Die nach der Geburt stattfindende Zeremonie, die Präsentation des Neugeborenen oder ein Fest, um das Ereignis zu feiern, hat kein Ziel: Sie ist kein Mittel zu einem Zweck, sondern ein Zweck an sich. Sie drückt die Gefühle der Mutter aus, des Vaters, der Verwandten und der ganzen Gemeinschaft, aber es gibt kein zukünftiges Ereignis, auf das die Zeremonie hinzielt, das sie herbeiführen oder verhindern soll." (S. 23 f.)

[64] Die Rätselhaftigkeit wird im Text betont: Die Lanze blute, obwohl sie weder Fleisch noch Adern besitze (3550), und der goldene Gral verbreite ein Licht, das den ganzen Raum auf übernatürliche Weise erhelle (3224–3229). Der Forschung hat die Bedeutung der von Chrétien genannten Gegenstände (Lanze, Gral, silberner Teller) einiges Kopfzerbrechen bereitet; vgl. dazu grundsätzlich die Deutungen von OLEF-KRAFFT 1991, S. 658 ff., und NELLMANN 1994, II, S. 574 ff. (jeweils mit weiterführender Literatur).

[65] Das Verhältnis von Pragmatik und symbolischer Überhöhung der Handlungen wird im Text hinsichtlich des Gralstisches angedeutet. Die bemerkenswerte Tatsache, daß hier im Grunde hochadelige Damen ein Möbelstück schleppen, macht Wolfram durchsichtig, wenn er betont, daß sie sich für diese Aufgabe nicht zu schade seien (233,16), und ihnen die Arbeit dadurch ‚erleichtert', daß er die aus einem *grânât jâchant* (233,20) bestehende Tischplatte extra dünn geschnitten sein läßt (233,22 f.).

[66] Ich schließe mich dem Verständnis der Verse von NELLMANN u. KÜHN 1994 an; eine etwas anders nuancierte Lesart bietet die Übersetzung von KNECHT 1998.

[67] Dieser Aspekt wird im Text zuvor mehrmals betont, z. B. *dâ obe der wirt durch rîchheit az* (233,24) und *man sach dâ rîcheit genuoc* (236,30).

[68] NELLMANN 1994, II, S. 583.

[69] SOEFFNER 1990, S. 61. Bei Chrétien hingegen sind Handlung und Sprache im Ritual einander zugeordnet.

[70] Das ist natürlich bekannt (vgl. z. B. BUMKE [7]1997, S. 109), soll aber im vorliegenden Zusammenhang, in dem es um die Entsprechung von Herrschaftsritual und Herrschaftsfrage geht, nicht unerwähnt bleiben.

[71] Bei Chrétien wird bereits vor dem Lanzen-Gral-Ritual im Auftrag der Nichte des Königs durch einen Knappen ein Schwert überbracht, das der König schenken dürfe, wem er wolle (3130 ff.). Bei Wolfram handelt es sich ausdrücklich um das Königsschwert, und es ist der König selbst, der es übergibt.

⁷² Zur Schwertgabe als einer Geste der Herrscherdesignation vgl. PEIL 1975, S. 213f. (mit weiterführender Literatur); vgl. außerdem BUMKE ⁷1997, S. 53, und CZERWINSKI 1989, S. 128–132.

⁷³ Bei Chrétien scheint es einen Zusammenhang von Erlösung und Herrschaftsübergabe nicht zu geben, denn sowohl das trauernde Fräulein (3586–3589) als auch die Gralsbotin (4671–4674) äußern, daß der Gralskönig nach seiner Heilung weiterregieren solle. Das Fräulein erwähnt lediglich einen nicht näher bezeichneten Nutzen für den Erlöser Perceval (*Et si granz biens an avenist*, 3590).

⁷⁴ So auch CZERWINSKI 1989, S. 132: „Seine Frage nach dem Sinn der Schwertübergabe und dem Zustand des Burgherrn, der ihn sein eigenes Schwert weiterreichen läßt, wäre die Frage nach der Herrschaft gewesen, die der beschädigte Gralskönig daraufhin in die Hände seines Nachfolgers gelegt hätte." Vgl. dort auch die Ausführungen zur magisch-dinglichen Qualität der Erlösungsfrage bei Wolfram (S. 124ff.).

⁷⁵ Vgl. PEIL 1975, S. 213f., der auf Trevrizents spätere Deutung der Mantelgabe Repanses unmittelbar nach Parzivals Ankunft verweist: *si wând du soltst dâ hêrre sîn / des grâls unt ir, dar zuo mîn. / Dîn œheim gap dir ouch ein swert* (500,29ff.).

⁷⁶ Für die Provokation der Erlöserfrage erweist sich diese Rahmung vielleicht sogar als kontraproduktiv. Darauf weist zu Recht BUMKE 2001, S. 69, hin: „Der Anblick des Grals und die wunderbare Speisung sind eher geeignet, die Aufmerksamkeit von dem leidenden König abzulenken." Daß Parzival die Frage nicht stellt, weil er durch die auf ihn einwirkenden Sinneseindrücke des Rituals überfordert wird, sagt der Text allerdings nicht. In der Frage, warum Parzival auf der Gralsburg stumm bleibt, sieht BUMKE eine „Schlüssel-Frage der ‚Parzival'-Interpretation" (S. 71). Ihre Beantwortung erweist sich letztlich als schwierig, nicht nur, weil sie mit der Disposition des Helden, seinen Sozialisationsdefiziten und notorischen Wahrnehmungsschwächen verbunden ist (dazu S. 77–109), sondern auch aufgrund von Wolframs Erzählstil, der einmal eingenommene Positionen immer wieder relativiert. Eine umfassende Lösung für den ‚Grund' von Parzivals Stummheit kann also auch ich nicht bieten; sie liegt auch abseits des hier verfolgten Themas.

⁷⁷ Die prinzipielle Unabhängigkeit von Gralsritual und Erlösung des Anfortas wird später durch deren explizite Entkoppelung bestätigt (795,20ff.). Die Erlösung erfolgt in einem eigenen rituellen Akt: Parzival wirft sich dreimal zu Boden, betet zur Trinität um die Genesung des Königs, richtet sich dann auf und stellt die Frage. Das Ganze erfolgt offensichtlich vor dem Gral (*saget mir wâ der grâl hie lige. / [...] sîn venje er viel des endes dar*, 795,21ff.); die genauen Umstände bleiben jedoch unklar. Zu den Gebärden in diesem Zusammenhang vgl. PEIL 1975, S. 192. Das Gralsritual wird erst nach der Erlösung vollzogen, nachdem der neue Herrscher seine mit ihm zur Gralsherrschaft berufene Gattin und den zu seinem Nachfolger vorbestimmten Sohn Loherangrin (781,15ff.) herbeigeholt hat.

⁷⁸ Vgl. dazu WENZEL 1995, S. 175: „Die Umgebung des Grals ist also erfüllt von Wohlgeruch und erinnert damit an den Kirchenraum, in dem die Präsenz Gottes und die Besonderheit der göttlichen Sphäre durch den Geruch von Weihrauch und Myrrhe erfahrbar gemacht werden, die auf den Wohlgeruch Gottes (des Heiligen) selbst verweisen." Zu betonen ist dabei auch das Moment der Differenz, indem im Gralsritual Balsam und Aloe verwendet werden (vgl. dazu Kapitel 1, S. 29, bes.

Anm. 87, u. S. 31). – Zu dem mit diesen Düften kontrastierenden Gestank der Wunde des Gralskönigs vgl. WENZEL 1995, S. 176.

[79] Die Verkomplizierung wird bei Parzivals Aufenthalt zudem noch in der Verknüpfung von Lanzenritual und Gralsritual gesteigert, indem Unterschiedliches, ja geradezu Gegensätzliches aneinandergekoppelt erscheint (Wehklage – feierliche Mahlgemeinschaft); vgl. dazu auch BUMKE 2001, S. 145.

[80] Es muß also festgehalten werden, daß die beiden Handlungsfolgen um die Lanze und um den Gral auch bei Wolfram nicht vollständig voneinander abgelöst sind. Die Lanze und ihre medizinische Funktion sind in den silbernen Messern, die auf den Gralstisch gelegt werden, auch im Gralsritual symbolisch präsent. Rücken sie also als Memorialzeichen in das Gralsritual ein? Wird mit ihnen trotzdem Essen zubereitet?

[81] Dazu BUMKE [6]1991, S. 141–146, und die Kommentare der einschlägigen Ausgaben.

[82] OLEF-KRAFFT 1991, S. 661.

[83] Das betrifft auch die Lanze, die vor dem Gralsritual präsentiert wurde. Sie ist zunächst ein allgemeingültiges Symbol für Ritterschaft, doch besitzt sie darüber hinaus weitere, konkrete Bedeutungen und Konnotate: Die Lanze ist einerseits diejenige Waffe, mit der Anfortas verwundet worden ist; sie ist andererseits aber auch ein medizinisches Gerät, mit dem eben diese Wunde behandelt wird; das die Lanze herabfließende Blut, das gleichfalls auf ritterliche Gewalt verweist, stammt hingegen aus den aktuellen Versuchen, die Schmerzen der Wunde zu lindern; sie fungiert zudem als Memorialzeichen, mit dem der Grund für den heillosen Zustand der Gralsgesellschaft erinnert wird (vgl. dazu WENZEL 1995, S. 69). Über diese im Text genannten Bedeutungen hinaus besitzt die Lanze zudem eine religiöse Konnotation, zumindest eine Analogie: „Wie die Lanze des Longinus an die Seitenwunde Christi erinnert, verweist auch die Lanze der Gralszeremonie auf die Wunde des Gralskönigs." (ebd.) – Zur Symbolik der Lanze vgl. zudem NELLMANN 1994, II, S. 575 f. (mit weiterführender Literatur). – Zur Verkomplizierung von Zeichen bei Wolfram vgl. grundsätzlich auch BUMKE 2001.

[84] Das letzte Wort zum Gralsritual in dieser Arbeit ist hiermit noch nicht gesprochen. In Kapitel 4 wird auf die Mehrperspektivität der Gralsszene einzugehen sein; in der Schlußbemerkung soll eine abschließende Bewertung versucht werden.

3. Zur Funktion des Rituals

[1] Vgl. FUHRMANN 1996, S. 28, BUC 2000, S. 186 f. u. 199 f.

[2] KOZIOL 1992, S. 310.

[3] SOEFFNER 1989, S. 176; ASSMANN 1992.

[4] Vgl. etwa MOORE/MYERHOFF 1977, S. 16 f.

[5] TURNER 1989 b, S. 131.

[6] Ebd., S. 131–136. „Denn das Ritual bildet nicht […] einen dualistischen, beinahe manichäischen Kampf zwischen Ordnung und Unordnung, Kosmos und Chaos, dem Geformten und dem Unbestimmten ab, bei dem die Ordnung am Ende immer triumphiert. Vielmehr ist es ein transformierendes Selbstopfer der gerade

konstituierten Ordnung, manchmal sogar eine in den konjunktivischen Tiefen der Liminalität vollzogene freiwillige Selbst-Zerstückelung, ein *sparagmos*, der Ordnung. [...] Nur auf diese Weise, durch Destruktion und Rekonstruktion, d. h. Transformation, kann eine authentische Neuordnung entstehen. Wirklichkeit wagt den Opfersprung in die Möglichkeit und taucht als andere Wirklichkeit wieder auf." (S. 133 f.) – Vgl. ähnlich Smith 1998, v. a. S. 223.

[7] Turner 1989 b, S. 128. Den grenzüberschreitenden Charakter von Ritualen betonen auch Soeffner ²1995 (etwa S. 118 f. u. 107, Anm. 5) und Hauschildt 1993.

[8] Vgl. besonders die demütigenden ‚Schwellenrituale' in Akten der Statuserhöhung und -umkehrung bei Turner 1989 a, S. 159 ff.

[9] So auch Turner 1989 b, S. 132; doch kommt es ihm entscheidend darauf an, den ‚Mehrwert' dieser affirmativen Funktion in der tatsächlichen Konstitution von Neuem zu beschreiben.

[10] Leyser 1993, S. 2 f.

[11] Zur verfassungs- und institutionenorientierten Erforschung mittelalterlicher Herrschaft vgl. grundsätzlich Althoff 1997, bes. S. 1–8 u. 126–153 (mit weiterführender Literatur). – Zum Begriff ‚Institutionalisiertheit' bzw. ‚Institution' und seiner Anwendung auf das Mittelalter vgl. Melville 1992. – Zum Prozeß der Ausdifferenzierung „im Übergang von traditionaler Herrschaft zu moderner Politik" vgl. Luhmann ²1998, S. 65–148.

[12] Zur Reiseherrschaft und Residenzbildung vgl. Bumke ⁶1992, S. 71 ff. (mit weiterführender Literatur).

[13] Friedrich 1999, S. 164.

[14] Dies gilt sowohl für königliche und fürstliche Herrschaftsausübung als auch für die des Papstes; vgl. Paravicini Bagliani 1997. Er expliziert dies an einem auch für den vorliegenden Kontext instruktiven Beispiel, indem er zeigt, wie sich aus einem ursprünglich religiösen Brauch ein Akt von kirchenrechtlicher Verpflichtung entwickelte: Der traditionelle Brauch, dem gemäß Bischöfe das Grab der Apostelfürsten in Rom aufzusuchen hatten (‚visitatio ad limina'), wandelt sich im 12. Jh. zu der regelmäßigen Verpflichtung, dem Papst in Rom Ehrerbietung zu erweisen. Ein Frömmigkeitsbrauch wird also für die Befestigung päpstlicher Autorität und Herrschaft funktionalisiert. Die ‚limina' werden schließlich nicht mehr in Rom, sondern überall dort verortet, wo der Papst sich gerade aufhält (Heinrich von Susa: *Ubi papa, ibi Roma*). Die Institution des Papsttums wird also – ähnlich wie die des Königtums – nicht an einen Ort, sondern an die heilige Person des Papstes gebunden (S. 70–72). Paravicini Bagliani verweist in diesem Zusammenhang im übrigen auf das „ständige, meist erzwungene Herumreisen der Päpste in der zweiten Hälfte des 12. Jahrhunderts". (S. 72)

[15] Thum 1990, S. 69. Zum Begriff mittelalterlicher ‚Öffentlichkeit' vgl. neben Thum auch Hölscher 1978 sowie Wenzel 1980, 1988 und 1990.

[16] Dieser Aspekt weist Herrschaftsrituale dem Bereich adelig-höfischer Repräsentation zu; vgl. die Begriffsbestimmung von Ragotzky/Wenzel 1990, S. 7 f.: „Der Begriff der ‚Repräsentation' wird in diesem Kontext in der Regel dazu eingesetzt, die vielfältigen Zeichen und die verschiedenen Formen gemeinsamen Handelns zu beschreiben, die zur Verfügung stehen, um den exklusiven ständischen Status und dessen ideale Leitvorstellungen sinnfällig zu verkörpern. Es sind Formen der Dar-

stellung, die rituellen Charakter haben und durch die Herstellung bzw. Bestätigung von Gruppenidentität integrierend nach innen und abgrenzend nach außen wirken. Sie betreffen Normen und Werte, die für das Selbstverständnis adeliger Herrschaft wichtig sind und damit dem Repräsentationsgeschehen selbst einen legitimatorischen Anspruch verleihen. Die verschiedenen Medien höfischer Kunst erscheinen unter dieser Perspektive – ebenso wie andere ritualisierte Formen höfischen Verhaltens (Turnier, Jagd usw.) – inhaltlich und funktional bezogen auf die Repräsentation adeliger Herrschaft."

[17] Vgl. hierzu Braungart 1995, S. 199 ff. u. 207.

[18] Der Begriff wird in maßgeblichen Untersuchungen oft etwas unklar oder mehrdeutig verwendet. Braungart 1996, S. 45, verwendet ihn in bezug auf die Ästhetik des Rituals und definiert ihn dabei als Metapher für „das Ausgestellte und Organisierte, die Demonstrativität und das Explizite von Handlungen". Auch Althoffs Begriffsverwendung ist nicht eindeutig, vgl. beispielsweise Althoff 1997, S. 12 ff.; zur Kritik daran vgl. Müller 2000 b, S. 142 ff.

[19] Koziol 1992, S. 290.

[20] Ebd., S. 291.

[21] Vgl. dazu beispielsweise die Berichte über die diversen Unterwerfungen des gegen Kaiser Friedrich I. notorisch rebellischen Mailand. Bei Otto von Freising und Rahewin gibt es anläßlich der ersten öffentlichen Unterwerfung Mailands 1158 (S. 500/502) keinen Hinweis auf eine durch Mailänder Unehrlichkeit relativierte Geltung des Rituals oder auch auf ihren erneuten Abfall von Friedrich. Auf die spätere Anklage des Treuebruchs reagieren die Mailänder nach Rahewin mit bezeichnender Kasuistik: Man habe zwar Treue geschworen, aber nicht versprochen, die Eide auch zu halten (*Iuravimus quidem, sed iuramentum adtendere non promisimus*, S. 576). Otto von St. Blasien hingegen gibt zum Abschluß seiner Darstellung der Unterwerfung einen verhüllten Hinweis auf den folgenden Treuebruch, doch fehlt auch hier ein Verweis auf ein heuchlerisches Handeln im Moment der Konstitution des Friedensschlusses (S. 36).

[22] Soeffner [2]1995, S. 185; vgl. auch Althoff 1997, S. 256, und Koziol 1992, S. 290 ff.

[23] Vgl. Koziol 1992, S. 307: „Ritual was not propaganda out of touch with political reality or a static tableau depicting an ideal. It was part of political reality – a currency of power, a measure of perceptions, a test of strength."

[24] Vgl. Kapitel 1, S. 23–25.

[25] Vgl. dazu etwa Althoff 1997, S. 111 u. 295.

[26] So hat Müller 1998 b etwa für das ›Nibelungenlied‹ aufgezeigt, wie Rituale und die von ihm ‚pararituell‘ genannten Interaktionsformen der höfischen Gesellschaft im Erzählverlauf hinsichtlich ihrer Funktionen zunehmend ambiguisiert werden. Rituale, die Integration und friedfertigen Umgang sicherstellen sollen, führen zur Trennung und zum Ausbruch von Gewalt (S. 345 ff.). In der ›Kudrun‹ hingegen dominiert eine idealisierende und vereindeutigende Darstellungsweise: Rituale vermögen die Ordnung und den Frieden stets zu garantieren.

[27] Vgl. Kapitel 5 und 6.

[28] Koziol 1992, S. 298 f., sieht in den rituellen Strukturen, die das alltägliche politische Verhalten prägen, eine Matrix für die großen Feierlichkeiten, die nur beson-

dere Kristallisationspunkte des politischen Lebens darstellen: „In fact, much formal political activity was ritual activity, nearly all of it issuing from the same matrix of symbols that informed these better-known rituals, or from matrices that were complementary."

²⁹ ALTHOFF 1997, S. 301. – Zu Begrüßungsschemata bei Herrschertreffen vgl. KOLB 1988, S. 93ff., und FUHRMANN 1996, S. 26ff.; zum ‚adventus regis‘ KÖLZER 1980, TENFELDE 1987 und FUHRMANN 1996, S. 31ff. (mit weiterführender Literatur). – Zum Empfangsschema als Element des höfischen Festes vgl. MARQUARDT 1985, S. 89ff.; zum festlichen Einzug und Begrüßungszeremoniell auch BUMKE ⁶1992, S. 290ff.

³⁰ Zu Empfangs- und Begrüßungssituationen in mhd. Epik vgl. BOLHÖFER 1912 sowie ROOS 1975, S. 30–234, und PEIL 1975, S. 31–75. Mit der Aufmerksamkeit, die in den letzten Jahren der Bedeutung des Körpers für die mittelalterliche Wahrnehmung und Kommunikation gewidmet wurde, rücken Empfangs- und Begrüßungssituationen erneut in den Blick der Forschung, vgl. BRÜGGEN 1996. – Zum Ritual des Grüßens vgl. grundlegend den informativen und systematischen Überblick bei HESS-LÜTTICH 1993 (mit weiterführender Literatur).

³¹ Einem Empfangsritual werden in der Forschung, je nach Personal und Situation variierend, verschiedene Handlungselemente zugerechnet: das Entgegengehen oder -reiten der Gastgeber; der Einzug der Gäste oder die freundliche Aufnahme eines Gastes durch das Gesinde am Hof (Grußworte, Halten des Pferdes und dessen Versorgung, gegebenenfalls Entwaffnung und Einkleidung des Gastes); die Begrüßung (im engeren Sinn) durch den Gastgeber und sein Gefolge mit Worten und Gesten (Aufeinanderzugehen, Verneigen, Handreichung, Umarmung, Kuß, Freudentränen); das Reichen eines Begrüßungstrunkes, Unterbringung der Gäste sowie gemeinsame Mahlzeit usw.

³² Ich gebrauche daher den Begriff ‚Begrüßung‘ zur Bezeichnung einer übergeordneten Situationskategorie, zu der auch elaborierte herrschaftliche Empfänge gehören; vgl. dazu ähnlich ROOS 1975, S. 33, Anm. 2: „Beide Substantive können wechselweise gebraucht werden, doch handelt es sich beim Empfang in der Regel um eine besonders feierliche Form der Begrüßung."

³³ Vgl. ALTHOFF 1997, S. 288: „Man unterschied nicht zwischen Rechts- und Verhaltensnormen, zwischen staatlichen Gesetzen und privaten Spielregeln und kannte keine bevorrechtete Sphäre des Staates und der Gesetze."

³⁴ Vgl. auch ROOS 1975, S. 30ff., und FUHRMANN 1996, S. 20ff.; zur Grußvermeidung als ‚negativem‘ Ritual vgl. KRAUSE 1979, S. 402ff. – Die meisten der genannten Autoren verweisen in diesem Zusammenhang auch auf die Etymologie des Verbs ‚grüßen‘: Ahd. *gruozen* (und die germ. Vorläufer) bedeutet einerseits neutral ‚anreden, zum Sprechen bringen‘, andererseits ‚anklagen, angreifen‘; erst im Mhd. vereindeutigt sich das Denotat des Signalisierens einer friedlichen Absicht (vgl. KLUGE/SEEBOLD 1989, S. 281).

³⁵ Diese soziale Regel erscheint so wichtig, daß sie auch die narrative Kohärenz durchkreuzen kann: Obwohl Parzival nicht ritterlich sozialisiert ist und die Regeln des Grüßens nur rudimentär beherrscht, sagt er Ither, den er auf dem Weg zum Artushof auf die ihm eigene Art gegrüßt hatte (*den gruozter nâch sînen siten, / ‚got hald iuch, riet mîn muoter mir‘*, 145,8f.), bei der zweiten Begegnung, in der er seine

Rüstung fordert, den Gruß auf: ‚*widersagt sî dir mîn gruoz, / ob du mirz ungerne gîst'* (154,8f.).

[36] Lediglich im ›Parzival‹ wird dieser Vorwurf gleich zweimal, gegen Gawan und seinen Vater, erhoben: Kingrimursel beschuldigt Gawan, angeblich *ime gruoz* seinen Herren erschlagen zu haben (321,8ff.), und fordert ihn für dieses *strenge mortlîche rê* (321,14) zum Gerichtskampf; ebenso beschuldigt später Gramoflanz den verstorbenen König Lot, seinen Vater *ime gruoze* erschlagen zu haben (608,23); auch für diesen Bruch der *triuwe* (608,22) stellt Gawan sich *ze gîsel* im Gerichtskampf (609,26). – Die prinzipielle Geltung dieser Regel zeigt sich auch im ›Erec‹. Als der Zwerg Guivreiz, nachdem er Erec willkommen geheißen hat (4326), diesen gleichwohl zum Zweikampf fordert (4347), zeigt Erec sich darüber irritiert: *jâ butet ir mir iuwern gruoz: / wanne würde iu des lasters buoz, / bestüendet ir mich dar nâch?* (4354–4356). Das Verhalten des Zwerges wird also problematisiert (anders Roos 1975, S. 31).

[37] Die Intensität der Bewegungen und die Art der Annäherung spielen bei der Begrüßung eine entscheidende Rolle. Das *gâhen* beispielsweise, das im Rahmen von Empfängen beim Entgegeneilen der Gastgeber häufig als Ausdruck von Freude erwähnt wird, kann bei Unsicherheit über die Absicht des Nahenden auch als Zeichen der Aggression interpretiert werden. Dies zeigt sich etwa, als die Gralsritter Parzival als prädestinierten Gralskönig begrüßen (792,10ff.): Das Heransprengen der gewappneten Gralsritter (792,20f.) deutet Feirefiz als Kampfabsicht (793, 2–6); als der Anführer der Gruppe Cundrie und ihre Begleitung erkennt (792, 22ff.), läßt er jedoch – Signal einer defensiven Haltung – seine Schar anhalten (793,2). Analog verläuft Gawans Begrüßung durch die Ritter von Schastel marveile (bes. 620,24ff. u. 621,4–9). Vgl. auch das ›Eckenlied‹, wo Dietrich einen Gruß vorsichtshalber unterläßt, als Ecke sich bewaffnet und schnell (*gach*) nähert (72,2ff.).

[38] Dies wird etwa in Strickers ›Karl‹ deutlich, wenn Genelun zwölf Kaufleute, die aufgrund seiner Rüstung erschrecken (*do erquâmen si noch mêre, / daz si in gewâfent sâhen*, 11336f.), grüßt und seine friedliche Absicht versichert: *dô gruozte er si unde sprach: / furhtet dehein ungemach; / hie ist der fride alsô guot, / swer iu næme einen huot, / der müese den tôt kiesen* (11339–11343). Vgl. dazu auch ›Parzival‹ 249,26, 258,1, 437,1ff., 446,22f. u. 505,17f. (hier spielt auch das Verhalten Frauen gegenüber eine Rolle; vgl. dazu auch ›Kudrun‹ 1530–1534).

[39] Vgl. dazu auch Kapitel 5.

[40] Vgl. dazu etwa die Heeresgesetze für Friedenszeiten von Friedrich I. (1158) bei Otto von Freising und Rahewin: *Si extraneus miles pacifice ad castra accesserit, sedens in palefrido sine scuto et armis, si quis eum leserit, pacis violator iudicabitur. Si autem sedens in dextrario et habens scutum in collo, lanceam in manu ad castra accesserit, si quis eum leserit, pacem non violavit.* (S. 456)

[41] So kommt es etwa bei Parzivals und Feirefiz' Begegnung mit den Gralsrittern (vgl. oben Anm. 37) erst dann zur Begrüßung, als die Ritter abgesessen sind (793,22) und ihre Helme abgebunden haben (793,24): *Parzivâln enpfiengen si ze fuoz / ein segen dûhte si sîn gruoz. / si enpfiengen och Feirefîzen / den swarzen unt den wîzen* (793,25–28).

[42] Vgl. das ›Nibelungenlied‹, wo Kriemhilt bei der Begrüßung ihrer Brüder am Etzelhof die Rangordnung übergeht und damit ihre feindselige Haltung gegenüber

Gunther und Gernot zum Ausdruck bringt (1737ff.); vgl. zu dieser und den im folgenden angeführten Grußszenen des ›Nibelungenliedes‹ auch MÜLLER 1998b, S. 375–378.

[43] Auch im ›Nibelungenlied‹ signalisiert Kriemhilt ihre Bereitschaft zur Versöhnung, indem sie einwilligt, Gunther zu grüßen: *„ich wil den künic grüezen"* (1113,1). In Strickers ›Karl‹ wird die Wiederaufnahme Markgraf Ottos in die Huld Karls mit dem Gruß in Verbindung gebracht (11624f.). Zur Begrüßung, die zugleich eine Versöhnung darstellt, vgl. auch ›Kudrun‹ 1579ff. u. 1631f., oder ›Parzival‹ 310,25ff. – Den gegenteiligen Fall zeigt die Begrüßung Kudruns durch den ihr allerdings fremden Herrschaftsverband ihres Entführers Hartmut: Zwar gewähren Kudrun und Ortrun, die Schwester Hartmuts, im Ritual einander wechselseitig *hulde* und Nähe; den Begrüßungskuß Gerlints, der Mutter Hartmuts, weist Kudrun jedoch zurück und verbindet damit eine Schuldzuweisung für ihre rechtverletzende Entführung: *„wes gêt ir mir sô nâhen? / wie ich iuch kuste! ir <en>durfet mich niht enphâhen. / Ez wâren iuwer ræte […]"* (978,3–979,1). Nähe und Huld werden somit seitens Kudruns nicht gewährt (*dô begunde nâch ir hulden diu küniginne ringen <harte> sêre*, 979,4).

[44] Dietrich reitet ihnen nicht im Auftrag Etzels entgegen, sondern als Freund der Burgundenkönige, um sie zu warnen (1719,2ff.).

[45] Vgl. dazu 1235f. u. 1244. Die genaue Struktur des Etzelreiches bleibt allerdings unklar; vgl. MÜLLER 1998b, S. 181–186.

[46] Eine besondere Rolle spielt die Rangordnung bei der Begrüßung der Wormser in Isenstein (405ff.) durch Prünhilt (417ff.): Vor der mit bewaffnetem Gefolge heranschreitenden Prünhilt stehen die Helden auf (418), Siegfried weist Prünhilts zuvorkommende Begrüßung (419) zurück, da Gunther der Ranghöhere und sein *herre* sei (420–422). Nach ihrem Rang werden die Burgunden bei Rüdiger begrüßt (1651f. u. 1665f.), ebenso von Dietrich (1724).

[47] Vgl. dazu – mit z.T. abweichendem Gebrauch des Begriffs – GOFFMAN [2]1991, S. 64ff. Zur Bedeutung von Ehre für die mittelalterliche Lebens- und Gesellschaftsordnung vgl. ALTHOFF 1995 (mit weiterführender Literatur).

[48] Auch der Empfang der Gefolgsleute zum folgenden Siegesfest wird von den Königen Gernot und Giselher sowie von deren Mannen vorgenommen (267).

[49] Zur Frage, inwieweit der Herrscher Hulderweise aufgrund von Rang und unabhängig davon vergeben darf, vgl. auch ALTHOFF 1997, bes. S. 199 u. 214ff.

[50] Vgl. zudem 1436,3f. u. a.

[51] Küsse sind zumeist Bestandteil eines zeremoniellen Geschehens. Geküßt wird außer zur Begrüßung auch zum Abschied (z.B. ›Rolandslied‹ 1537, 2717, 7438; Strickers ›Karl‹ 2130, 3201, 8887; ›Parzival‹ 128,16, 331,22, 333,10f., 432,2f., 432,27f.), wobei dies jedoch im Vergleich zur Begrüßung weniger häufig erwähnt wird. Wichtig ist der Kuß zudem für Versöhnungen und Friedensverträge. Ein Sonderfall ist der in manchen Texten innerhalb des Klagerituals auftretende Kuß für den Toten (z.B. ›Nibelungenlied‹ 1069; Strickers ›Karl‹ 8086, 8343). Küsse als nur emotionale oder sinnliche Handlungen begegnen hingegen seltener: So küssen Erwachsene z.B. ihre Kinder (›Parzival‹ 57,19f., 113,1f., 801,16–19) oder Ehepartner einander (›Parzival‹ 801,5). – Zur Bedeutung des Kusses in verschiedenen Kontexten vgl. grundlegend SCHREINER 1990.

[52] Eine dezidiert erotische Komponente bei der Begrüßung ist oftmals im ›Parzival‹ gegeben, vgl. 23,22–24,5, 83,10–84,7; 176,9f., 187,3, 405,19 u. a.

[53] Dies zeigt sich im ›Parzival‹ beispielsweise an dem Kuß, den Gramoflanz Itonje zur Begrüßung geben darf (724,26–30). Doch ist dieser Aspekt auch in anderen Texten, etwa im ›Nibelungenlied‹, zu veranschlagen, wie sich bei Siegfrieds Begrüßung durch Kriemhilt zeigt (273–275 u. 288 ff.).

[54] Im ›Nibelungenlied‹ küssen Männer einander zur Begrüßung nicht. Auch in der ›Kudrun‹ ist das Bestreben festzustellen, Küsse zwischen Männern möglichst auszusparen. Eine Ausnahme stellt Hetels überschwenglicher Kuß für Wate und Frute nach der erfolgreichen Brautwerbung dar (474). Ansonsten küßt etwa die Mutter zur Begrüßung den aus der Wildnis zurückkehrenden Hagen unter Tränen, der Vater Sigebant hingegen nicht (154 f.), zum Abschied küßt Hagen seine Tochter Hilde, während er sich vor König Hetel nur verneigt (559). Andere Spielregeln gelten auch in der ›Kudrun‹ grundsätzlich bei Rechtsakten, denn zur Versöhnung küßt Sigebant den Grafen Garade (159). Als weitere Belegstellen für die Begrüßung mit einem Kuß vgl. 16, 1251, 1576, 1578, 1584 u. 1662. Im ›Parzival‹ küssen Männer einander zur Begrüßung zwar häufiger als in anderen Texten, doch handelt es sich zumeist um Verwandte (vgl. 47,3 u. 758,16 f.). Auch in diesem Text ist die Tendenz erkennbar, Begrüßungsküsse von Männern möglichst zu vermeiden. So wird bei den Empfängen nur das Küssen der Frauen, nicht aber das der Männer erwähnt (308,3 ff. u. 670,28 ff.; explizit auch 765,17 ff.: Feirefiz wird von Itonje und Ginover mit Kuß begrüßt, von Artus und Gramoflanz wird nur gesagt, daß sie ihn mit *getriulîcher liebe* empfangen, 765,22). Anders verhält es sich wieder bei Rechtsakten. Hier küssen auch Männer, ohne damit Tabus zu verletzen (729,25 f. u. 748,8 f.).

[55] Im ›Nibelungenlied‹ küssen zumeist – unproblematisch – die Frauen einander (587, 589, 591, 794, 1312), während die Männer unter entsprechenden Regieanweisungen zur Begrüßung stets von den Frauen geküßt werden (297, 1350, 1352, 1651 f., 1737). Anders hingegen beim offiziellen Rechtsakt der Vermählung: Hier küßt Siegfried öffentlich Kriemhilt (616). Zum Abschied küßt Sigemunt seine Schwiegertochter Kriemhilt (1094).

[56] Unaufgefordert, unter Ausschluß von Öffentlichkeit und gegen den Willen der Frau küßt nur der *tumbe* Parzival Jeschute (131,13 u. 132,20; vgl. zudem 127,25–128,2). Wie man Frauen ‚anständig‘ begrüßt, gehört zum ‚Zivilisationsprozeß‘ Parzivals (vgl. 175,26 ff.). Vgl. daneben auch die Begegnung Antikonies und Gawans (405,21 ff.).

[57] Vgl. den ›Parzival‹, wo Gawan durch seine *kurtôsîe* (630,25) veranlaßt, daß die Königinnen Sangive, Cundrie und Itonje die Fürsten Lischoys Gwellius und den Turkoyten küssen (630,26 f.).

[58] König Artus etwa küßt im ›Parzival‹ an keiner Stelle, er wird auch nicht geküßt; nur beim Wiedersehen mit den von Gawan zurückgeführten Verwandten ist dies impliziert (672,15 ff.). Mit den Küssen seiner Gattin Ginover geht er dafür um so freigebiger um. Vgl. dagegen den im ›Erec‹ erwähnten Brauch, nach dem Artus im Zusammenhang der Hirschjagd ein Mädchen seiner Wahl küssen darf (dazu mit den entsprechenden Stellen bei Chrétien und Hartmann PEIL 1975, S. 214 f.).

[59] Parzival etwa wird bei seiner Ankunft in Artus' Lager *êre* (698,25) entboten, indem er von vielen Frauen geküßt wird (698,22 ff.). Bei Gawan wird er, hierarchischer Ordnung entsprechend, zunächst von den vier Königinnen (Arnive, Sangive, Cundrie und Itonje), dann erst von Herzogin Orgeluse (696,6 ff.) geküßt. In der gleichen Reihenfolge erscheint diese Frauengruppe auch bei der Begrüßung von Brandelidelin (729,1 ff.). Bei Feirefiz' Begrüßung allerdings ist diese Ordnung in zweifacher Hinsicht verändert: Die Herzogin Orgeluse läßt Feirefiz zunächst durch Cundrie und Sangive küssen, dann tritt sie selbst herbei und nach ihr die ehrwürdige Arnive. Daran zeigt sich erstens, daß der Text Hierarchie genau beachtet, denn in der Tat hat sich mittlerweile der soziale Status Cundries und Sangives verändert: Beide wurden mit Vasallen Orgeluses (vgl. 623,29–624,4) verheiratet: Cundrie mit Lischoys Gwellius und Sangive mit dem Turkoyten (624,2 f. u. 630,15), so daß Orgeluse ihnen in der sozialen Hierarchie nun übergeordnet ist; Arnive als Königin steht andererseits noch über Orgeluse. – BRÜGGEN 1996, S. 217, bemerkt zu der Szene: „Hierbei legt Orgeluse, ihrer neuen Rolle als Gawans Ehefrau gemäß, das Reglement fest: Cundrie und Sangive erhalten den Vortritt vor ihr selbst und der Königin Arnive (758,24–28)." Ich meine, daß sich in der Reihenfolge deutlich hierarchische Verhältnisse artikulieren (ebenso wie in 765,17–20). Die Frauen begrüßen allerdings nicht – wie es etwa bei der Begrüßung Parzivals der Fall ist – der Rangordnung entsprechend ‚von oben nach unten' (Arnive, Orgeluse, Sangive und Cundrie), sondern sie werden in umgekehrter Reihenfolge nach dem Prinzip der Steigerung zu Ehren des Gastes zum Kuß ‚angeordnet'.

[60] Bei Gawans Empfang als Befreier und Herr von Schastel marveile küßt Bene hingegen dessen Stegreif und Fuß (621,14–17), worin sich ihre ständische Inferiorität ausdrückt. Zum Fußkuß vgl. SCHREINER 1990, S. 118 ff.

[61] Vgl. dazu MÜLLER 1998 b, S. 270 ff.

[62] Anders MÜLLER 1998 b, S. 376, der das Grüßen in dieser Szene als „bloße Fassade von Harmonie, die Prünhilt nur zum Schein aufrecht erhält", bewertet.

4. (Kon-)Textuelle Differenzierung des Rituals

[1] Vgl. Kapitel 1, S. 23 ff.

[2] Zu möglichen Selektionsstrategien in den diesbezüglichen Darstellungen von Burkhard von Ursfeld (ohne Philipps erste Krönung) und Otto von St. Blasien (ohne Philipps Krönungen) vgl. S. 70 f. dieses Kapitels. Zum hier angeschnittenen Phänomen vgl. neben diesen beiden Texten auch die ›Halberstädter Chronik‹, Arnolds von Lübeck ›Slawenchronik‹ und die ›Erfurter Chronik‹ (jeweils ohne Philipps zweite Krönung), die ›Marbacher Annalen‹ (ebenso, Salbung Ottos in Köln) sowie die ›Kölner Königschronik‹ (ohne Philipps erste Krönung); allein die Fortsetzungen der ›Weingartner Chronik‹ und die ›Braunschweigische Reimchronik‹ erwähnen alle drei Krönungen.

[3] Möglich scheint mir dies aber grundsätzlich auch innerhalb von stoffgeschichtlichen Zusammenhängen (der Tristan-Geschichte bei Beroul, Thomas, Eilhart, Gottfried etc.) oder von literarischen Situationstypen (Beratung als Auftakt der Brautwerbung o. ä.).

[4] Bumke [7]1997, S. 50; vgl. dazu und zu der in diesem Zusammenhang wichtigen Iwanet-Handlung auch die Ausführungen bei Peil 1975, S. 208–211.

[5] Bumke [6]1991, S. 97; kritisch zur These einer Wandlung Parzivals bei Trevrizent Haug 1990 und Bumke 2001, S. 77 ff.

[6] Bumke [6]1991, S. 98, vgl. auch Bumke [7]1997, S. 74 ff.

[7] Zur Krönung Erecs bei Chrétien und Hartmann vgl. auch Peil 1975, S. 211–213.

[8] Otto von Freising und Rahewin, S. 286 ff.

[9] Beispiele nennt Buc 2000, S. 187, aus dem Bereich frühmittelalterlicher Historiographie: „Gregory of Tours was extremely reluctant to mention royal Merovingian rituals […]. Hincmar of Reims who […] did not assign a spiritual reading to secular events in his ›Annals of St Bertin‹, also rarely emphasized royal liturgy […]. Thus Hincmar's contemporary, Erchembert […], avoided all institutional sacrality."

[10] Als Beispiel soll weiterhin das bereits angesprochene Krönungsritual von Chrétien und Hartmann dienen: Wolfram, dessen Texte von einem ausgeprägten Interesse an Ritualen zeugen, spart Krönungsfeierlichkeiten bei der Designation Parzivals zum Gralskönig gänzlich aus und betont statt dessen die Bestätigung seiner göttlichen Erwählung durch die Wahl der Gralsgemeinschaft: *da ergienc dô dehein ander wal, / wan die diu schrift ame grâl / hete ze hêrren in benant: / Parzivâl wart schiere bekant / ze künige unt ze hêrren dâ* (796,17–21). Auch die Krönung von Parzivals Sohn Kardeiz wird – ähnlich wie bei Hartmann die Krönung Erecs – auf eine knappe Bemerkung reduziert (803,21); und schon zuvor, als Gahmuret Gemahl der Königin von Zazamanc und Landesherr wird, berichtet Wolfram nicht von einer Krönung, sondern allein von der Lehnsvergabe (51,27 ff.). Auch im ›Nibelungenlied‹ und in der ›Kudrun‹ wird Herrschaftsübergabe durch Lehnsvergabe repräsentiert, während die Krönungsfeierlichkeiten ausgespart, allenfalls angedeutet oder auf kurze Bemerkungen beschränkt werden (vgl. ›Nibelungenlied‹ 604 f., 704–714, 1361–1374; ›Kudrun‹ 17,3, 18,3, 178,1 f., 179,1 f., 547,4, 1606,4, 1608,4).

[11] Vgl. Kapitel 3, S. 54 ff., sowie Kapitel 5.

[12] Vgl. Kapitel 1, S. 22.

[13] *Statimque in quandam ecclesiam introeuntes duasque inde maximas cruces ad humeros levantes coram ipso rege ceterisque principibus adierunt et pedibus ipsius regis cum ipsis crucibus prostrati sunt maxime lugentes.* (Otto Morena, S. 36)

[14] Otto von Freising und Rahewin, S. 520: *is enim Italorum mos est, ut habentes querelas crucem manibus preferant.*

[15] Instruktiv zeigt Buc 2000 an vielen Beispielen, daß Ritualdarstellungen nicht von dem Interesse geleitet sein müssen, das wiederzugeben, was wirklich passiert ist, sondern eine spezifische Interpretation dieser Wirklichkeit und des Ereignisses präsentieren. Dennoch kann ein solches Interesse nicht prinzipiell abgesprochen oder behauptet werden, daß Texte grundsätzlich Rituale schilderten, „regardless of what actually happened" (S. 183). Buc warnt somit zwar zu Recht vor einer zu einfachen Gleichsetzung von Darstellung und Wirklichkeit; doch konstruiert er dabei wiederum problematische Gegensätze, etwa wenn er die Ansicht vertritt, „that often enough the textual rendition (or even imagination) of a solemnity had more political impact than its performance" (ebd.), oder wenn er implizit die Möglichkeit negiert, daß aus den Quellen Rückschlüsse auf die reale politische Ordnung, ihre Konstitutionsweisen und Spielregeln gezogen werden können (S. 201).

[16] Ebd., S. 186.

[17] Ebd., S. 186 f.

[18] Burkhard von Ursfeld, S. 80–82 und 84. Philipps erste Krönung ist auch nicht in der im Anschluß an seinen Tod gegebenen regestenhaften Liste seiner Herrschaftsdaten enthalten (S. 94–96).

[19] Zitate bei Otto von St. Blasien, S. 136.

[20] Vgl. Kapitel 2, S. 42 f.

[21] Text nach HARTMANN 1995, S. 34.

[22] Ebd., S. 35.

[23] Vgl. z. B. ALTHOFF, Fußfälle, S. 5–10, und Inszenierungscharakter, S. 5–8.

[24] Dies ist eher in einer anderen Textsorte, den Rechtssummen, anzutreffen; vgl. etwa die Erklärung des umstrittenen Stratordienstes des Königs/Kaisers gegenüber dem Papst im ›Sachsenspiegel‹: *Deme pavese is ok gesat to ridene to bescedener tit op eneme blanken perde unde de keiser scal eme den stegerep halden, dorch dat de sadel nicht ne winde. Dit is de betekenisse: swat dem pavese wedersta, dat he mit geistlekeme rechte nicht dwingen ne mach, dat it de keiser mit werltlekeme rechte dwinge deme pavese horsam to wesene. So scal ok diu geistleke walt helpen deme werltlekeme gerichte, of it is bedarf* (Landrecht I,1, S. 69 f., Hervorh. v. mir, C. D.). Die Stelle unterscheidet im übrigen auch in seltener Trennschärfe den instrumentellen (*dorch dat*) und den symbolischen (*betekenisse*) Aspekt der Handlung (vgl. dazu Kapitel 2, S. 39 f.).

[25] Otto von Freising und Rahewin, S. 286/288.

[26] Zum Handlungsmuster der ‚deditio‘ vgl. Kapitel 6, S. 110 ff., bes. Anm. 19 ff.

[27] Vgl. dazu beispielsweise ALTHOFF 2000, S. 107.

[28] MÜLLER 2000 b, S. 144.

[29] Vgl. Kapitel 5 sowie die Ausführungen zum ›Rolandslied‹ im Schluß, S. 145 f.

[30] Dies wird in Kapitel 6 detailliert zu verfolgen sein.

[31] Vgl. dazu z. B. die in Kapitel 3, S. 54 ff., besprochenen Begrüßungsrituale.

[32] Vgl. Kapitel 1, S. 16.

[33] Vgl. Kapitel 1, S. 27.

[34] Zu verschiedenen Perspektiven bzw. perspektivischen Verkehrungen bei den Versuchen der höfischen Gesellschaft, die Liebenden zu überführen, und zur Erzählfunktion der Passage in diesem Zusammenhang vgl. grundsätzlich GRUBMÜLLER 1987.

[35] Vgl. ebd., S. 156 ff. Die Eröffnung dieser dritten Perspektive ist gegenüber SCHNELL 1980, S. 308, zu betonen: Ihn „verwundert die Behauptung, daß mit Isoldes Gottesurteil *al der werlt* Christi ‚Windschaffenheit‘ bewiesen wurde. Denn wer bemerkt denn überhaupt die List, die Isolde ins Werk gesetzt hat? Außer Tristan und Brangäne sind alle vom recht- und wahrheitsgemäßen Ausgang des Gottesurteils überzeugt. […] [D]ie Menschen erkennen gar nicht, was gespielt wurde. (Daß Gottfried von seinen Zeitgenossen mehr Einsicht erwartete als von den Zuschauern des Romangeschehens, legt der Inhalt seiner Exkurse nicht nahe).“ Einbezogen in die Deutung des Kommentars ist die dritte Perspektive in SCHNELL 1992, S. 66 ff.

[36] Vgl. die in Kapitel 1, S. 27, Anm. 76, angegebene Literatur.

[37] Vgl. dazu COMBRIDGE ²1964, S. 104 f.

[38] Vgl. dazu die Darstellung in Kapitel 1, S. 28–33.

[39] WENZEL 1995, S. 340.

[40] Zur Visualisierung des Geschehens im ›Parzival‹ vgl. BUMKE [7]1997, S. 147.

[41] Gegenüber NORTHCOTT 1983, der die Perspektivität von Wolframs Erzählen in der Gralsszene ins Zentrum seines Beitrages stellt, ist festzuhalten, daß der Rezipient das Ritual aus einer ähnlichen Perspektive wie Parzival, aber doch nicht „through Parzival's eyes" (S. 413 u. ö.) wahrnimmt. NORTHCOTTS Deutung wird von BUMKE [7]1997 aufgenommen, für den mit Ausnahme des Erzählerkommentars zur Schwertgeste „die ganze Szene aus der Perspektive Parzivals erzählt ist". (S. 148)

[42] SOEFFNER 1990, S. 58 (Hervorh. v. SOEFFNER); zum Begriff der Appräsentation vgl. dort S. 50 ff.

5. Begrüßungsrituale – Die Munleun-Episode in Wolframs ›Willehalm‹

[1] Vgl. Kapitel 3, S. 54 ff.

[2] Der ›Willehalm‹ wird im folgenden zitiert nach der Ausgabe von HEINZLE 1991; wo für die Argumentation relevante Abweichungen vorliegen, wird auch die Ausgabe von SCHRÖDER/KARTSCHOKE 1989 herangezogen.

[3] Die Munleun-Episode steht im Mittelpunkt des Interesses v. a. solcher Arbeiten, die sich Wolframs ›Willehalm‹ unter historisch-politischem Aspekt nähern. HELLMANN 1969 untersucht z. B. die politischen Elemente der epischen Handlung und ihren Bezug zur historischen Wirklichkeit (vgl. S. 139–141, 142–154 u. 245–247), während REICHEL 1975 die Szene als Diskussion der Geltung literarisch geprägter höfischer Wertvorstellungen versteht – „angesichts einer historischen Wirklichkeit, die das Selbstverständnis dieser Gruppe zu erschüttern begann" (S. 388; vgl. auch S. 392 u. 401 sowie zur konkreten Applikation auf die Verhältnisse am Thüringer Hof S. 408). – HAUG 1975 hingegen interpretiert literarhistorisch (S. 219) Willehalms Einkehr als Inversion des traditionellen Wegschemas des Artusromans (S. 223–228), mit dem Ergebnis, daß es „um die Einsicht [ging], daß es an jedem einzelnen Punkt der Geschichte möglich ist, den Kreislauf des *zorns* in der Verzeihung und Versöhnung zu durchbrechen" (S. 230), worin ihm auch HAUPT 1989 folgt. Eine Hinwendung zur „Geschichte" profiliert HAUG hingegen stärker in [2]1992, S. 179 ff. – Auch für FUCHS' Arbeit zum Heldenbild des ›Willehalm‹ besitzt die Munleun-Episode eine zentrale Bedeutung als „Kulminationspunkt der vielfältigen und unvereinbaren Perspektiven auf den Krieg" (1997, S. 256). – Eingearbeitet in die Druckfassung der Arbeit wurden zudem die Arbeit von YOUNG 2000, der u. a. an der Munleun-Episode (S. 88–98) erzählerische Prozesse beschreibt, mittels deren Willehalms Charakter profiliert werde (vgl. S. 101), und der für die hier verhandelte Ritualthematik wichtige Beitrag von ALTHOFF 2000, der aus der Perspektive des Historikers Wolframs Arbeit mit und an rituellen Kommunikationsprozessen beleuchtet (zum ›Willehalm‹ S. 110–117).

[4] HAUPT 1989, S. 218 ff.; CZERWINSKI 1989, S. 18 ff.

[5] HAUPT 1989, S. 238. Die entscheidenden Voraussetzungen hierfür sieht sie in der die Wende des Geschehens herbeiführenden „Minneszene zwischen Willehalm und Alyze". (S. 233) Die „Minnehandlung" binde affektive Energien und reinige den politischen Konflikt von zerstörerischen Leidenschaften (S. 229).

[6] CZERWINSKI 1989, S. 11–16.

[7] Nach CZERWINSKI 1989, S. 55 f., sei Willehalms „Problem" das der „feudalen Heroen insgesamt, eine die substitutionelle Kette der Situationen übergreifende, kombinatorische Identität aufzubauen, eine Identität, wie sie sich erst als bei sich bleibende Reflexion, in der Abstraktion von aller Unmittelbarkeit der Sinne, eben wahrhaft als ,Identität', herstellen wird".

[8] Diese Logik für das Erkennen in einer heroischen Welt, in der sich immer nur eine begrenzte Zahl von Akteuren bewegt, hat MÜLLER 1992 herausgestellt (Zitat S. 92).

[9] CZERWINSKI 1989, S. 33. Ähnlich spricht HAUPT 1989 von einem fatalen Determinismus, der schließlich in der Eskalation enden müsse (z. B. S. 221 u. 224).

[10] In dieser Sequenzierung der Handlungsfolge unterscheide ich mich von anderen Untersuchungen; vgl. z. B. HAUPT 1989, S. 233: „Zunächst die Exposition des Konflikts (Willehalms Ankunft am Hofe), dann die Entwicklung und Vertiefung des Konflikts mit einem Szenenwechsel vom Hof zum Hause des Kaufmanns, die Zuspitzung zur Krise nach dem Muster des Heldenepos und schließlich die Peripetie in der Minneszene zwischen Willehalm und Alyze."

[11] Daß der ›Willehalm‹ auf der altfranzösischen ›Bataille d'Aliscans‹ basiert, ist in der Forschung unumstritten. Unter den verschiedenen Fassungen dieser Chanson de geste ist eine ,Vorlage' für Wolframs Text allerdings nicht namhaft zu machen; die Fassung, die ihm am nächsten steht, ist lediglich in einem (italienisierten) Text von ca. 1350 (Hs. M) überliefert. Im folgenden wird die Fassung M von ›Aliscans‹ an einzelnen Stellen herangezogen, um die Signifikanz von Wolframs Darstellung im Vergleich noch stärker zu profilieren. Zum Vorlagenproblem vgl. die konzise Zusammenfassung bei GREENFIELD/MIKLAUTSCH 1998, S. 46–55, bes. 50 f.

[12] Vgl. dazu S. 89 u. 102 f. dieses Kapitels.

[13] Die exquisite Zivilisiertheit des Hoffestes wird im Text nicht eindeutig negativ konnotiert, allein aus der Konfrontation mit dem Zustand und dem Anliegen des Helden ergibt sich implizit das Defizitäre dieses Festes. Bei HAUPT 1989, die zwar die politische Dimension des Hoftages berücksichtigt, die Szene jedoch dominant unter der Festperspektive betrachtet, wird das Oszillieren der Zusammenkunft zwischen Reichstag, Hoftag und Hoffest m. E. zu wenig berücksichtigt; dadurch wird zugleich der Konflikt zu einseitig auf die Person des Helden verlagert (vgl. z. B. S. 223).

[14] Vgl. hierzu grundsätzlich BRÜGGEN 1993 (mit weiterführender Literatur).

[15] „Die schöne Erscheinung fungiert als äußeres Zeichen einer inneren Haltung; sie signalisiert Lebensfreude, festliche Stimmung, Weltzugewandtheit, und sie verbürgt die Fähigkeit und die Bereitschaft zu einer spezifischen Form adeliger Selbstdarstellung und friedvoller höfischer Interaktion." (ebd., S. 211)

[16] CZERWINSKI 1989, S. 26. Adressat dieser Zeichen ist damit primär die Hofgesellschaft. Daß Willehalm den Panzer als Memorialzeichen anbehalten müsse, um seine Erinnerung nicht zu verlieren und Gyburc in Oransche nicht zu vergessen, weil es ihm an Abstraktionsvermögen mangele (ebd., S. 21, 25 u. 29), erscheint mir überzogen, selbst wenn man die Rolle des Körpers für die ,memoria' zugesteht. Vgl. auch HAUPT 1989, S. 237: „Willehalms Leidensaskese steht zwar im Gegensatz zu den Formen des höfischen Zeremoniells, aber der Held bringt zum Ausdruck, was in dieser Gemeinschaft des Hofes alle angeht."

[17] CZERWINSKI 1989, S. 27 f.

[18] Vgl. weitere Beispiele ebd., S. 21 f. u. 37 f.

[19] Wohl weil der Schild ein (heraldisches) Identitäts- und Erkennungszeichen darstellt, läßt Willehalm diesen Teil seiner Rüstung, die er dem Heiden Arofel abgenommen hatte (81,13 ff.), im Kloster zurück (*aldâ bevalh er sînen schilt / und reit er gein Munlêûn*, 126,6 f.). Der Text von SCHRÖDER/KARTSCHOKE 1989 betont diesen Sachverhalt: *des reit er ane gein Munleun*; im Text von HEINZLE 1991 fehlt *ane*, allerdings betont der Herausgeber im Kommentar, S. 928: „Willehalm will offenbar nicht mit der vollen Kriegsausrüstung zum Hoffest kommen, erregt dort aber schon dadurch Anstoß, daß er statt Festkleidung den Harnisch trägt." Zu den Lesarten der verschiedenen Handschriften vgl. DECKE-CORNILL 1985, S. 106. Warum der Schild zurückgelassen wird, bleibt letztlich unklar.

[20] Zu dieser fingierten Quellenangabe vgl. KIENING 1989, S. 74, und DECKE-CORNILL 1985, S. 103 f.

[21] Zum *timît* vgl. DECKE-CORNILL 1985, S. 104, und HEINZLE 1991, im Kommentar S. 927 f.

[22] In ›Aliscans M‹ erscheint Guillaume am Hof unbewaffnet in einem ärmlichen Mantel (2566 f.; vgl. 2789) und wird deshalb vom König verhöhnt.

[23] FUCHS 1997, S. 345, wertet die Stelle „als fraglos stärkste Szene der Vereinzelung [des Helden, C. D.] zwischen der Totenwache bei Vivianz und dem Schluß der Dichtung".

[24] Vgl. zu dieser Szene Gawans Ankunft in Bearosche im ›Parzival‹: Die Stadttore sind wegen der Belagerung vermauert (351,23 ff.), Gawan reitet ebenfalls zu einem schattigen Ort unter einer Linde und einem Ölbaum (352,27 ff. u. 353,2 ff.), der sich offensichtlich in Sicht- und Hörweite der Burg befindet. Von der Burg aus beobachten die Frauen das Aufschlagen des Lagers und das Abladen der Lasttiere (auf denen sich übrigens – wie es als Regel auch im ›Willehalm‹ formuliert wird – tatsächlich der Harnisch befindet, 353,8 f.). Eine Begrüßung oder Aufnahme wird hier ebenfalls unterlassen, ohne daß dies allerdings erzählerisch so wie im ›Willehalm‹ ausgestaltet würde. Auch bezüglich der Erkennungszeichen, die Gawan als Herren ausweisen, bietet sich die Szene als kontrastive Folie an: Neben Gawans Gefolge (353,11 ff.) sind dies sein Schild (352,17) sowie sein Aussehen und feines Benehmen (352,23 u. 361,21 ff.). All dies fehlt Willehalm. – Zur unfreundlichen Begrüßung vgl. auch den ›Iwein‹ 6088 ff.: Hier wird die Ablehnung ebenfalls durch schräge Blicke (6092) sowie eine entsprechende Körperhaltung (*sî kêrten in den rücke zuo*, 6093) signalisiert, allerdings dominiert bei Hartmann die wörtliche Rede (6094 ff.), somit die sprachliche gegenüber der nonverbalen Kommunikation.

[25] Anders DECKE-CORNILL 1985, S. 238: „Sie [die Fürsten, C. D.] ignorieren ihn, obwohl zumindestens [!] einige von ihnen ihn spätestens erkennen mußten, als er seine Rüstung ablegt (127,14 f., 26–30 u. 113,17–20). Daß sie vor dem König betonen, sie wüßten nicht, wer dieser Fremde sei, ist ein bewußtes Nichtkennenwollen."

[26] Aus denselben Gründen erkennt Gyburc Willehalm nicht, als er aus der Schlacht von Alischanz zurückkehrt (81,30 ff. u. 89,8 ff.). Das wiederholt sich bei der Heimkehr von Munleun (228,8 ff.), obwohl Gyburc – neuzeitliche Kohärenzvorstel-

lungen vorausgesetzt – mittlerweile wirklich wissen müßte, daß Willehalm eine heidnische Rüstung trägt und ein Pferd der Heiden reitet. Auch sein Bruder Ernalt erkennt den Markgrafen nicht und unterliegt ihm im Zweikampf (*wer ist, der mich hie hât gevalt*, 118,22). In beiden Fällen sind es dann körperliche Zeichen (Willehalms Nase und Stimme), die das (feindliche, fremde) Zeichen seiner Rüstung korrigieren. – Daß die Ankunft in Munleun wesentlich vom Nichterkennen geprägt ist, betont auch REICHEL 1975, S. 390: „Willehalm wird also, mehr oder minder unfreiwillig, zum Opfer seiner eigenen Maskerade." Er interpretiert dies aber als Zeichen für die „innere Blindheit der höfischen Gesellschaft" (S. 391), die zu wandeln Willehalms Aufgabe sei (S. 392f.). Zu heldenepischen Regeln des Identifizierens vgl. MÜLLER 1992. Vor dem Hintergrund der von MÜLLER herausgestellten Regel, daß der Held stets erkannt wird, läßt sich die vorliegende Szene als Umkehrung eines heldenepischen Erzählmusters interpretieren.

[27] Aus dem Erzählverlauf ist inzwischen auch deutlich geworden, daß Willehalm sich zu diesem Zeitpunkt noch in voller Rüstung befindet. Die Bedrohlichkeit betont auch CZERWINSKI 1989, S. 28.

[28] Dieser Satz kann natürlich auch anders aufgefaßt werden: „Er sieht seltsam aus." Im Zusammenhang mit dem folgenden Erzählerkommentar erscheint mir die genannte Interpretation aber sinnvoller. – Mit wilden Blicken verscheucht auch Gawan in der in Anm. 24 dieses Kapitels erwähnten Szene den von Obie geschickten Knappen: *Gâwâns ougen blicke / in lêrten herzen schricke* (›Parzival‹, 360,19f.).

[29] Die Übersetzung beruht dabei auf einer etwas anderen Lesart von Vers 130,9 bei SCHRÖDER: *als erz billich e dolte*.

[30] Auch zu den sich anschließenden Versen: *nâch sîner grôzen ungehabe / im niemen vriuntlîchen trôst bôt, / der naeme pflihte sîner nôt* (130,14–16), gehen die Interpretationen, die sich vor allem aus dem semantischen Potential von *ungehabe* herleiten, weit auseinander. HEINZLE 1991 übersetzt „so übel hatte er sich aufgeführt, daß niemand Anteil nahm an seiner Not und ihm freundlich zusprach", und entsprechend einer wörtlichen Bedeutung von 130,14 „nach seinem äußerst anstößigen Verhalten" (S. 930). KARTSCHOKE 1989, S. 84, hingegen bezieht sich auf das Bedeutungsfeld ‚Klage, Leidwesen, Trauergebärde‘, wenn er im entgegengesetzten Sinn übersetzt: „Obwohl er große Trauer zeigte, bot keiner ihm freundschaftliche Hilfe an, der an seiner Not Anteil genommen hätte." HEINZLE (S. 930) und DECKE-CORNILL 1985 (S. 120) halten diese Übersetzung für unwahrscheinlich.

[31] FUCHS 1997, S. 256f., wertet die perspektivierende Darstellung in der Munleun-Episode als „Erzähllogik, die sich eben in der dialektischen Spannung von Harmonisierung und Kontrastierung diverser Perspektiven konstituiert."

[32] Daß die Königin Willehalm auf Anhieb erkennt, während der gesamte französische Hof ihn nicht zu identifizieren vermag, erscheint dem heutigen Leser unglaubwürdig, folgt aber konsequent der Logik jener fremden Wahrnehmungsschemata, die MÜLLER 1992, S. 92, im ›Willehalm‹ anhand der Erkennungsszene bei der Ankunft des Schetis in Oransche aufgezeigt hat: „Horizont des Wissens und Erkennens ist der Sippenverband."

[33] Anders HAUPT 1989, S. 219f.: „Man meidet den Krieger (127,3ff.), als sei der Rost auf Harnisch und Haut ein ansteckender Aussatz. Und in der Tat, die Königin spricht es zuerst aus, was später einige Fürsten denken, was andere offen bewegt:

Man befürchtet, in die Kriegswirren involviert zu werden (129,21 ff. und 141,16 ff.; 142,1 ff.)."

[34] Seine Anwesenheit wird betont (129,8 u.18), ansonsten bleibt er aus der Handlung völlig ausgeblendet.

[35] Mit der Entlastung des Königs liegt bei Wolfram eine entscheidende Akzentverschiebung gegenüber ›Aliscans M‹ vor. Dort läßt der König Guillaume durch einen Ritter abweisen und bedenkt ihn später, als Guillaume erneut vor dem Königspalas erscheint, wegen seines ärmlichen Aussehens mit Spott und Hohn. Die Entlastung der Königsgestalt bei Wolfram ist in der Forschung wiederholt beobachtet worden, vgl. etwa HELLMANN 1969, S. 210 ff.

[36] So auch schon beim Aufbruch von Oransche im Gespräch mit Gyburc: *süezen trôst ich vor mir hân, / mahtû behalten dise stat: / manec vürste, den ich's noch nie gebat / durh mich rîten in diz lant. / […] mîner mâge triuwe ist mir wol kunt. / dar zuo der roemisch künec ouch hât / mîne swester, der mich nû niht lât* (95,16–24). – Anders YOUNG 2000, S. 90.

[37] Willehalm jedenfalls erwähnt in seinen folgenden Klagen über das Verhalten der Hofgesellschaft dem Kaufmann Wimar gegenüber nichts dergleichen. Anders sieht dies REICHEL 1975, S. 390: „Daß die Abweisung gegen seinen Willen geschieht, wird noch dadurch unterstrichen, daß nach dem Schließen der Türen der Markgraf als *trûric man* (130,4) bezeichnet wird, dem ein großes Unglück widerfahren sei (130,14)." Die merkwürdige Passivität Willehalms angesichts einer solchen Ungeheuerlichkeit führt er auf die „Leidensbereitschaft des Helden" (S. 390) zurück und begründet sie zudem als epentechnisch „notwendige Vorbedingung für die Wimar-Episode" (S. 391).

[38] Vgl. dazu auch ALTHOFF 2000, S. 111 u. 117.

[39] Vgl. etwa REICHEL 1975, S. 391, und DECKE-CORNILL 1985, S. 121.

[40] Vgl. dazu etwa HAUPT 1989, S. 235 f.

[41] Ich schließe mich hier Heinzles Text an. SCHRÖDER/KARTSCHOKE 1989 setzen die Interpunktion anders: *,ir habt doch ungemach erliten, / von swelhem lande ir sit geriten. / iuch solten ritter grüezen baz!'* Dazu HEINZLE 1991, im Kommentar S. 930: „Das führt auf eine nichtssagende Formulierung: ,woher ihr auch geritten kommt, es ist euch schlecht gegangen', während die gewählte Lösung den entscheidenden Sachverhalt scharf akzentuiert: ,woher ihr auch geritten kommt (d.h. wer immer ihr seid, und mögt ihr hier noch so fremd sein), es wäre Pflicht der Ritter gewesen, euch freundlich zu behandeln, wo sie doch sahen, daß es euch nicht gut geht'."

[42] CZERWINSKI 1989, S. 30, behauptet hingegen, Willehalm sehe selbst ein, „daß ihn sein kriegerischer Aufzug im friedlichen Raum des Hofes bedrohlich und damit unerkennbar gemacht habe", was aber in dem von ihm angeführten Textbeleg – und auch an anderen Stellen – nicht gesagt wird. Willehalm behauptet ja im Gegenteil: Obwohl man ihn erkannt habe, habe man ihn nicht gegrüßt. Die unterschiedlichen Blicke auf das Geschehen werden – wie auch CZERWINSKI betont (etwa S. 13 f.) – unversöhnt gegeneinandergestellt.

[43] HAUG 1975, S. 226, sieht hingegen unbeherrschten Zorn als Willehalms Kennzeichen seit dem Aufbruch aus Oransche an. – Zur Semantik von *trûren* bzw. *tristitia* vgl. ALTHOFF 1997, S. 29 f., v. a. Anm. 22 und S. 302 f., sowie MÜLLER 1998 b, S. 208–212.

[44] CZERWINSKI 1989, S. 29f.

[45] Anders BRÜGGEN 1993, S. 211.

[46] Anders DECKE-CORNILL 1985, S. 149: Die Hofgesellschaft „kann nun nicht anders als den unwillkommenen Gast mit allem Anstand zu begrüßen."

[47] Willehalm wiederholt hier das Argument, das er dem Kaufmann gegenüber schon formuliert hatte (131,16ff.).

[48] Dies im Kontrast zu der Leere, die um Willehalm bei seiner Ankunft entstand (127,8f.).

[49] Anders HAUPT 1989, S. 224: „Bereits vor dem Auftritt Willehalms beim offiziellen Empfangszeremoniell des Königs hatte Wimar, der Kaufmann, den Hof über die Identität des Kriegers aufgeklärt (139,16ff.). Das hatte zwar zur Folge, daß man Willehalm wenigstens die schuldige Begrüßung zukommen ließ, aber die Eskalation war schon nicht mehr aufzuhalten. Denn der Held provoziert bei der Hofgesellschaft und insbesondere bei den Fürsten Reaktionen, die gleichfalls von starken Affekten bestimmt sind." Ungeklärt bleibt hier die Frage, warum eine Eskalation nicht aufzuhalten sei. Affekte seitens der Fürsten werden an dieser Stelle gerade nicht erwähnt, sondern allein Willehalms provozierende Worte aufgrund der ihm durch die unterlassene Begrüßung zugefügten ‚objektiven' Entehrung. – Auch CZERWINSKIS Interpretation kann ich hier nicht teilen. Er erwähnt die Begrüßung mit *vreude* durch die Hofgesellschaft, führt dann aber an, dies könne angesichts der „‚objektiv' unhöfischen Gestalt nicht von Dauer sein" (1989, S. 31), und führt dann 140,13–22 (Willehalms Hinweis auf seine Rüstung) als Beleg an. Die vorhergehenden Worte Willehalms, die die Begrüßung der Hofgesellschaft zurückweisen, werden hier unterschlagen, dadurch der Konflikt heruntergespielt.

[50] Zu dieser Geste, die sich auch in ›Aliscans M‹ findet, vgl. HAUG 1975, S. 228f.: Mit der Parallele zu Hagens Geste im ›Nibelungenlied‹ (1783f.) werde der Typus ‚Heldenepik' von Wolfram signalisiert. Ähnlich auch HAUPT 1989, S. 218ff.: „Mit dem szenischen Zitat aus der Heldenepik scheint ein fataler Determinismus in Kraft gesetzt zu werden, der die Evolution des Festmotivs, das im Artusroman Chrestien-Hartmann'scher Prägung sein integratives Potential reich entfalten konnte, hart und schroff abbricht." (S. 221) Mir scheint, wenn man den Vergleich zum ›Nibelungenlied‹ anstellen will, ebenso beachtenswert, daß das Schwert Hagens vor allem Memorialzeichen für den Mord an Siegfried ist; das eigentlich Provokante der Szene im ›Nibelungenlied‹ (1783,4–1784,4) besteht in der Verbindung dieses Zeichens mit der Richtergeste. – Zur Schwertgeste und ihren möglichen intertextuellen Bezügen vgl. auch YOUNG 2000, S. 90ff.

[51] In ihrer Vermutung nehmen die Fürsten das spätere Geschehen vorweg: „*lâ sîn, dîn ouge hiute siht*", / *antwurte im aber dirre dô,* / „*des etslîch vürste wirt unvrô.* / [...] *man muoz im eine hervart* / *noch hiute sweren oder loben* / *oder man gesiht in drumbe toben*" (142,2–14). HEINZLE 1991 weist im Kommentar, S. 938, auf eine mögliche andere Bedeutung von *grüezen* hin: „Doch könnte *grüezen* hier auch in der Bedeutung ‚herausfordern, angreifen' (vgl. DWb IV/I/6, Sp. 1001ff.) gebraucht sein: ‚Heut legt er's wohl mit keinem an'."

[52] So auch HAUPT 1989, S. 225. Anders CZERWINSKI 1989, S. 31ff.: Der Einzug in formvollendeter Etikette konterkariert für ihn primär die „berserkerhafte Explosion des entehrten Körpers Willehalms" (S. 32).

⁵³ *der künec zen ambetliuten sprach: / [...] „ich wil die hôchgezît hân. / seht, wie ir mîne werde man / wol setzet, unde nemet des war, / daz ir dise und die hôhen gar / setzet nâch mînen êren"* (173,15–23).

⁵⁴ Vgl. dazu Ernalts Bemerkung: *„Heimrîch und Iremschart, / diu zwei, von den wir sîn erborn, / die hât der künec dâ erkorn / ze êren den hochgezîten sîn"* (121,20–23).

⁵⁵ Bereits bei Willehalms Betreten des Palas wird gesagt, daß der König und die Fürsten ihn bemerken (141,1 f.).

⁵⁶ Die Übersetzung von KARTSCHOKE 1989, S. 93: „Er hatte keinen Gruß von denen empfangen, / die sich nach allen Seiten hin verneigten", halte ich an dieser Stelle für ungenügend.

⁵⁷ Vgl. dazu S. 97 ff. dieses Kapitels.

⁵⁸ Strategische Gründe bewegen Willehalm bereits vor seinem Einzug, von seinem Vorhaben, den König zu töten, Abstand zu nehmen (139,1–8) und auf die Ankunft seines Vaters und seiner Verwandten zu warten. Er denkt hier – wie bereits bei seinem Hinweg zum Hof deutlich wurde – im Horizont von Verwandtschaft. Anders CZERWINSKI 1989, der Willehalms Verhalten auf eine Wahrnehmungs- und Verhaltenslogik zurückführt, nach der der Held nicht anders als gewaltsam zu reagieren vermag (S. 26 u. 30). Willehalm reflektiert hier aber das Gegenteil dessen, was CZERWINSKI ihm unterstellt. – HAUPT 1989, S. 225, beschreibt Willehalms Reaktion auf den offiziellen Begrüßungsakt seiner Verwandten so: „Das veranlaßt nun Willehalm zu jäher Erhebung, zur Schmähung des Königs (145,66 ff.) und zum tätlichen Angriff gegen die Königin (147,15 ff.)." Damit wird das sukzessive Prozedieren des Konfliktes in wichtigen Einzelschritten nicht berücksichtigt, denn bevor Willehalm die Königin angreift, finden sowohl Besänftigungsversuche als auch weitere Beleidigungen statt.

⁵⁹ Zu Sprachregelungen bei Hof vgl. BUMKE 1994, S. 72–80. Zur Verletzung elementarer Spielregeln politischer Interaktion vgl. zudem ALTHOFF 2000, S. 113 ff. Willehalm agiert hier als Heros, allerdings auch als Fürst, dessen Ehre bis zum Äußersten beschädigt wurde.

⁶⁰ Zu der hier angesprochenen Lehnsgeste vgl. REICHEL 1975, S. 404, DECKE-CORNILL 1985, S. 174, und HEINZLE 1991, im Kommentar S. 940.

⁶¹ Als *unprîs* wird die unterlassene Begrüßung in 131,12 bezeichnet, ebenso ist Willehalms *werdekeit* tangiert (*dar zuo dunk ich mich ze wert*, 137,15).

⁶² Zweifellos droht Willehalm dem König, seine Worte sind ungehörig und verletzen den höfischen Code. Es fragt sich aber, ob die konkrete Übersetzung des unbestimmten *beswaeren* von HEINZLE 1991 („Ich könnte euch erschlagen", S. 253) nicht die im Text vorhandenen graduellen Unterschiede des Sprechens beseitigt.

⁶³ HEINZLE 1991 betont im Kommentar, einen Vorwurf, „der im Zusammenhang der Rede an den König einigermaßen deplaciert wäre", könne man aus dieser Stelle nicht herauslesen (S. 941). Als Vorwurf möchte ich die Worte – mit HEINZLE – nicht lesen, wohl aber als Appell. HEINZLES Übersetzung allerdings „Es ist jetzt sieben Jahre her, / daß ich den Vater und die Mutter / und / meine Brüder nicht gesehen hab" (S. 253), sowie seine Bemerkung, es handle sich um eine „bloße Umschreibung" (S. 941), kann ich nicht teilen. Auch DECKE-CORNILL 1985 sieht in Willehalms Worten keinen Vorwurf (obwohl HEINZLE, S. 941, das vermutet), vgl. S. 189.

Sie betont an anderer Stelle zu Recht: „Erst brüderliches Handeln an Willehalm macht sie zu seinen Brüdern. Die blutsmäßige Verwandtschaft konstituiert noch nicht das wirklich brüderliche Verhältnis." (S. 175) – Das Verb *jehen* wird in ähnlichem Zusammenhang im Sinne einer öffentlichen Bekräftigung eines Rechtsverhältnisses auch in bezug auf die Schwester gebraucht: *getorst ich ir ze swester jehen, / sô het man mich baz ersehen / von ir munde enpfangen.* (158,25 ff.)

[64] Den Begrüßungen durch die Brüder und später den Vater ist in der Forschung vergleichsweise wenig Aufmerksamkeit geschenkt worden. Haupt übergeht sie ganz, Haug 1975 erwähnt nur die Besänftigungsgesten der Brüder (S. 223). – Czerwinski nimmt diese Textstellen als Beleg dafür, daß Willehalm keine Möglichkeiten zur Gewaltfreiheit habe, denn obwohl „ihm alle bisher ausgebliebene höfische Ehre doch noch zuteil wird", könne der „Bote des Krieges in der Provence" das Schwert nicht aus der Hand legen (S. 37). Damit übersieht er, daß die Begrüßung durch die Brüder nicht die völlige Desintegration aus dem Herrschaftsverband an einem offiziellen Hoftag kompensieren kann. – Daß die Konfliktlösung innerhalb der Sippe vor dem verschärften Ausbruch der Spannungen mit dem Königspaar „gleichsam nur eingeschoben und am Rande erscheint" (Fuchs 1997, S. 259), wird, wie zu zeigen ist, der Bedeutung der Szenen mit Brüdern und Vater nicht gerecht. Fuchs' ansonsten einleuchtende Analysen lassen die von mir fokussierten Logiken rituellen Handelns in der Regel beiseite. – Zu Althoffs Deutung der Szene vgl. Anm. 66 dieses Kapitels.

[65] Decke-Cornill 1985, S. 175, bemerkt dazu: „Das beflissene (uf)springen ist im höfischen Empfang wohl üblich [...], dennoch scheint die Art, wie die Brüder Willehalm als Verwandten begrüßen, dem höfischen Zeremoniell nicht ganz zu entsprechen."

[66] Althoff 2000, S. 117, hingegen betont das angesichts der Regeln der politischen Welt undenkbare Verhalten Willehalms und sieht in der sich anschließenden Begrüßung durch die Brüder ebenso wie in der späteren durch den Vater ein groteskes Moment: „Die anderen setzen die Kommunikation fort, als sei nichts geschehen." Vgl. zudem S. 114 ff.

[67] Die Szene ist in der Forschung unterschiedlich interpretiert worden; nahezu einhellig ist man jedoch der Ansicht, daß der König Willehalms Stellung und seine Verdienste anerkennt und mit der positiveren Darstellung des Königs gegenüber der Vorlage die Konflikte von Wolfram anders akzentuiert werden (vgl. u. a. Haug 1975, S. 224, Reichel 1975, S. 395 ff. u. 403 ff., sowie Stevens 1997, S. 66 ff. u. 138 f.). Zumeist sind die Worte des Königs als Zusage einer *helfe*-Forderung Willehalms gelesen worden (so z. B. jüngst wieder von Stevens 1997, S. 66 f., und Young 2000, S. 94). Eine solche Interpretation muß davon ausgehen, daß der König eine solche Zusage ungebeten und ungefragt gibt (Decke-Cornill 1985, S. 171), und muß darüber hinaus erklären, warum der König sich später von seiner „spontanen Hilfszusage" (Reichel 1975, S. 395 u. 405) wieder distanziert. Sie übersieht zudem, daß diese Zusage ohne die Unterstützung der Bitte durch die Verwandten gegeben wird (so Reichel 1975, S. 395), die im ›Willehalm‹ jedoch als wichtiges Motiv erscheint (vgl. oben S. 89 zu 122,14–18, dazu die Einsicht der Königin 165,24 f., ihren Fußfall vor dem König zusammen mit Willehalms vier Brüdern 169,10 ff., die öffentliche Hilfszusage jedes einzelnen Bruders 170,23 ff.; vgl. außerdem die Reden

Heimrichs und Irmenscharts während der Beratung 182,11 ff.). Übersehen wird
weiterhin, daß der König eine solche Entscheidung nicht ohne Beratung mit seinen
Großen trifft, deren Voten eingeholt werden, wenn er später tatsächlich um *helfe*
gebeten wird (vgl. 169,30 u. 179,2). Probleme stellen sich bei der Annahme einer
bereits hier gegebenen Hilfszusage jedoch nicht nur, was die erst später erfolgen-
den *helfe*-Forderungen und ihre Diskussion betrifft; offen bleiben muß dann auch
die Frage, worum es in dem folgenden Konflikt, der schließlich in der Eskalation
endet, eigentlich geht. So muß REICHEL etwa, da er den Status der Königin als
Lehnsherrin betont und ihr Einschreiten als Vergehen gegen den Vasallen betrachtet, konstruieren, die Königin habe die Kompetenz, eine konkrete Hilfszusage des
Königs zu revidieren (1975, S. 395 ff.).

　[68] GOFFMAN [2]1991, S. 68. Damit soll nicht gesagt sein, daß der König leere Wort-
hülsen benutze (vgl. nämlich *lît mîn wîp von im erslagen, / daz ist ein ungedientiu
nôt / gein sölher rede, als ich im bôt / und der ich wolte sîn bereit*, 148,12–15), und
auch nicht, daß hier die *helfe* überhaupt keine Rolle spiele (vgl. dazu S. 109 dieses
Kapitels). Implizit steht die *helfe* natürlich immer mit auf dem Spiel, aber eben erst
recht dann, wenn Willehalm schon eine gebührende Begrüßung verweigert wird. Es
kommt mir darauf an, daß die verbale Geste des Königs sich einer Sprechweise bedient, die eingebettet ist in die rituelle Handlung der Begrüßung, und daß ihr spezifischer Sinn darin liegt, dem Adressaten besondere Ehre zu entbieten.

　[69] Vgl. dazu grundsätzlich MÜLLER 1974 und 1998 b, S. 410 f.

　[70] HAUGS Deutung der Szene übersieht gerade diesen Punkt: „Auch der König
kommt ihm versöhnlich entgegen; er […] erklärt sich bereit, ihm alles, was er besitzt, zur Verfügung zu stellen. Das geht jedoch der Königin zu weit. Sie will nicht
von Willehalm abhängig sein, sie protestiert und veranlaßt damit einen erneuten
Wutausbruch Willehalms, der alles Bisherige überbietet“ (1975, S. 223). Der König
überträgt seinen Besitz jedoch nicht wirklich, und das weiß – man beachte den
Konjunktiv in ihren Worten! – auch die Königin.

　[71] Anders REICHEL 1975, S. 395: „Doch wiederum ist es, wie in der Eingangsszene,
die Königin, die nicht nur den Anspruch Willehalms erkennt, sondern auch die mit
der spontanen Hilfszusage des Königs bestätigte und fixierte Machtlage nicht akzeptiert. Ihre ablehnende Antwort und Willehalms leidenschaftliche Reaktion
lösen allererst den Konflikt aus, denn mit dieser Antwort werden die Machtverhältnisse in Frage gestellt.“ Auch hier werden der rituelle Code und der virtualisieren-
de Charakter der Geste übersehen: Die Königin stellt, indem sie auf diese verweist,
im Gegenteil die tatsächlichen Machtverhältnisse wieder her. Zum Begriff ‚virtuali-
sierende Geste‘ vgl. grundsätzlich MÜLLER 1998 b, S. 410–414.

　[72] Anders CZERWINSKI 1989, S. 33: „Aber Willehalm darf sich nicht besänftigen,
nicht zur Friedfertigkeit hinreißen lassen: in diesem ‚objektiven‘ Zwang wirkt nicht
– noch einmal sei es betont – die Logik von Mittel und Zweck, von Ursache und
Wirkung, Absicht und Erfolg nach ihrer bürgerlichen, bewußt-intentionalen Form,
sondern eine historisch andere, die positiv zu beschreiben allerdings unmöglich ist.
Nichts scheint darauf hinzuweisen, der König könnte den Forderungen seines
Markgrafen nicht nachkommen; der einzige uns zunächst sichtbare Grund für Willehalms maßlosen Zorn liegt in der Verweigerung des rechten Grußes durch einen
Teil der Hofgesellschaft. Nun möchte solche Motivierung zwar episch hinreichend

sein [...], wären nicht Art und Richtung der mit solcher Interpretation unterstellten kausalen Dependenz logozentrisch verdächtig." Willehalm wird aber nicht nur von einem Teil der Hofgesellschaft nicht begrüßt, sondern weder von den Fürsten noch dem Königspaar, noch den Verwandten. Er wird darüber hinaus nun von der Königin vor aller Augen und Ohren beleidigt und entehrt. Nicht die Alternative „Erinnerung oder Friede" (ebd.), sondern die ungehörigen Worte der Königin, die CZERWINSKI in seinen Ausführungen nicht erwähnt, stehen zur Debatte.

[73] SCHMIDT-WIEGAND 1971 (mit weiterführender Literatur).

[74] *Versprechen* kann natürlich auch ‚verweigern, widersprechen, ablehnen' bedeuten, was man auf die *helfe*-Forderung beziehen könnte. Der reflexive Gebrauch und der Kontext legen aber eher ‚falsch, ungebührlich, sich zum Schaden sprechen' im Sinne eines verbalen Fauxpas nahe.

[75] Im gleichen Kontext erinnert auch Scherin an die defiziente, weil zögerliche Begrüßung (durch den König): *„und dô der künec sô trâge / den marcrâven hiute enpfienc, / dô er durh klage vür in gienc, / vrouwe, des engultet ir"* (164,6–9).

[76] Die Worte des Königs gehen in gewisser Weise an der Sache vorbei, weil Willehalm nicht auf dessen *rede*, sondern die der Königin reagiert. Vgl. dazu auch REICHEL 1975, S. 405, der in den Worten des Königs einen Hinweis auf die ‚curia regis' vermutet: „Willehalms Handlungsweise stellt also neben einer persönlichen Beleidigung des Königs insofern ein unrechtmäßiges Verhalten dar, als er die zwischen König und Vasall geschobene Instanz ignoriert und die Vernachlässigung der Schutzpflicht des Lehnsherren daher auch nicht feststeht." Der Konflikt erweist sich aber primär als Rangkonkurrenz mit der Schwester, ungeachtet der Tatsache, daß Willehalm mit dem Angriff auf die Königin auch öffentlich die *êre* des Königs und damit die des Reiches beschädigt (vgl. dazu 169,21ff. u. 181,7–30).

[77] HAUG 1975 übergeht die Begrüßung durch den Vater und spricht von einer „Handlungspause" (S. 223), ebenso REICHEL 1975 und HAUPT 1989. CZERWINSKI 1989, S. 38, hingegen interpretiert die Stelle ganz im Sinne der von ihm durch den Text verfolgten Motivationsstrukturen: „Dort wird ganz klar, die Motivationsrichtung verläuft nicht so, daß man dem Markgrafen unhöfisch begegnet sei und damit seinen Zorn, seine Zuchtlosigkeit hervorgerufen habe, denn er muß sich auch gegen seinen Vater, den Inbegriff der Sippentreue, zuchtlos bezeigen (und er entschuldigt sich zuchtvoll dafür!)." – Zu ALTHOFFS Deutung der Szene vgl. Anm. 66 dieses Kapitels.

[78] Vgl. 139,9f.: *ich wil mînes vater beiten / mit zwîvels arbeiten*. Zum *zwîvel* im ›Willehalm‹ und im ›Parzival‹ vgl. HAUG 1975. Für HAUG ist das entscheidende Merkmal Willehalms der *zorn*, im Gegensatz zu Rennewart, den – in Analogie zu Parzival – neben dem *zorn* ebenso der *zwîvel* an seinen „natürlichen Bindungen" kennzeichne (S. 221f. u. 226f.). Die vorliegenden Stellen werden von HAUG nicht berücksichtigt, doch lassen sie solche *zwîvel* an den ‚natürlichen Bindungen' auch für Willehalm erkennen. Zur Bindung zwischen Heimrich und Willehalm vgl. STEVENS 1997, S. 44ff. – Auch YOUNG 2000 betont den *zwîvel* (S. 97f.) und verweist in diesem Zusammenhang auf die Enterbung durch den Vater, die – wie ALTHOFF (2000, S. 110) betont – einen „ungeheuerlichen Bruch adeliger Verhaltensweisen" darstellt. Als einen „Reflex" dieser „epischen Ausgangsbedingungen" hat auch KIENING 1991, S. 194, die Begegnung Willehalms und Heimrichs gedeutet.

[79] BUMKE [6]1991, S. 222, bemerkt anläßlich des Vergleichs mit ›Aliscans M‹ zur Begrüßung der Eltern und der Brüder: „Die Hofszene am nächsten Tag ist bei Wolfram anders geordnet. In ›Aliscans‹ gibt sich Guillaume, nach dem festlichen Einzug seiner Eltern, seinen Verwandten zu erkennen, wird von ihnen begrüßt (die Begrüßung durch die Eltern hat Wolfram merkwürdigerweise übergangen) und berichtet von der verlorenen Schlacht und dem unfreundlichen Empfang am Hof."

[80] Der Überhöhung der familiären, vor allem der Vater-Sohn-Beziehung entspricht die besondere Grußformel, die Willehalm für die Eltern schon in den Worten an den König verwendet hatte, vgl. S. 98 dieses Kapitels.

[81] Dazu HEINZLE 1991, im Kommentar S. 943.

[82] Vgl. dazu auch später Irmenschart, die Alyze mit der Nachricht vom Tod der Verwandten zur Königin schickt (160,1 ff.). Zur Disposition steht dabei die *triuwe* der Königin. Ihre Klage um die Verwandten sowie ihr Sinneswandel werden im folgenden öfter betont (164,10 ff., 167,1 ff. u. 170,1 ff.).

[83] REICHEL 1975, S. 399; HAUG 1975, S. 223 f.; HAUPT 1989, S. 226 f.; die Szenen zwischen dem Ausbrechen des Konfliktes und dem Auftritt Alyzes werden dabei jedoch zumeist außer acht gelassen. CZERWINSKI 1989 spricht von einem „Sprung auf eine zweite ‚ästhetische' Ebene" (S. 38) bzw. von Alyze als „Dea ex machina" (S. 39).

[84] Es sei hier erwähnt, daß das Versöhnungsgeschehen nicht Gegenstand dieses Kapitels ist und nur insoweit angesprochen wird, als es für die vorliegende Fragestellung relevant ist.

[85] HAUPT 1989, S. 226 ff. Alyzes Beschreibung folgt, wie HAUPT gezeigt hat, der Terminologie der hohen Minne. Von der Entfaltung einer „Minnehandlung" (S. 229) zwischen Willehalm und Alyze, die einen „Ausgleich zwischen Emotion und Vernunft" (S. 238) herbeiführe, kann m. E. aber nicht gesprochen werden. Auch HAUPTS These, daß das Dialogische (als Bereitschaft zum Gespräch) sich von nun an in Munleun durchsetze, muß relativiert werden. Zum einen nimmt es, wie zu zeigen war, schon vor Alyzes Auftritt Raum ein. Zum anderen wird die Fortsetzung des Hoftages keineswegs von nun an ausschließlich durch „politische Rede" und „klare Positionen" (S. 229) im Unterschied zu einer anfänglichen Emotionalisierung („‚eifersüchtige[]' Affekte", S. 230) geprägt; Willehalms *zorn* bricht später wieder durch (179,4 ff.).

[86] CZERWINSKI 1989, S. 42 u. ö.

[87] REICHEL 1975, S. 398 ff.

[88] Zur Funktion der ‚descriptio' in ihrem ästhetischen und wirkungsästhetischen Aspekt vgl. HAUPT 1989, S. 226 f., und CZERWINSKI 1989, S. 38 ff.

[89] CZERWINSKI 1989, S. 42, hingegen charakterisiert Alyze als ‚Realabstraktion' mit paradoxem Status: „Alyze also ist Inbegriff der Behauptung einer Möglichkeit von Frieden und Verallgemeinerung, der Aufhebung jener konkreten, tätigen Relevanz souveräner, uneingeschränkt ausfahrender Körper durch einen ‚formalen Körper', durch eine Sinnlichkeit, die nur noch in der Reduktion auf einen, den ‚abstrakten' Sinn, auf das Auge, erfahren werden darf: die Königstochter erscheint als Aggregation von Allgemeinheit und Körperlichkeit, als Paradoxon einer symbolisch-naturalen Information." Der zweideutige Status bezöge sich somit auf ihre Existenz als Minnedame und nicht, wie es mir wichtig ist, auf ihre Charakterisie-

rung als Minnedame, Königstochter und Verwandter zugleich. Das folgende politisch-gestische Handeln wertet CZERWINSKI 1989, S. 46, als ‚Rückfall': „Doch die neue Dimension gesellschaftlicher Synthesis – höfische, virtualisierte Schönheit als Verallgemeinerung, als Durchsetzung von *zuht* und *maze* und d. h., als abstrakte Vergleichbarkeit und Gleichheit der zuvor distinkten, weil natürlichen, Körper – fällt sofort wieder in die alten Gesten der konkreten Ungleichheit, der vasallitischen Unter- und Überordnung zurück: Willehalm und Alyze sinken einander wechselseitig zu Füßen."

[90] Ich lese die Verse anders als HEINZLE 1991 („als ihr Onkel sie in aller Form begrüßte") und KARTSCHOKE 1989 („als sie höflich ihr Oheim begrüßte") als Begrüßung Willehalms durch Alyze, also *si* als Subjekt und *ir oeheim* als Objekt. Grammatikalisch sind beide Übersetzungen möglich. Meine Entscheidung liegt in verschiedenen Indizien begründet: Die Initiative zur Begrüßung geht in den Texten – wie in Kapitel 3, S. 61 f. ausgeführt – zumeist von den Frauen aus; Willehalm wird außerdem in den beschriebenen Szenen stets von anderen zuerst begrüßt, während er selbst darauf reagiert; schließlich scheint mir, daß mit der Annahme, Willehalm begrüße zuerst Alyze, ihrem Handeln eine entscheidende Pointe genommen wäre.

[91] Vgl. STEVENS 1997, S. 121.

[92] Die Unterwerfungsgeste weist auf die spätere Bitte um Versöhnung mit der Mutter voraus, doch bleibt dieses Anliegen hier zunächst noch ausgeklammert. Erst als Alyze auf Willehalms Aufforderung wieder aufgestanden ist, bittet sie ihn, um ihrer selbst, Irmenscharts und Gyburcs willen ihrer Mutter zu vergeben (157, 21–30).

[93] Anders STEVENS 1997, S. 121: „In essence, Alyze receives her uncle in a way that is appropiate for his position."

[94] Alyze begrüßt zudem, gewissermaßen in Umkehrung der anfänglichen Isolation Willehalms, allein ihren Onkel, ohne die anderen anwesenden Fürsten zu beachten (vgl. dazu auch REICHEL 1975, S. 400).

[95] REICHEL, ebd., stellt den politischen Aspekt zu einseitig heraus: „Zwar stellt die gegenseitige Unterwerfung keinen rechtsverbindlichen Akt dar, doch hat diese sinnenfällige Handlung symbolische Bedeutung in einer Auseinandersetzung, die Wolfram selbst als politische kennzeichnet. Wolfram hat in der Alyze-Willehalm-Handlung die Entscheidungsgründe auf diesen einen Punkt reduziert."

6. ‚Deditio' – Metamorphosen des Rituals im ›Herzog Ernst‹-Komplex

[1] Allen Versionen des Überlieferungskomplexes gemeinsam ist folgender Handlungsgang der Empörergeschichte: Herzog Ernst von Bayern genießt als herausragender Reichsfürst und Stiefsohn Kaiser Ottos (lediglich im ›Herzog Ernst G‹ heißt der Kaiser *Friderreich*) an dessen Hof höchstes Ansehen, bis er vom Pfalzgrafen Heinrich aus Konkurrenzmotiven beim Kaiser verleumdet wird, die Herrschaft im Reich usurpieren zu wollen. Im Auftrag des Kaisers von Heimrich befehdet, erhebt Ernst sich nach vergeblichen Vermittlungsversuchen schließlich gegen das Reich, indem er den Pfalzgrafen vor den Augen des Kaisers erschlägt und auch das Leben Ottos, der gerade noch entkommen kann, bedroht. Geächtet und nach

mehrjährigem Krieg an militärischen Mitteln erschöpft, entschließt Ernst sich zur Kreuznahme, die ihm gemeinsam mit wenigen Gefolgsleuten einen ehrenvollen Abgang aus dem Reich ermöglicht. Nach langjähriger Abenteuerfahrt durch eine orientalische Wunderwelt und nach ritterlicher Bewährung im Heiligen Land kehrt Ernst dann in das Reich zurück, wo er sich mit Hilfe seiner Mutter, der Kaiserin, und der Unterstützung der Reichsfürsten mit dem Kaiser versöhnt und schließlich vollständig rehabilitiert in seine angestammte Herrschaft wiedereingesetzt wird.

[2] Die ‚deditio‘ als eine spezielle Ausprägung von Unterwerfungsritualen steht im Zentrum der Überlegungen ALTHOFFS zu Regeln mittelalterlicher Konfliktführung und -beilegung (vgl. ALTHOFF 1995 und 1997, zum Folgenden v. a. S. 21–153). Bei der ‚deditio‘ handelt es sich um eine seit dem 10. Jh. gebräuchliche Form gütlicher Einigung (‚compositio‘), für die neben der Forderung nach Genugtuung durch vollständige Unterwerfung des Opponenten und neben dem Beharren auf der königlichen Strafgewalt (‚satisfactio‘) zugleich die Zusicherung herrscherlicher ‚clementia‘ und die Wiederherstellung des ‚status quo ante‘ für den sich Unterwerfenden charakteristisch sind. Das Ritual besteht auch während der folgenden Jahrhunderte fort, doch setzt in der Salierzeit ein Wandel mit der Forcierung der königlichen Strafgewalt ein, der in der Stauferzeit mit Friedrichs I. Grundsatz des ‚rigor iustitiae‘ einen Höhepunkt erreicht (vgl. 1997, S. 52 f., 64 f., 73 u. ö.; zu Barbarossas ‚rigor iustitiae‘ vgl. auch Kapitel 4, S. 72 f.).

[3] Außer dem ›Herzog Ernst‹, wo das Ritual neben der unten besprochenen Szene auch in der Unterwerfung Regensburgs erscheint (B 1620–1666), ist hier noch die im Rat Blanscandiz' an Marsilie entworfene Unterwerfung der Heiden im ›Rolandslied‹ zu nennen (459–485 u. 534–548).

[4] Vor allem die von ALTHOFF besonders hervorgehobenen Vorverhandlungen und Vermittlungsinstanzen des Rituals (vgl. v. a. Anm. 19 u. 25 dieses Kapitels) werden hierbei kritisch in den Blick geraten und damit auch die Frage, inwieweit das Ritual als inszenierte Veröffentlichung von zuvor bereits ausgehandelten Ergebnissen erscheint.

[5] ALTHOFF 1999 und 2000; vgl. dazu S. 140 dieses Kapitels.

[6] Eine Übersicht über den ›Herzog Ernst‹-Komplex bieten MEVES 1976, BEHR 1979, BEHR/SZKLENAR 1981 und BEHR 1993.

[7] Zur Datierung vgl. BEHR/SZKLENAR 1981, Sp. 1178 ff., und BEHR 1993, S. 61; kritisch dazu HAUSTEIN 1997, S. 125 ff.

[8] Zitat BEHR 1993, S. 62. Zur Datierung vgl. BEHR/SZKLENAR 1981, Sp. 1182.

[9] Die Bruchstücke der ältesten volkssprachlichen Fassung A überliefern keine Textstellen aus der Versöhnungshandlung, ebensowenig die Fragmente der Fassung Kl (14. Jh.). Auch der strophische ›Herzog Ernst G‹ (14. Jh.) enthält in seiner ohnehin auf wenige Strophen gekürzten Reichsgeschichte kein Ritual. – Die frühneuhochdeutschen Texte ›Herzog Ernst F‹ (15. Jh.) und ›Historie vom Herzog Ernst‹ (16. Jh.) gehen auf den ›Herzog Ernst C‹ zurück. Bei F handelt es sich um eine ziemlich genaue Übersetzung, deren Darstellung des Rituals sich in keinem relevanten Punkt von seiner Vorlage unterscheidet. Die ›Historie‹ stellt wiederum eine im ganzen kürzende, Einzelteile der Handlung jedoch auch neu komponierende Bearbeitung von F dar; beide Texte werden im folgenden nicht weiter berücksichtigt. – Die weiteren lateinischen Texte: der ›Ernestus‹ eines Mönches Odo aus Mag-

deburg (›Herzog Ernst E‹, Hexameter, ca. 1205–1218; zur Datierung vgl. GANSWEIDT 1989, S. 16 u. 19–22) und die ›Gesta Ernesti ducis‹ (›Herzog Ernst Erf‹, Prosa, 1. Viertel 13. Jh.; zur Datierung vgl. JACOBSEN/ORTH 1997, S. 46–55), stimmen – bei Varianten in Einzelheiten – mit dem Verlauf des Rituals in B überein und werden daher lediglich zu punktuellen Vergleichen herangezogen. Zum Verhältnis der lateinischen Texte untereinander vgl. EHLEN 1996, S. 95 ff.

[10] EHLEN 1996, S. 30. – In der Forschung (vgl. BEHR/SZKLENAR 1981, Sp. 1170 ff.) werden verschiedene historische Ereignisse für die Schlußhandlungen der ›Herzog Ernst‹-Sage namhaft gemacht: einerseits der Fußfall Liudolfs vor seinem Vater Otto d. Gr. 954, andererseits die Versöhnung zwischen Otto und seinem Bruder Heinrich Weihnachten 941; vgl. dazu auch Anm. 30 u. 34 dieses Kapitels.

[11] Zitiert nach der Edition von WEBER 1994.

[12] Zu den Widersprüchlichkeiten bei der Rückkehr des Helden vgl. v. a. BEHR 1986.

[13] So v. a. BEHR 1986, S. 47: „Er ruft daraufhin die Fürsten zusammen und erstattet ihnen Bericht (v. 5727–5731)"; in den anschließenden Versen (s. o.) sieht er die offizielle Zurücknahme der Reichsacht durch den Fürstenrat (S. 50). Ähnlich EHLEN 1996, S. 144: „Dem Kaiser sind diese Nachrichten offenbar willkommen, und er ruft seine Fürsten zusammen, die bereit sind, dem Herzog Vergebung zu gewähren." Auch KÜHNEL 1979, S. 258, geht von einer Intervention der Fürsten aus: „Die Nachrichten von Ernsts Großtaten im Orient gelangen auch zu Kaiser Otto, der sich – auf die Vorstellung der Reichsfürsten und Adelheits hin – bereit erklärt, Ernst zu rehabilitieren, und damit das Signal für seine (heimliche) Rückkehr gibt (v. 5699–5756)." – Zu mutmaßlichen rechtlichen Hintergründen im ›Herzog Ernst B‹ vgl. grundsätzlich SCHULZ 1998, die sich unter einer primär verfassungsgeschichtlichen Perspektive der Entstehung und dem Verlauf des Konfliktes widmet; Unklarheiten der Versöhnung bleiben hier unberücksichtigt.

[14] Eine Zusammenkunft der Fürsten vor und mit dem Kaiser kennzeichnet der Text ansonsten unmißverständlich; vgl. 264 f., 1106 f., 1243 f., 1396 f.

[15] An den Kämpfen, die der Verhängung der Reichsacht folgen, sind auch die Fürsten beteiligt. Berichtet werden Verluste auf allen Seiten (866 ff., 890 ff., 1470 ff., 1508 ff. u. 1540 ff.) und später explizit der Schaden, den Ernst den Gefolgsleuten des Königs zufügt (1715 ff. u. 1795 f.). Im Zuge des Versöhnungsaktes verzichten die Fürsten dann auch ausdrücklich auf Schadenersatz (5960 f.; vgl. S. 117 dieses Kapitels).

[16] Ich verstehe damit die Verse *Dem keyser wart also not, / Alsz esz von hymel got bot*[,] */ Durch der koniginnen Adelheite bete* (5741–5743) – mit gegenüber BARTSCH 1869, SOWINSKI ²1979 und WEBER 1994 geänderter Interpunktion – anders als SOWINSKI, der in seiner Übersetzung die Verse 5742 f. parataktisch anordnet: „Wie es Gott vom Himmel geboten hatte / und auf Vorstellungen der Königin Adelheid / schmerzte es auch den Kaiser / [...]". – Daß auch die Neugier auf Ernsts Abenteuer während der Orientfahrt und seine in diesem Zusammenhang gesammelten ‚Kuriositäten' – Zwerge, ein Riese, Langohren und Plattfüßler (vgl. 5322–5332) – unter den Motivationen für die Rückberufung eine Rolle spielen, deutet der Text 5718–5726 an; der Kaiser spricht den Herzog nach der Versöhnung dann tatsächlich sofort auf diese an (5970 ff.). SCHULZ 1998 hält dagegen allein

Ernsts Jerusalemaufenthalt für die Bedingung seiner Reintegration (S. 415), dies im Zusammenhang der von ihr (und zuvor auch von EHLEN 1996, z. B. S. 72) als strukturelle Klammer von Reichsgeschichte und Kreuzzug postulierten ‚annum et diem'-Formel (S. 411 ff.). Die strukturelle Notwendigkeit der Orientfahrt (zu deren textinterner Funktion vgl. auch KÜHNEL 1979, FLOOD 1985, HAUSTEIN 1997 und NEUDECK 1992) würde somit vor allem auf die Kreuzfahrt und Ernsts Bewährung im Heiligen Land reduziert.

[17] Das Adverb *taugenliche* ist nur in Hs. b überliefert, in Hs. a heißt es *tugentliche*, womit der angesprochene Widerspruch also fehlt. Die variante Überlieferung an dieser Stelle ändert jedoch nichts an der Tatsache, daß Heimlichkeit in beiden Handschriften für die Rückkehr Ernsts kennzeichnend ist.

[18] Geht man sogar – wie z. B. BEHR 1986, S. 50 – von einer bereits ergangenen offiziellen Zurücknahme der Reichsacht aus, dann ergibt die heimliche Rückberufung erst recht keinen Sinn.

[19] Das Aushandeln des Unterwerfungsaktes, das in vertraulicher Atmosphäre durch von beiden Konfliktparteien akzeptierte und mit z. T. weitreichenden Kompetenzen ausgestattete Mediatoren erfolgt, stellt nach ALTHOFF das eigentlich wesentliche Moment der Konfliktlösung dar (vgl. 1995, S. 68 ff.; zu den Mediatoren auch 1997, S. 86 ff., 185 ff. u. ö.).

[20] ALTHOFF 1997, S. 240.

[21] Ebd., S. 173 ff. u. ö.

[22] Ebd., S. 53 u. ö.

[23] Ebd., S. 183 f. u. ö.

[24] Ob die Fürsten dabei in alle Einzelheiten des Planes einbezogen werden, läßt der Text offen. Betont wird aber, daß Ernst *Vff ir aller gnade* (5893) gekommen und ihre Hilfe bei der Versöhnung mit dem Kaiser notwendig sei.

[25] ALTHOFF 1997: „Solche ritualisierte Interaktion aber war nur möglich, wenn ein Grundsatz immer beachtet wurde. Es durfte nichts improvisiert und spontan geschehen, alles mußte vorher abgesprochen und erst dann inszeniert werden" (S. 125 u. 303; ähnlich S. 13). Daß diese ‚Spielregel' auch gebrochen werden konnte, „indem man einen Unterwerfungsakt praktizierte, ohne daß zuvor alles genau abgesprochen und Gegenleistungen vereinbart worden wären" (S. 243), erläutert ALTHOFF u. a. am Beispiel des berühmten Unterwerfungsaktes zu Canossa (S. 240 ff.), aber auch an anderen Beispielen (z. B. S. 243, Anm. 43, u. S. 303, Anm. 63). Deutlich wird in diesen Fällen jedoch auch, daß das Ritual deswegen scheitert oder sein Ergebnis nicht von dauerndem Bestand ist.

[26] Vgl. ALTHOFF 1995, S. 72 u. 74 f., sowie 1997, z. B. S. 119 ff. u. 238 f. Die von ALTHOFF hier genannten Regeln eines Unterwerfungsrituals sind nach KOZIOL 1992, S. 25 f., in königlichen Formularen des 10./11. Jh. fixiert. – SCHULZ 1998 behandelt die Lösung der Konflikte nicht unter der Ritualperspektive bzw. dem allgemeineren Aspekt ‚Versöhnung', sondern fokussiert den Gnadenerweis als Bedingung der Achtlösung (z. B. S. 417), die im verhandelten Akt stattfinden soll: „Das Erscheinen der Ächter vor dem Kaiser im Gestus der Proskynese (V. 5924) im ‚Herzog Ernst' korrespondiert mit den Rechtsbestimmungen: Demnach ist nur der Herrscher für die Absolution der Reichsacht zuständig, der Ächter muß grundsätzlich persönlich am Hof des Königs erscheinen, den zur Achtabsolution kommenden Ächtern wird

sicheres Geleit gewährt; zudem greift der Rechtssatz, daß bei einer Deliktacht der Kaiser absolvieren konnte, ohne vorher ein Gerichtsurteil einzuholen, was bedeutete, den Ächter auctoritate regia misericorditer absolvere." (S. 422) Daß die Textintention hier in der Darstellung einer Achtlösung besteht, halte ich allerdings für unwahrscheinlich: Weder taucht der Begriff auf, noch wird diese Interpretation der Tatsache gerecht, daß der Kaiser gerade überlistet wird. Weiterhin betont der Text die zweimalige Zustimmung der Fürsten (vgl. dazu im Anschluß), so daß sich die Frage nach der alleinigen Zuständigkeit des Kaisers für die Achtlösung ebenso erübrigt wie die Annahme sicheren Geleites, denn Ernsts Anwesenheit erfolgt heimlich und ohne derartige Zusicherungen. Als relevant erscheint im folgenden doch, daß es sich um einen rechtsgültigen Akt der Versöhnung und sozialen Reintegration handelt. Für ein wichtiges Ergebnis der Untersuchung von SCHULZ halte ich die Erarbeitung historischer Implikate, vor allem auch für den Rechtsbereich, doch meine ich, daß der Text solche Zusammenhänge zumeist nur suggeriert, sich aber genauen Zuschreibungsverfahren in juristisch-prozessualen Detailfragen – so auch in der vorliegenden Textstelle – gerade verweigert.

²⁷ Die scheinbare Unlogik dieses explizit performativen Sprechaktes („hätte er mir auch mein Leben genommen, so sei ihm das hiermit im Namen Gottes vergeben"), mag mit der Formelhaftigkeit der Wendung, die die allumfassende Geltung des Vergebungsaktes ausdrücken soll, erklärt sein. Die Worte nehmen allerdings auch deutlich auf Ernsts tatsächliches Vergehen, den versuchten Königsmord, Bezug.

²⁸ Zur Bedeutung und Funktion von *riuwe* vgl. Anm. 36 dieses Kapitels.

²⁹ Der Fürsteneinspruch in B hebt die Faktizität des rituellen Vollzugs deutlicher als in jedem anderen Text hervor; vgl. dazu S. 119 dieses Kapitels (mit Anm. 35) und S. 129 f.

³⁰ Zum Widerspruch zwischen Versöhnungsabsicht und späterem Widerstand des Kaisers vgl. z. B. SOWINSKI ²1979, S. 418 (Nachwort): „Dieser Widerspruch muß nicht auf einem Zwiespalt in der Darstellung Kaiser Ottos beruhen. Er kann auch durch die Einfügung des Abenteuerteils in eine ursprüngliche Ächtermäre erfolgt sein." BEHR 1986 konstruiert – ausgehend von der These älterer ‚consors regni'-Vorstellungen, die sich in der Rolle der Königin manifestieren und zu Brüchen in der Handlungslogik führen (so auch BEHR 1993, S. 72) – eine ‚hypothetische' Fassung des ›Herzog Ernst‹, in der alle „sonst vorhandenen Widersprüche" (1986, S. 53) getilgt wären. Gemeinsam ist derartigen Erklärungsversuchen, daß sie Brüche im Text als zu beseitigende Störfaktoren und nicht als Elemente fremdartigen Erzählens ansehen. – Zur Behandlung des historischen Gehalts der Erzählung sowie zu sagen- und stoffgeschichtlichen Aspekten vgl. außerdem NEUMANN 1977, MEVES 1976, FLOOD 1985, HAUSTEIN 1997; differenziert zur Mündlichkeit/Schriftlichkeits-Problematik innerhalb der ›Herzog Ernst‹-Tradition außerdem EHLEN 1996, S. 17 ff.

³¹ BEHR 1986, S. 50 f.

³² Darauf verweist bereits SOWINSKI ²1979, S. 398, im Kommentar: „Auch bei einer Vergebungsbereitschaft des Kaisers war die öffentliche Unterwerfung Ernsts und Wetzels notwendig."

³³ Zur Schuldfrage vgl. die Zusammenfassung der Forschungsdiskussion bei MEVES 1976, S. 161 ff. (mit Auflistung der entsprechenden Textstellen); weiter

KÜHNEL 1979, S. 259 ff., NEUDECK 1992, S. 186 ff., BEHR 1993, S. 66 f., und HAUSTEIN 1997, S. 123. Zumeist wird auf die Ambivalenz der Schuldbelege hingewiesen (z. B. von HAUSTEIN). Eine eindeutige Schuldzuweisung vor dem Rechtshintergrund nimmt zuletzt wieder SCHULZ 1998, S. 398 ff., vor (*untriuwe* des Kaisers als zentrale Verfehlung). – Für die Versöhnungshandlung verliert die Frage aber an Bedeutung, wenn man den Hinweis ALTHOFFs berücksichtigt, daß die Schuldfrage im Rahmen einer ‚deditio‘ nicht im Vordergrund stand; entscheidend war vielmehr, wer sich in der bewaffneten Auseinandersetzung durchgesetzt hatte (1995, S. 71 f.).

[34] Damit soll die „grundsätzliche Berechtigung stoff- und motivgeschichtlicher Fragestellungen" (BEHR 1986, S. 46) nicht bestritten werden. Für die sagen- bzw. stoffgeschichtliche Vorgabe des Widerstandsmotivs (vgl. Anm. 10 u. 30 dieses Kapitels) spricht die Tatsache, daß es in allen Fassungen des ›Herzog Ernst‹ enthalten ist. Bezieht man sich auf einen möglicherweise historischen Gehalt der Szene, so ist auf den Konflikt zwischen Konrad II. und Herzog Ernst von Schwaben hinzuweisen. Wipo berichtet hier vom Widerstand des Kaisers gegen eine Versöhnung (S. 564), allerdings manifestiert sich dieser nicht während eines konkreten Unterwerfungsrituals. ALTHOFF 1997 wertet den Widerstand, von dem bei Wipo berichtet wird, als Beleg für die zunehmend exponierte Stellung der königlichen Strafgewalt gegenüber den Partikulargewalten seit der Salierzeit (S. 39 ff.). – Vgl. auch SCHULZ 1998, S. 428 ff.

[35] Diese fürstliche Fürsprache ist mit Ausnahme des ›Herzog Ernst D‹ (vgl. S. 129 f. dieses Kapitels) fester Bestandteil der Tradition: Auf Intervention der Fürsten vergibt der Kaiser auch in Erf (IV,210–213) und E (VIII,375–379) dem unerkannten Herzog; zum Verlauf in C vgl. S. 136 f. dieses Kapitels. – Eine derartige Intervention entspricht offenbar auch sonst gängiger Praxis. So berichtet etwa auch Otto von St. Blasien anläßlich der Unterwerfung Mailands unter Friedrich I. 1158 davon, daß, erst nachdem alle Repräsentanten und Einwohner der Stadt sich vor Friedrich niedergeworfen und ihre Schuld bekannt haben (*pedibus imperatoris provolvuntur seque maiestatis reos verbis et gestibus profitentur*), die Fürsten Fürsprache für sie eingelegt haben (*Principibus pro eis supplicantibus*) und die Unterwerfung (*subiectio*) mit Eiden bekräftigt worden ist, der Kaiser, zur *misericordia* bewegt, ihnen Leben, Stadt und frühere Ehren läßt (S. 36); vgl. zu anderen Ereignissen auch Otto von St. Blasien, S. 68, oder Otto von Freising und Rahewin, S. 402.

[36] Wenn man der kaiserlichen *riuwe* während des Rituals, die die Rolle der Fürsten innerhalb des Versöhnungsgeschehens aufwertet, auf diese Weise eine textinterne Funktion zuschreiben kann, so werden damit die Haltung des Kaisers und insbesondere ihr Widerspruch zu seiner vorherigen Versöhnungsbereitschaft nicht völlig erklärt. Auch ein Versuch, der Demonstration von *riuwe* eine ritualinterne Funktion zuzuschreiben, wie sie in vergleichbaren Zusammenhängen in anderen mhd. Epen zu finden ist, scheint nicht weiterzuführen. Während des Versöhnungsaktes, in dem beispielsweise Ginover Parzival die Tötung Ithers verzeiht, bricht sie eingedenk der durch Ithers Tod erlittenen *riwen* (›Parzival‹ 310,28) in Tränen aus: *Von der suone wurden naz / der küngîn ougen umbe daz, / wan Ithêrs tôt tet wîben wê* (311,1–3). Ähnlich erinnert Orgeluse während des Versöhnungskusses mit Gramoflanz den von diesem getöteten Cidegast: *ir süezer munt rôt gevar / den künec durch suone kuste, / dar umb si weinens luste. / si dâhte an Cidegastes tôt: / dô twanc*

si wîplîchiu nôt / nâch im dennoch ir riuwe (729,18–23). In diesen Beispielen ist *riuwe* Ausdruck einer ‚memoria' der Tat im Augenblick des sie verzeihenden Rechtsaktes. Die *riuwe* Ottos unterscheidet sich jedoch insofern von den genannten Beispielen, als sie das erneute Eingreifen zugunsten Ernsts provoziert und damit als Störung und Infragestellung des Rituals erscheint (Vers 5942 *Es geruwete yn do das geschach* in Hs. a, bzw. noch deutlicher *Es geraw in das es geschach* in Hs. b).

[37] Anders SCHULZ 1998, S. 422.

[38] Lediglich die Stadt Nürnberg leistet Widerstand und widersetzt sich der Belagerung erfolgreich (878–902); gehandelt wird dabei aber nach einer rein defensiven Strategie.

[39] Mit der bekannten Übersetzungsproblematik des Begriffes *riche* ist gerade in den Versen 910–948, aber auch an anderen Stellen eine Bewertung der Art des Konfliktes verbunden. SOWINSKI ²1979, der teils mit ‚Reich' (z. B. 922), teils mit ‚Kaiser' (913, 924) übersetzt, sieht in den ersten militärischen Auseinandersetzungen „keine Reichsexekution, sondern zunächst eine private Fehde zwischen Kaiser und Herzog mit Hilfe des Pfalzgrafen" (Anmerkungen, S. 370; ebenso SCHULZ 1998, S. 397, einschränkend dagegen S. 426). Gestützt wird diese Annahme vom Text scheinbar dadurch, daß im Unterschied zur späteren Reichsacht und ihrer Vollstreckung (1426 ff.) der militärische Schlag gegen Ernst tatsächlich ohne offizielle Absprache mit den Fürsten erfolgt und das Heer heimlich zusammengezogen wird (838 ff.). Wenn allerdings Heimrich an der Spitze dieses Heeres die Fahne des *riche[s]* (890 f.) führt, das zweite Heer später aber ausdrücklich unter der Fahne des *keisers* (1453, auch 1445 u. 1638) die Reichsacht offiziell exekutiert, so zeigt dies, daß der Text an einer klassifizierenden Unterscheidung der beiden Feldzüge als einer Privatfehde und eines Reichskrieges kein Interesse hat. Wetzels Ratschlag an Ernst trägt genau dem Umstand Rechnung, daß es sich beim Kaiser – zumal wenn er als *riche* angesprochen oder bezeichnet wird – nicht um eine Person handelt, die ‚privat' Krieg führt, sondern daß der Kaiser den Reichsverband repräsentiert und in dessen Namen handelt. EHLEN 1996 sieht diese im Text angelegten Uneindeutigkeiten, indem er darauf hinweist, daß die Kriege gegen Ernst auch schon vor der Aussprache der Acht rechtsähnlichen Charakter besitzen (S. 69 ff., v. a. Anm. 299); der Vorwurf von SCHULZ 1998, die beiden Geschehnisse zu vermischen (S. 411, Anm. 57), trifft ihn somit zu Unrecht.

[40] Dies muß gegenüber NEUDECK 1992 betont werden, der einen Rollenwechsel Ernsts vom „unbeugsamen, geächteten Helden mit tragischer Perspektive zum Miles christianus" (S. 190) in seinem Entschluß zur Kreuzfahrt verortet; während der Konfliktentstehung und -lösung komme es „zu einer kritischen Auseinandersetzung mit einer heldenepischen (Werte-)Tradition" und zum Entwurf eines Gegenmodells: „Christliche Demut, die zur Grundlage für die Rückkehr ins *rîche* wird, erweist sich als geeignetes Mittel zur Konfliktlösung" (S. 205, vgl. auch 203 f.). Bereits vor der Flucht und in der allerersten Phase des Konfliktes sucht Ernst jedoch den ‚unheroischen' Rechtsweg zu beschreiten. Der Rat Wetzels, dem Ernst ja folgt, stellt erst für den Fall des Scheiterns der Vermittlungsbemühungen die ‚heroische' Alternative in Aussicht (*Wil er uch danne vertriben, / So werent uch fromecliche*, 936 f.). Entsprechend rät auch die Königin zur Vorsprache bei den Fürsten

(1081 ff.) und erst alternativ zu heldenhafter Gegenwehr (1030–1033 u. 1072–1080).
– ALTHOFF 1997 hat für derartige Strategien der Konfliktführung den Begriff „kontrollierte Eskalation" (S. 53 u. ö.) geprägt: Versuche der gütlichen Einung fanden häufig bis unmittelbar vor Beginn der bewaffneten Auseinandersetzung (S. 67 f., 90 u. ö.) und noch mitten in den Kampfhandlungen statt (S. 33 f. u. ö.).

[41] Zum Folgenden vgl. auch SCHULZ 1998, S. 398 ff.

[42] Abgesehen von Nuancen im zweiten und dritten Zitatenpaar, kann ein wesentlicher Unterschied darin gesehen werden, daß die Königin die von Ernst zu leistende *busze* an den Rechtsspruch einer Allgemeinheit (*arm vnd rich*) binden will, die Fürsten sie hingegen in das Belieben des Kaisers stellen (*ir selbe*).

[43] Die Antwort Ottos (1000–1014) hingegen wird in der Höflichkeitsform der zweiten Person Plural geführt, was, wie auch SOWINSKI ²1979, S. 370 (Nachwort), bemerkt, sicherlich ein distanzierendes Redemoment darstellt.

[44] Hierin folge ich SCHULZ 1998. Ob es sich dann aber um eine Verletzung der Rechtsnormen handelt, weil Otto den Huldentzug ohne fürstliches Gerichtsverfahren arbiträr durchführt (S. 398 ff.), ist fraglich. Die von SCHULZ hierfür angeführten rechtshistorischen Positionen (z. B. S. 401) werden etwa von ALTHOFF 1997 teilweise bestritten (S. 204, v. a. Anm. 21, u. S. 206, v. a. Anm. 24). Nach dem von ihm gezeichneten Bild entspricht das Verfahren des Huldentzugs im Text durchaus historischer und keineswegs rechtswidriger Praxis (vgl. S. 204 ff.).

[45] So auch SIMON-PELANDA 1984, S. 82 ff.

[46] Eine Beratung mit den Fürsten wird bezeichnenderweise erst nach dem Tod Heimrichs wieder beschrieben (1296 ff.).

[47] Vgl. auch SCHULZ 1998, S. 423 ff.

[48] BEHR 1986, S. 50 f. Auch EHLEN 1996 weist auf die bessere Motivation in D hin, wie sie sich ähnlich auch in C findet (S. 146 f.).

[49] BEHR 1986, S. 51.

[50] Adelheit wird durch einen Boten *verholne* und *heimlîchen* (5280 f.) von Ernsts Ankunft informiert, sie rät, sich *heimelîchen* eine *herberge* (5297 f.) zu nehmen, und bespricht sich erneut mit den Fürsten in einem ‚sunderrât' (vgl. *sunderlîche*, 5318; *rât*, 5337).

[51] Dies ist auch gegen BEHR 1993 festzuhalten, der dem ›Herzog Ernst D‹ im Vergleich zu B eine „stärkere Betonung [...] ritualisierter Repräsentation" attestiert (S. 62). – Zur ‚deditio' im ›Herzog Ernst D‹ vgl. auch ALTHOFF 1999, S. 57 f.

[52] Ähnlich wird die ablehnende Haltung des Kaisers nach dem Erkennen Ernsts nicht wie in B durch eine konkrete Geste der Abwendung zum Ausdruck gebracht; vielmehr spiegelt sich sein *ungemach* (5474) etwas unspezifisch in Ottos Miene (*er wart nâch leide gevar*, 5477).

[53] In B rät die Königin zum Fußfall ohne weitere Kommentierung und vor allem, ohne den Akt an die Frage von Ernsts Schuld anzuschließen (5879). Daß Wetzel und Ernst sich in B zudem bereits bei dem vertraulichen Treffen mit der Königin vor ihr niederwerfen (5856 f.), läßt darauf schließen, daß dieser Akt offensichtlich als fester Bestandteil einer Bitte um *gnâde* (5862) im Text vorausgesetzt ist und nicht weiter hinterfragt oder gerechtfertigt werden muß. – Vgl. dazu auch Anm. 54 dieses Kapitels.

[54] Die Frage, ob das Ritual der ‚deditio' mit einem Ehrverlust des sich Unterwer-

fenden verbunden gewesen ist, läßt ALTHOFF 1997, S. 16, offen. Im politisch akzentuierten Horizont des ›Herzog Ernst B‹ scheint dies jedenfalls nicht der Fall zu sein. Im Kontext höfischen Erzählens, in dem die *êre* des Ritters als Zentralwert des epischen Personals figuriert, muß jedoch mit Überlagerungen von politischen und literarischen Handlungsnormen gerechnet werden. In diesem Kontext ist die Unterwerfung eines im Zweikampf unterlegenen Ritters klar als Gradmesser von *êre* markiert. Die Unterwerfung des Ritters unter die höfische Dame, wie sie als verbale Geste auch für den hohen Minnesang charakteristisch ist, erscheint dagegen weitgehend als unproblematisch. Allerdings zeigt etwa die Überlieferung von Hartmanns ›Iwein‹, daß der dort erzählte Fußfall Iweins zur Versöhnung mit seiner Frau Laudine (8041 ff.; vgl. dazu auch ALTHOFF 1999, S. 58 ff.) durchaus als korrekturbedürftig empfunden werden konnte: Drei Handschriften (B, a, d) lassen dann auch Laudine vor Iwein niederfallen (8130 f.) und stellen in dieser Wechselseitigkeit der Geste Gleichheit wieder her.

⁵⁵ Das Evangelium wird lateinisch und deutsch anzitiert: „*exiit edictum / a Cæsare Augusto*", / *daz spricht ze tiutsche alsô: / Augustus der daz rîche / hielt gewaldiclîche, / sîne brieve schrîben hiez / und über al die werlt gebieten liez: / gemeinen zins er haben wolde, / den niemen versitzen solde* (5442–5450), und dann knapp zusammengefaßt: *wie ze Bêthlehêm die maget quam / und wie got die menscheit an sich nam, / muoterhalp von küniges art / Krist aldâ geboren wart* (5451–5454).

⁵⁶ Dem entspricht, daß auch Ernsts Gefolgsmann Wetzel, der sich in B ebenfalls dem Kaiser zu Füßen wirft, in D aus dem Ritual ausgeschlossen bleibt.

⁵⁷ Auf die königliche Worttreue wird auch in den beiden lateinischen Texten Erf (*non decet regium verbum immutari*, IV,216) und E (*verba / Ne revocet*, VIII,382 f.) verwiesen. – Zum Motiv des verpflichtenden Königswortes vgl. etwa ›Iwein‹ 4528 ff. (dazu ALTHOFF 1999, S. 61 f.), ›Tristan‹ 13196 ff. – Zu einer durch List erwirkten Versöhnung aufgrund eines geleisteten Eides vgl. auch die oben schon angesprochene Schlußhandlung im ›Iwein‹ (7876 ff.).

⁵⁸ Die Ausführungen unterscheiden sich im folgenden sehr stark von BEHRS Interpretation des ›Herzog Ernst D‹ (1989, S. 229–234).

⁵⁹ Zitat ausnahmsweise nach SOWINSKI ²1979. Die Lesung von Vers 632 ist problematisch: Überliefert ist nach WEBER 1994 *Syn man stund* in Hs. a bzw. *Syn man stunde*n in Hs. b; BARTSCH 1869 und nach ihm SOWINSKI haben statt *man* das im Textzusammenhang entschieden sinnvollere *nâme*.

⁶⁰ Dieses Amt wird später als *voitîe* (659, 676) bezeichnet und auf Vorschlag des intriganten Pfalzgrafen Ernst mit der Begründung genommen, es sei dem Reich nicht zuträglich, zwei *rihtære* (652) zu haben (650–655). – Die Vorstellung von einer konkreten Mitregentschaft Ernsts findet sich in B nur angedeutet (594–601).

⁶¹ Auch strukturell unterscheidet sich die Verleumdung in D: Es kommt zu drei räumlich und zeitlich verschiedenen, z. T. auch personell unterschiedlich besetzten Anläufen, bis der Kaiser den Beschuldigungen Glauben schenkt (533 ff.).

⁶² BEHR 1989, S. 231 f.; vgl. zudem die Verse 640 ff. BEHRS These, die er an diese Beobachtung anschließt, kann ich allerdings nicht zustimmen: „Sie [die Fürsten, C. D.] scheinen jeden Sieger grundsätzlich als Herrn anzuerkennen (vgl. v. 647–649). Eine solche Regierungsform kann nur als zentralistisch bezeichnet werden, weil sie dem Kaiser ein durch nichts eingeschränktes Machtmonopol zugesteht und

die Fürsten zu Vasallen degradiert, deren Rat und Zustimmung zwar gewöhnlich eingefordert werden, jedoch die Entschlüsse des Herrschers nicht beeinflussen." (Ebd., S. 232)

[63] Während der Konflikte versucht auf Bitten Ernsts (950 ff.) allein Adelheit, sich beim Kaiser für ihren Sohn einzusetzen. Gegenüber B erscheint das Eingreifen Adelheits wiederum wesentlich ‚privatisierter‘, was in Ort und Zeitpunkt ihrer Fürsprache zum Ausdruck kommt. Sie erfolgt nachts im ehelichen Schlafgemach: *des nahtes, dô die reine lac / bî irem herrn, die mit sorgen ranc, / sie den an ir herze twanc, / mit wîzen armen umbefie; / si sprach: „mîn lieber hêrre, wie / hât Ernest iuwer hulde verlorn, / den ir ze kinde hât erkôrn?* (986–992; vgl auch *irn munt hitzec unde rôt / sie dem hêrren ofte bôt / umb ires lieben sunes nôt*, 1012–1014). Gebeten wird um eine Möglichkeit für Ernst, vor dem Kaiser zu erscheinen und sich zu rechtfertigen (*ze rede komen*, 961, 1015, 1077; bzw. *entreden*, 999), doch wird rechtssprachliches Vokabular – wie es in B gebraucht wird – ansonsten nicht verwendet. Die Ablehnung des Kaisers wird in einem Erzählerkommentar zwar als negativ (1018–1030), aber doch nicht wie in B als *vnsitten* bezeichnet (B 999). Insgesamt erscheint das Verhalten des Kaisers durchaus gemäßigt: Im Ton trägt er der höfischen Dame Rechnung (*liebe frouwe mîn, / lâ vürbaz dîn biten sîn!*, 1061 f.), *ûz liebe* (1035) nennt der Kaiser zudem den Grund für seinen Zorn (1036–1044), was gegenüber B wieder kohärenter in der Darstellung ist. Denn in B äußert sich der Kaiser gegenüber Adelheit nicht zu den Vergehen, die er Ernst vorwirft; später aber weiß sie aus unerfindlichen Gründen um die Machenschaften des Pfalzgrafen (B 1025 ff.). Im ›Herzog Ernst C‹ erfährt sie davon durch divinatorische Eingebung; vgl. S. 240/1–16.

[64] Eine entgegengesetzte Position vertritt BEHR 1989, S. 231: „Kaiser Otto verkörpert im ›Herzog Ernst D‹ sehr viel stärker als in B den Typus des tyrannischen Alleinherrschers, der ohne Rücksprache mit der Adelsgemeinschaft Entscheidungen trifft (v. 453–460; v. 1233–1242), diese verbindlich anordnet (v. 454: *Das ich des bevelhe dir*) und dabei keinerlei Widerspruch duldet (v. 469–474)." Die von BEHR angeführten Textbelege unterlaufen allerdings seine Behauptungen und beweisen ganz im Gegenteil das Übereinstimmen von fürstlichem und kaiserlichem Handeln. In 453–456 wird nämlich zweimal auf das Votum der Fürsten verwiesen: *die fürsten râten ouch daz mir, / daz ich des bevelhe dir, / daz du gerihtes sullest pflegen / nâch irem râte an allen wegen.* Ebenso sprechen gegen eine ‚Alleinherrschaft‘ des Kaisers auch die von BEHR angeführten Verse 1233–1242, in denen der Kaiser den getöteten Pfalzgrafen beklagt und auf die Unterstützung der Fürsten hofft, diese Schmach zu rächen: *swelh fürste von dem rîche enpfât / helfe, lêhen, krône, lant, / ich hoffe, daz der werden hant / mir helfe rechen dise leit / und ir aller laster breit* (1238–1242); dies wird von den Fürsten, die vom Kaiser versammelt werden (1256–1258) und vor denen er Klage hält (1261–1276), dann auch einmütig zugesagt (1277 ff.).

[65] Zitiert nach EHLEN 1996 mit Angabe der Seiten- und Zeilenzählung.

[66] Zur stilistischen Charakteristik des Textes und ihrer Rückführung auf die hagiographische Bearbeitungstendenz vgl. ebd., S. 111 ff. sowie 95 ff. u. 161 ff.

[67] […] *regalibus vestibus sollempniter, ut mos est imperatorum in summis festiuitatibus, indutus coronam regni gestans* (378/11–13).

⁶⁸ Genannt werden *pallium marderinum, purpura, sauana, fibula aurea, lapides Indie* und *affibulares de auro* (378/17–379/3).

⁶⁹ [...] *totam basilicam solis radiis repercussis luminosam ad tempus fertur fecisse* (379/4 f.).

⁷⁰ [...] *episcopus Babenbergensis uestimentis sacris sollempnitatem preciositate significantibus amictus* (380/2 f.).

⁷¹ Dies macht der Text zusätzlich dadurch deutlich, daß Ernst und Wetzel während des weiteren Verlaufs der Meßfeier nun auch im Blickpunkt aller Anwesenden bleiben: *ab omnibus inibi astantibus, dum missarum sollempnia peragebantur, gestus duorum illorum specialiter denotantur* (385/11–13).

⁷² [...] *imperator* [...] *multa procerum stipatus ambicione procedit et in choro super solium regni conscendit* (378/11–15); *Hec* [sc. *imperatrix*] *tandem matronarum comitante caterua in chorum* [...] *procedit et ipsa super solium innixa consedit* (379/5–8).

⁷³ *Hernestus* [...] *prodiit, et populo astante propter impetum subite progressionis post ducem prospectante* (381/11–13). Die Art der Bewegung wird ebenfalls erwähnt, wenn die Fürsten, die Ernsts Gnadengesuch unterstützen, „augenblicklich heraneilen" (*Ilico proceres quaquauersum accurrunt*, 382/5).

⁷⁴ *Confluente* [...] *ad locum placacionis imperialis primatum et uulgi tocius multitudine* [...] (384/8 f.).

⁷⁵ Wetzel hatte sich zu Beginn des Rituals am Kirchportal mit dem Schwert in der Hand versteckt, um jederzeit für Ernst eingreifen zu können und, wenn es notwendig werde, auch den Kaiser zu töten (378/8–11). Möglicherweise liegt darin, daß er während des Geschehens ausdrücklich noch kampfbereit war, die Motivation für dieses zweite Versöhnungsritual. Noch während Wetzel von Ernst vor den Kaiser geführt wird, fürchtet er um sein Leben (384/11 f.).

⁷⁶ In den oben besprochenen Texten fehlt dieser rituelle Abschluß: In B folgt auf die Messe sogleich die Präsentation von Ernsts aus dem Orient mitgeführten Wunderwesen (5970 ff.), in D ergeht man sich in höfisch-festlicher Gesellligkeit (5492 ff.).

⁷⁷ „*Esto* [...] *in regno meo post me et matrem tuam secundus et tocius curie mee dominator et ad gubernandum regnum Christianorum fidelis cooperator*" (389/2–4). Vgl. dagegen die knappen Erwähnungen von Ernsts Restitution in B 6010 f.: *Do liesz er alles syn lant / Wyder dem fursten herren*, und in D 5531 f.: *Ê der keiser fuor von Babenberc, / der begienc dâ fürstlîche werc: / Ernst sîn lant wider nam*. – Der situative Kontext des Restitutionsaktes ist der ausführlich geschilderte Verschriftungsprozeß von Ernsts Geschichte im *iudiciale consistorium* des Kaisers vor allen Reichsfürsten und -ministerialen (387/6 f. u. 388/6 f.).

⁷⁸ *Domina* [...] *filio iussit: „Episcopus Babenbergensis cras erit celebraturus missarum sollempnia. Hunc tuum consanguineum et alios proceres linea consanguinitatis asstrictos ego pro te interpellabo* [...]" (376/10–377/1). *Mox mater episcopum et omnem alium procerum filii sui consanguineum pro causa ducis interpellauit et quilibet auxilium firmissime promisit* (378/1–3).

⁷⁹ Auch ALTHOFF 1997 erwähnt solche Predigten, in denen der Herrscher zur Barmherzigkeit ermahnt wurde (etwa S. 30 f. u. 177); allerdings erscheinen sie in den von ihm angeführten Beispielen als vom Ritual losgelöst und unabhängig.

⁸⁰ „[...] *Expurget ergo hodie omnis homo vetus fermentum cuiuslibet peccati et*

precipue expuat venenum inueterate ire, id est odii. [...] *Dimittat ergo debitori suo Conchristiano Christianus debita debitoris, si quis debitor aliqua debita debet, vt Deus, cuius omnes debitores sumus, debita illius, cui debetur, dimittat".* (381/3–10)

[81] Ernst war von Adelheit instruiert worden, nach Verlesung des Evangeliums und der anschließenden Segnung dem Kaiser zu Füßen zu fallen: *„Tu vero recitato ewangelio post episcopi benedictionem pedibus aduolutus regis graciam suam sola uoce suplicissima deposcito"* (377/1–3). Die leichte Abweichung der tatsächlichen Handlungsfolge vom Plan in diesem Punkt unterstreicht den vorbereitenden Charakter der bischöflichen Predigt.

[82] *„O imperator admodum nobilis, pro honore temporalis natalitii Summi Imperatoris recipe me in graciam tue maiestatis. Sunt enim offensi michi sine culpa oculi tue serenitatis"* (382/2–5). – In B weisen darauf erst die Fürsten hin (5930).

[83] [...] *tam illi, quibus causa hec incognita, quam et illi, quibus nota fuerat* (382/5 f.).

[84] [...] *vnanimi vociferacione, ut prouolutum leuaret, imperatori Ottoni suggerunt* (382/6–8).

[85] Vgl. dieses Kapitel, S. 116, bes. Anm. 25.

[86] *„Nolo, mei proceres, vt tam subito et improuiso michi subleuacionem huius a terra suadeatis, quia nescio causam offense huius circa culmen lese imperatorie maiestatis."* (382/9 ff.; Hervorh. v. mir, C. D.)

[87] *Rex eterne glorie inspiret menti vestre morem gerere desideriis mee non inceste et inepte voluntatis* (379/13–380/2). – Ich bewerte diese Szene damit anders als EHLEN 1996, der in ihr einen Reflex von in der Grundkonstellation der Fassung C liegenden Problemen sieht: Adelheits Rolle als Ehefrau werde durch die der Heiligen verdrängt, wobei es zu entsprechenden Reibungen komme. Die Worte des Kaisers in der vorliegenden Szene bewertet EHLEN als unangemessen und anzüglich, die Antwort der Kaiserin als brüske und kategorische Ablehnung (S. 143). Vernachlässigt wird dabei jedoch, daß der Dialog offenkundig ,von hinten' motiviert ist (Begriff nach LUGOWSKI ²1994) und seinen Sinn aus der späteren Fürsprache Adelheits für den Bittsteller erhält.

[88] *Imperator imperatricis precibus sine mora obtemperauit et nesciens, quis esset, de terra prostratum surgere imperauit* (383/3–5).

[89] [...] *vt imperatorum omnium Imperator* [...] *suam siqua est circa te offensam remittat* (383/1–3).

[90] *„O domine, domine, venia offense* [...] *pro omnium dominorum Dominatore per te iniciata irretractabilis est, ÿmmo per omnia regni tocius honore sanctiendam esse decernimus et decernendo summopere vnanimiter deposcimus."* (383/9–384/4)

[91] *„Ex quo huius venie sentencia animis sedet / vestris, et meo quoque volo ut sedeat."* (384/6 f.) – Die Zeilen sind in EHLENS Layout als Verse hervorgehoben und werden von ihm als Distichon qualifiziert (1996, S. 128); leider gibt er aber nicht an, ob sie ein Zitat darstellen und woher es übernommen worden wäre. Unverkennbar ist allerdings die Formelhaftigkeit von Ottos Antwort, die damit die Rechtsgültigkeit der *sentencia* bekräftigt und die den Rechtsakt beschließende Funktion des Satzes unterstreicht.

[92] Die Stilisierung durchzieht den ganzen Text, vgl. z. B. 226/6–15, 240/5–16 u. 241/1–242/1.

[93] *Huiusmodi salutem* [...] *celestis Imperator vobis contulit, quia nisi ipse* [...] *Christus inspirasset, ad exterminium vite vestre et honoris vestri defixa sentencia omnimodis insudarem* (384/13–385/5).

[94] *Hunc rerum ducis prosperum statum ex nimis aduerso transuariatum, ut conici potest, Deus, qui est in sanctis suis mirabilis, per merita Sancte Adelhaidis imperaticis, sicut et alia miracula per eam operatus est, effecisse credendus est* (389/8–11).

[95] Im ›Herzog Ernst B‹ wird Ernst zwar von den Bürgern in Rom empfangen (5795 ff.), doch der Papst oder gar die förmliche Aufsage des Banns werden nicht erwähnt. In D fehlt der Romaufenthalt völlig.

[96] Die Begriffe ‚rituelle‘ und ‚narrative Kohärenz‘ übernehme ich von PETERSEN 2001, S. 37 f.

Schluß

[1] WENZEL 1995, S. 339.

[2] Vgl. zum Kyotproblem den Überblick bei BUMKE [6]1991, S. 164 ff. (mit weiterführender Literatur).

[3] Vgl. dazu MÜLLER 1998b, S. 345 ff.

[4] Zitat MÜLLER 1993, S. 124. Als zentraler Situation mittelalterlicher Herrschaftsausübung hat sich ihr auch ALTHOFF 1990, bes. S. 13–17 u. 186–195, sowie 1997, S. 157–184 u. 199–230, gewidmet.

[5] Vgl. MÜLLER 1993, S. 124.

[6] „Angesichts der beträchtlichen Zusätze, die das ›Rolandslied‹ gegenüber der ›Chanson‹ gerade für die Ratsszenen bietet, muß umfassender gefragt werden, ob der Ratsstruktur hier nicht für das ›Rolandslied‹ die Funktion eines Gattungsspezifikums zukommt, das die deutsche Bearbeitung einer Chanson de Geste in den Zusammenhang heimischer Tradition (›Kaiserchronik‹, evtl. ›Rother‹ und später ›Willehalm‹?) stellt. [...] Soviel läßt sich jedenfalls sicher sagen: Rat erscheint unter den verschiedensten Perspektiven als strukturelles wie inhaltlich-handlungsmotivierendes Kernstück, wenn nicht gar als Gattungsspezifikum des deutschen Staatsromans ›Rolandslied‹." (OTT-MEIMBERG 1980, S. 138 f.)

[7] Die Beratungen verteilen sich jeweils abwechselnd auf die christliche und heidnische Partei, lassen in dieser spiegelbildlichen Anordnung auch wichtige Tendenzen bei der Darstellung von Herrschaftsausübung, vor allem hinsichtlich des Verhaltens der Herrscher während der Beratung, erkennen. Am Anfang des Textes steht eine erste Beratungsszene Kaiser Karls (67–158), die zum Beschluß des Kreuzzuges gegen die Heiden führt. Dem folgt, nachdem die Christen mit Ausnahme von Marsilies Königreich ganz Spanien erobert haben, eine zweite, weitaus ausführlichere Beratungsszene bei Marsilie (402–567), deren Ergebnis ein (fingiertes) Unterwerfungsangebot an Karl ist. Im Anschluß daran wird eine dritte Beratung, nämlich die Karls mit seinen Fürsten über das heidnische Angebot, dargestellt (891–1538). Als Ergebnis dieser Beratung wird Genelun als Bote Karls zu Marsilie gesandt, um die Ernsthaftigkeit seiner Unterwerfungsabsicht zu prüfen. Weitere Beratungsszenen, die unter einem Punkt subsumiert werden können, finden im Rahmen der Annäherung Geneluns an die Heiden (1918–1992) und auf heidnischer Seite mit der Ankunft Geneluns statt (2111–2175 u. 2194–2206); einen Höhe-

punkt finden sie, wenn Genelun nach der Aussöhnung mit Marsilie als dessen Ratgeber fungiert (2314–2362 u. 2411–2476). Der Verrat Geneluns wird somit ganz wesentlich als pervertierte Form von Rat aufgefaßt. Als Genelun schließlich zurückkehrt, wird auf christlicher Seite eine fünfte Beratungsszene eingespielt (2846–2986), deren Gegenstand die Frage ist, wer das Fahnlehen in Spanien erhalten und die Interessen der christlichen Eroberer vertreten soll.

[8] Einmal die Beratung König Loys' wegen der *helfe*-Forderung Willehalms im 4. Buch, dann der Fürstenrat in Orange im 6. Buch.

[9] Zu den Bildern des Cgm 19 vgl. v. a. SAURMA-JELTSCH 1992, daneben OTT 1992; die Bilder sind im Faksimile von 1970 zugänglich.

[10] Vgl. ›Tristan‹, 1953 ff. (vgl. dazu SCHEUER 1999, S. 414–424) sowie 4545 ff., 6725 ff., 15299 ff. (vgl. dazu Kapitel 1, S. 27, Kapitel 4, S. 75 f.) u. 1674 ff.

Literaturverzeichnis

1. Primärtexte

[Aliscans M:] La versione franco-italiana della ›Bataille d'Aliscans‹: Codex Marcianus fr. VIII [= 252]. Testo con introduzione, note e glossario, a cura di GÜNTER HOLTUS, Tübingen 1985 (ZfromPh. Beiheft 205).

Arnoldi chronica Slavorum. Hrsg. v. JOHANN M. LAPPENBERG, Hannover 1868 (MGH. SS. rer. Germ. 14).

Braunschweigische Reimchronik. Hrsg. v. LUDWIG WEILAND, Hannover 1877 (Deutsche Chroniken 2).

Burkhardi praepositi Urspergensis chronicon. Editio secunda. Hrsg. v. OSWALD HOLDER-EGGER u. BERNHARD VON SIMSON, Hannover – Leipzig 1916 (MGH. SS. rer. Germ. 16).

Chrétien de Troyes, Erec et Enide. Erec und Enide. Afrz./Dt. Übersetzt u. hrsg. v. Albert Gier, Stuttgart 1987 (RUB 8360).

Chrétien de Troyes, Le Roman de Perceval ou Le Conte du Graal. Der Perceval-Roman oder Die Erzählung vom Gral. Afrz./Dt. Übersetzt u. hrsg. v. FELICITAS OLEF-KRAFFT, Stuttgart 1991 (RUB 8649).

Chrétien de Troyes, Der Percevalroman (Le Conte du Graal). Übersetzt u. eingeleitet v. MONICA SCHÖLER-BEINHAUER, München 1991 (Klassische Texte des Romanischen Mittelalters in zweisprachigen Ausgaben 23).

Dudo von St. Quentin, De moribus et actis primorum Normanniae ducum libri tres. Hrsg. v. JULES LAIR, Caen 1885 (Mémoires de la Société des Antiquaires de Normandie 3).

Das Eckenlied. Mhd./Nhd. Text, Übersetzung u. Kommentar v. FRANCIS B. BRÉVART, Stuttgart 1986 (RUB 8339).

EHLEN, THOMAS: Hystoria ducis Bauarie Ernesti. Kritische Edition des ›Herzog Ernst‹ C und Untersuchungen zu Struktur und Darstellung des Stoffes in den volkssprachlichen und lateinischen Fassungen, Tübingen 1996 (ScriptOralia 96).

Eilhart von Oberge. Hrsg. v. FRANZ LICHTENSTEIN, Straßburg – London 1877 (Quellen und Forschungen zur Sprach- und Culturgeschichte der germanischen Völker 19).

[Erfurter Chronik:] Cronica S. Petri Erfordensis moderna. Hrsg. v. OSWALD HOLDER-EGGER, Hannover – Leipzig 1899 (MGH. SS. rer. Germ. 42).

[Fortsetzungen der Weingartner Chronik:] Continuationes Weingartenses. Hrsg. v. LUDWIG WEILAND, Hannover 1869 (MGH. SS. rer. Germ. 43).

GANSWEIDT, BIRGIT: Der ›Ernestus‹ des Odo von Magdeburg. Kritische Edition mit Kommentar eines lateinischen Epos aus dem 13. Jahrhundert, München 1989 (Münchener Beiträge zur Mediävistik und Renaissance-Forschung 39). [= ›Herzog Ernst E‹]

Gesta Ernesti ducis. Die Erfurter Prosa-Fassung der Sage von den Kämpfen und Abenteuern des Herzogs Ernst. Hrsg. v. Peter Christian Jacobsen u. Peter Orth, Erlangen 1997 (Erlanger Forschungen. Reihe A: Geisteswissenschaften 82). [= ›Herzog Ernst Erf‹]

Gottfried von Straßburg, Tristan. Hrsg. v. Karl Marold. Unveränderter vierter Abdruck [...] besorgt v. Werner Schröder, Berlin – New York 1977.

Halberstädter Chronik. Hrsg. v. Georg Heinrich Pertz, Hannover 1874 (MGH. SS. 23).

Hartmann von Aue, Der arme Heinrich. Hrsg. v. Hermann Paul. 15., neu bearbeitete Aufl. besorgt v. Gesa Bonath, Tübingen 1984 (ATB 3).

Hartmann von Aue, Erec. Hrsg. v. Albert Leitzmann, fortgeführt v. Ludwig Wolff. 6. Aufl. besorgt v. Christoph Cormeau u. Kurt Gärtner, Tübingen 1985 (ATB 39).

Hartmann von Aue, Gregorius. Hrsg. v. Hermann Paul. 10. Aufl. besorgt v. Ludwig Wolff, Tübingen 1963 (ATB 2).

Hartmann von Aue, Iwein. Text der 7. Ausgabe v. Gustav F. Benecke, Karl Lachmann u. Ludwig Wolff. Übersetzung u. Anmerkungen v. Thomas Cramer, Berlin – New York ³1981.

Hartmann, Wilfried (Hrsg.): Deutsche Geschichte in Quellen und Darstellung. Bd. 1: Frühes und hohes Mittelalter 750–1250, Stuttgart 1995 (RUB 17001).

Herzog Ernst. Ein mittelalterliches Abenteuerbuch. In der mittelhochdeutschen Fassung B nach der Ausgabe von Karl Bartsch mit den Bruchstücken der Fassung A hrsg., übersetzt, mit Anmerkungen u. einem Nachwort versehen v. Bernhard Sowinski, Stuttgart ²1979 (RUB 8352).

Herzog Ernst D (wahrscheinlich von Ulrich von Etzenbach). Hrsg. v. Hans-Friedrich Rosenfeld, Tübingen 1991 (ATB 104).

Herzog Ernst. Hrsg. v. Karl Bartsch, Wien 1869. [S. 227–308 = ›Herzog Ernst F‹]

Die Historie von Herzog Ernst. Die Frankfurter Prosafassung des 16. Jahrhunderts. Aus dem Nachlaß v. Kenneth C. King hrsg. v. John L. Flood, Berlin 1992 (Texte des späten Mittelalters und der frühen Neuzeit 26).

[Kölner Königschronik:] Chronica regia Coloniensis. Hrsg. v. Georg Waitz, Hannover 1880 (MGH. SS. rer. Germ. 18).

König Rother. Mhd. Text u. nhd. Übertragung v. Peter K. Stein. Hrsg. v. Ingrid Bennewitz unter Mitarbeit v. Beatrix Knoll u. Ruth Weichselbaumer, Stuttgart 2000 (RUB 18047).

Kudrun. Hrsg. v. Karl Bartsch. Neue ergänzte Ausgabe der 5. Aufl., überarbeitet u. eingeleitet v. Karl Stackmann, Wiesbaden 1980 (Deutsche Klassiker des Mittelalters).

Lampert von Hersfeld, Annales. Annalen. Neu übersetzt v. Adolf Schmidt, erläutert v. Wolfgang Dietrich Fritz, Darmstadt 1957 (Ausgewählte Quellen zur deutschen Geschichte des Mittelalters, FSGA 13).

Das Lied von Herzog Ernst. Kritisch hrsg. nach den Drucken des 15. und 16. Jahrhunderts v. Kenneth C. King, Berlin 1959 (TspMA 11). [= ›Herzog Ernst G‹]

Der Münchner Oswald, mit einem Anhang: die ostschwäbische Prosabearbeitung des 15. Jahrhunderts. Hrsg. v. Michael Curschmann, Tübingen 1974 (ATB 76).

Das Nibelungenlied. Nach der Ausgabe v. Karl Bartsch hrsg. v. Helmut de Boor.

22., revidierte u. v. Roswitha Wisniewski ergänzte Aufl., Mannheim 1988 (Deutsche Klassiker der Mittelalters).

Ordines coronationis imperialis. Die Ordines für die Weihe und Krönung des Kaisers und der Kaiserin. Hrsg. v. Reinhard Elze, Hannover 1960 (MGH. Font. iur. Germ. ant. N.S. 9).

Ottonis Episcopi Frisingensis et Rahewini Gesta Frederici seu rectius Cronica. Die Taten Friedrichs oder richtiger Cronica. Übersetzt v. Adolf Schmidt. Hrsg. v. Franz-Josef Schmale, Darmstadt 1965 (Ausgewählte Quellen zur deutschen Geschichte des Mittelalters, FSGA 17).

Ottonis Morenae eiusdemque continuatorum Libellus de rebus a Frederico imperatore gestis. Ottos Morena und seiner Fortsetzer Buch über die Taten Kaiser Friedrichs, in: Italische Quellen über die Taten Kaiser Friedrichs I. in Italien und der Brief über den Kreuzzug Kaiser Friedrichs I. Hrsg. u. übersetzt v. Franz-Josef Schmale, Darmstadt 1986, S. 34–239 (Ausgewählte Quellen zur deutschen Geschichte des Mittelalters, FSGA 17a).

Ottonis de Sancto Blasio Chronica et Annales Marbacenses. Die Chronik Ottos von St. Blasien und die Marbacher Annalen. Hrsg. u. übersetzt v. Franz-Josef Schmale, Darmstadt 1998 (Ausgewählte Quellen zur deutschen Geschichte des Mittelalters, FSGA 18a).

Das Rolandslied des Pfaffen Konrad. Mhd./Nhd. Hrsg., übersetzt u. kommentiert v. Dieter Kartschoke, Stuttgart 1993 (RUB 2745).

Sachsenspiegel. Landrecht. Hrsg. v. Karl August Eckhardt, Göttingen [u. a.] ²1955 (MGH. Font. iur. Germ. ant. N.S. I 1).

Der Stricker, Das Heiße Eisen, in: Klaus Grubmüller (Hrsg.), Novellistik des Mittelalters, Frankfurt a. M. 1996 (Bibliothek des Mittelalters 23), S. 44–55.

[Strickers ›Karl‹:] Karl der Große von dem Stricker. Hrsg. v. Karl Bartsch. Mit einem Nachwort v. Dieter Kartschoke, Berlin 1965 (Texte des Mittelalters).

Walther von der Vogelweide, Leich, Lieder, Sangsprüche. 14., völlig neubearbeitete Aufl. der Ausgabe Karl Lachmanns, mit Beiträgen v. Thomas Bein u. Horst Brunner hrsg. v. Christoph Cormeau, Berlin – New York 1996.

Weber, Cornelia: Untersuchung und überlieferungskritische Edition des Herzog Ernst B mit einem Abdruck der Fragmente von Fassung A, Göppingen 1994 (GAG 611).

Widukind von Corvey, Sachsengeschichte, in: Quellen zur Geschichte der sächsischen Kaiserzeit. Unter Benützung der Übersetzungen v. Paul Hirsch, Max Büdinger u. Wilhelm Wattenbach neu bearbeitet v. Albert Bauer u. Reinhold Rau, Darmstadt 1971, S. 12–183.

Wipo, Gesta Chuonradi II. Imperatoris. Bearbeitet v. Werner Trillmich, Darmstadt 1961 (Quellen des 9. und 11. Jahrhunderts zur Geschichte der Hamburgischen Kirche und des Reiches, FSGA 11), S. 507–613.

Wolfram von Eschenbach, Parzival. Studienausgabe. Mhd. Text nach der sechsten Ausgabe v. Karl Lachmann. Übersetzung v. Peter Knecht. Einführung zum Text v. Bernd Schirok, Berlin – New York 1998.

Wolfram von Eschenbach, Parzival. Nach der Ausgabe Karl Lachmanns revidiert u. kommentiert v. Eberhard Nellmann. Übertragen v. Dieter Kühn, 2 Bde., Frankfurt a. M. 1994 (Bibliothek des Mittelalters 8).

Wolfram von Eschenbach, Parzival, Titurel, Tagelieder. Cgm 19 der Bayerischen Staatsbibliothek München. Bd. 1: Faksimile; Bd. 2: Transkription der Texte v. GERHARD AUGUST, OTFRID EHRISMANN u. HEINZ ENGELS. Mit einem Beitrag zur Geschichte der Handschrift v. FRIDOLIN DRESSLER, Stuttgart 1970.

Wolfram von Eschenbach, Willehalm. Text der Ausgabe v. WERNER SCHRÖDER. Völlig neubearbeitete Übersetzung, Vorwort u. Register v. DIETER KARTSCHOKE, Berlin – New York 1989.

Wolfram von Eschenbach, Willehalm. Nach der Handschrift 857 der Stiftsbibliothek St. Gallen. Mhd. Text, Übersetzung, Kommentar. Hrsg. v. JOACHIM HEINZLE. Mit den Miniaturen aus der Wolfenbütteler Handschrift und einem Aufsatz v. PETER u. DOROTHEA DIEMER, Frankfurt a. M. 1991 (Bibliothek des Mittelalters 9).

2. Forschungsliteratur

ALTENBURG, DETLEF, JÖRG JANUT u. HANS-HUGO STEINHOFF (Hrsg.): Feste und Feiern im Mittelalter. Paderborner Symposion des Mediävistenverbandes, Sigmaringen 1991.

ALTHOFF, GERD: Verwandte, Freunde und Getreue: zum politischen Stellenwert der Gruppenbindung im frühen Mittelalter, Darmstadt 1990.

Ders.: ‚Compositio'. Wiederherstellung verletzter Ehre im Rahmen gütlicher Konfliktbeendigung, in: KLAUS SCHREINER u. GERD SCHWERTHOFF (Hrsg.), Verletzte Ehre. Ehrkonflikte in Gesellschaften des Mittelalters und der Frühen Neuzeit, Köln [u. a.] 1995 (Norm und Struktur 5), S. 63–76.

Ders.: Spielregeln der Politik im Mittelalter. Kommunikation in Friede und Fehde, Darmstadt 1997. [Ältere, hier neu gedruckte Beiträge Althoffs werden ohne Titelangabe nach diesem Band zitiert.]

Ders.: Spielen die Dichter mit den Spielregeln der Gesellschaft?, in: NIGEL F. PALMER u. HANS-JOCHEN SCHIEWER (Hrsg.), Mittelalterliche Literatur und Kunst im Spannungsfeld von Hof und Kloster. Ergebnisse der Berliner Tagung, 9.–11. Oktober 1997, Tübingen 1999, S. 53–71.

Ders.: Wolfram von Eschenbach und die Spielregeln der mittelalterlichen Gesellschaft, in: WOLFGANG HAUBRICHS, ECKART C. LUTZ u. GISELA VOLLMANN-PROFE (Hrsg.), Aspekte des 12. Jahrhunderts. Freisinger Kolloquium 1998, Berlin 2000 (Wolfram-Studien 16), S. 102–120.

Ders.: Fußfälle. Realität und Fiktionalität einer rituellen Kommunikationsform. Unveröffentlichtes Manuskript. [= ALTHOFF, Fußfälle]

Ders.: Zum Inszenierungscharakter öffentlicher Kommunikation. Unveröffentlichtes Manuskript. [= ALTHOFF, Inszenierungscharakter]

ANGENENDT, ARNOLD: Libelli bene correcti. Der ‚richtige Kult' als ein Motiv der karolingischen Reform, in: PETER GANZ (Hrsg.), Das Buch als magisches und als Repräsentationsobjekt, Wiesbaden 1992 (Wolfenbütteler Mittelalter-Studien 5), S. 117–135.

Ders.: Geschichte der Religiosität im Mittelalter, Darmstadt 1997. [= 1997 a]

Ders.: Verschriftlichte Mündlichkeit – vermündlichte Schriftlichkeit. Der Prozeß des Mittelalters, in: DUCHHARDT/MELVILLE 1997, S. 3–25. [= 1997 b]

ARGYLE, MICHAEL: Körpersprache und Kommunikation, Paderborn 1979 (Innovative Psychotherapie und Humanwissenschaften 5).

ARIÈS, PHILIPPE: Die unauflösliche Ehe, in: Ders. u. ANDRÉ BÉJIN (Hrsg.), Die Masken des Begehrens und die Metamorphosen der Sinnlichkeit. Zur Geschichte der Sexualität im Abendland. Aus dem Frz. v. Michael Bischoff, Frankfurt a. M. 1986 (Fischer Wissenschaft), S. 176–196.

ASSMANN, JAN: Das kulturelle Gedächtnis. Schrift, Erinnerung und politische Identität in frühen Hochkulturen, München 1992.

BAK, JÁNOS (Hrsg.): Coronations. Medieval and early modern monarchic ritual, Berkeley [u. a.] 1990.

BASSLER, MORITZ (Hrsg.): New Historicism. Literaturgeschichte als Poetik der Kultur. Mit Beiträgen von Stephen Greenblatt, Louis Montrose u. a., Frankfurt a. M. 1995 (Fischer Wissenschaft).

BEHR, HANS-JOACHIM: Herzog Ernst. Eine Übersicht über die verschiedenen Textfassungen und deren Überlieferung, Göppingen 1979 (Litterae 62).

Ders.: Die Rückkehr des Verbannten. Reflexe alter ‚consors regni'-Vorstellungen im ›Herzog Ernst‹?, in: KARL HAUCK (Hrsg.), Sprache und Recht. Beiträge zur Kulturgeschichte des Mittelalters. Fs. für Ruth Schmidt-Wiegand zum 60. Geburtstag, 2 Bde., Berlin – New York 1986, Bd. 1, S. 43–55.

Ders.: Literatur als Machtlegitimation. Studien zur Funktion der deutschsprachigen Dichtung am böhmischen Königshof im 13. Jahrhundert, München 1989 (Forschungen zur Geschichte der älteren deutschen Literatur 9).

Ders.: Herzog Ernst, in: HORST BRUNNER (Hrsg.), Interpretationen. Mittelhochdeutsche Romane und Heldenepen, Stuttgart 1993 (RUB 8914), S. 59–74.

Ders. u. HANS SZKLENAR: [Art.] Herzog Ernst, in: ²VL 3 (1981), Sp. 1170–1191.

BELL, CATHERINE: Ritualkonstruktion, in: BELLIGER/KRIEGER 1998, S. 37–47.

BELLIGER, ANDRÉA, u. DAVID J. KRIEGER (Hrsg.): Ritualtheorien. Ein einführendes Handbuch, Opladen – Wiesbaden 1998.

BERGESEN, ALBERT: Die rituelle Ordnung, in: BELLIGER/KRIEGER 1998, S. 49–76.

BERNS, JÖRG JOCHEN, u. THOMAS RAHN (Hrsg.): Zeremoniell als höfische Ästhetik in Spätmittelalter und Früher Neuzeit, Tübingen 1995 (Frühe Neuzeit 25).

BOCKMANN, JÖRN, u. JUDITH KLINGER: Rituelle Symbolik, Theatralität und die ‚Ambivalenzen des geistlichen Spiels': Das mittelenglische Spiel ‚Secunda pastorum', in: Fifteenth Century Studies 25 (2000), S. 268–299.

BÖHME, HARTMUT, u. KLAUS R. SCHERPE (Hrsg.): Literatur und Kulturwissenschaften. Positionen, Theorien, Modelle, Reinbek bei Hamburg 1996 (re 575).

BOLHÖFER, WALTHER: Gruß und Abschied in alt- und mittelhochdeutscher Zeit, Göttingen 1912.

BRANDT, RÜDIGER: *das ain groß gelächter ward*. Wenn Repräsentation scheitert. Mit einem Exkurs zum Stellenwert literarischer Repräsentation, in: RAGOTZKY/WENZEL 1990, S. 303–331.

BRAUNGART, GEORG: Die höfische Rede im zeremoniellen Ablauf: Fremdkörper oder Kern?, in: BERNS/RAHN 1995, S. 198–208.

BRAUNGART, WOLFGANG: Ritual und Literatur. Literaturtheoretische Überlegungen im Blick auf Stefan George, in: Sprache und Literatur in Wissenschaft und Unterricht 23 (1992), S. 2–31.

BRAUNGART, WOLFGANG: Ritual und Literatur, Tübingen 1996 (Konzepte der Sprach- und Literaturwissenschaft 53).

BRÜGGEN, ELKE: Kleidung und adeliges Selbstverständnis. Literarische Interessenbildung am Beispiel der Kleidermotivik in der höfischen Epik des 12. und 13. Jahrhunderts, in: JOACHIM HEINZLE (Hrsg.), Literarische Interessenbildung im Mittelalter. DFG-Symposion 1991, Stuttgart – Weimar 1993 (Germanistische Symposien. Berichtsband 14), S. 200–215.

Dies.: Inszenierte Körperlichkeit. Formen höfischer Interaktion am Beispiel der Joflanze-Handlung in Wolframs ›Parzival‹, in: MÜLLER 1996 a, S. 205–221.

BRÜHL, CARLRICHARD: [Art.] Festkrönung, in: HRG 1 (1971), Sp. 1109 f.

Ders.: [Art.] Krönung, in: HRG 2 (1978), Sp. 1235 f.

BUC, PHILIPPE: Ritual and interpretation: the early medieval case, in: Early Medieval Europe 9 (2000), S. 183–210.

BUMKE, JOACHIM: Wolfram von Eschenbach, Stuttgart ⁶1991 u. ⁷1997 (SM 36).

Ders.: Höfische Kultur. Literatur und Gesellschaft im hohen Mittelalter, 2 Bde., München ⁶1992.

Ders.: Höfischer Körper – Höfische Kultur, in: JOACHIM HEINZLE (Hrsg.), Modernes Mittelalter. Neue Bilder einer populären Epoche, Frankfurt a. M. – Leipzig 1994, S. 67–102.

Ders.: Die Blutstropfen im Schnee. Über Wahrnehmung und Erkenntnis im ›Parzival‹ Wolframs von Eschenbach, Tübingen 2001 (Hermaea N.F. 94).

BURKE, PETER: Die Ablehnung des Rituals im Europa am Beginn der Neuzeit, in: Ders., Städtische Kultur in Italien zwischen Hochrenaissance und Barock, Berlin 1986, S. 186–200.

Ders.: Historiker, Anthropologen und Symbole, in: HABERMAS/MINKMAR 1992, S. 21–41.

COMBRIDGE, ROSEMARY NORAH: Das Recht im ›Tristan‹ Gottfrieds von Straßburg, Berlin ²1964 (Philologische Studien und Quellen 15).

CZERWINSKI, PETER: Der Glanz der Abstraktion. Frühe Formen von Reflexivität im Mittelalter. Exempel einer Geschichte der Wahrnehmung, Frankfurt a. M. – New York 1989.

DECKE-CORNILL, RENATE: Stellenkommentar zum III. Buch des ›Willehalm‹ Wolframs von Eschenbach, Marburg 1985 (Marburger Studien zur Germanistik 7).

DOUGLAS, MARY: Ritual, Tabu und Körpersymbolik. Sozialanthropologische Studien in Industriegesellschaft und Stammeskultur, Frankfurt a. M. 1986 (Fischer Wissenschaft).

DUCHHARDT, HEINZ, u. GERT MELVILLE (Hrsg.): Im Spannungsfeld von Recht und Ritual. Soziale Kommunikation in Mittelalter und Früher Neuzeit, Köln [u. a.] 1997 (Norm und Struktur 7).

DURKHEIM, EMILE: Die elementaren Formen des religiösen Lebens. Übersetzt v. Ludwig Schmidts, Frankfurt a. M. 1994 (stw 1125).

ERIKSON, ERIK H.: Die Ontogenese der Ritualisierung, in: Psyche 22 (1968), S. 481 ff.

Ders.: Kinderspiel und politische Phantasie. Stufen in der Ritualisierung der Realität, Frankfurt a. M. 1978.

FLOOD, JOHN L.: Geschichte, Geschichtsbewußtsein und Textgestalt. Das Beispiel ›Herzog Ernst‹, in: CHRISTOPH GERHARDT, NIGEL F. PALMER u. BURGHART WACHIN-

GER (Hrsg.), Geschichtsbewußtsein in der deutschen Literatur des Mittelalters. Tübinger Colloquium 1983, Tübingen 1985, S. 136–146.

FLUSSER, VILÉM: Gesten. Versuch einer Phänomenologie, Frankfurt a. M. 1994 (Fischer Wissenschaft).

FREUD, SIGMUND: Zwangshandlungen und Religionsausübung, Frankfurt a. M. 1973 (Studienausgabe, Bd. 7).

FRIED, JOHANNES: Die Königserhebung Heinrichs I. Erinnerung, Mündlichkeit und Traditionsbildung im 10. Jahrhundert, in: MICHAEL BORGOLTE (Hrsg.), Mittelalterforschung nach der Wende 1989, München 1995 (Historische Zeitschrift. Beihefte N. F. 20), S. 267–318.

Ders.: Wissenschaft und Phantasie. Das Beispiel der Geschichte, in: Historische Zeitschrift 263 (1996), S. 291–316.

FRIEDRICH, UDO: Die Zähmung des Heros. Der Diskurs der Gewalt und Gewaltregulierung im 12. Jahrhundert, in: JAN-DIRK MÜLLER u. HORST WENZEL (Hrsg.), Mittelalter. Neue Wege durch einen alten Kontinent, Stuttgart – Leipzig 1999, S. 149–179.

FUCHS, STEPHAN: Hybride Helden: Gwigalois und Willehalm. Beiträge zum Heldenbild und zur Poetik des Romans im frühen 13. Jahrhundert, Heidelberg 1997 (Frankfurter Beiträge zur Germanistik 31).

FUHRMANN, HORST: „Willkommen und Abschied". Begrüßungs- und Abschiedsrituale im Mittelalter, in: Ders., Überall ist Mittelalter. Von der Gegenwart einer vergangenen Zeit, München 1996, S. 17–39.

GEERTZ, CLIFFORD: Dichte Beschreibung. Beiträge zum Verstehen kultureller Systeme. Übersetzt v. Brigitte Luchesi u. Rolf Bindemann, Frankfurt a. M. [2]1991 (stw 696).

Ders.: Die künstlichen Wilden. Der Anthropologe als Schriftsteller, Frankfurt a. M. 1994 (Fischer Wissenschaft).

GENETTE, GÉRARD: Fiktion und Diktion. Aus dem Frz. v. Heinz Jatho, München 1992 (Bild und Text).

GENNEP, ARNOLD VAN: Übergangsriten (Les rites de passage). Aus dem Frz. v. Klaus Schomburg u. Sylvia M. Schomburg-Scherff. Mit einem Nachwort v. S. M. Schomburg-Scherff, Frankfurt a. M. [u. a.] 1986.

GIRARD, RENÉ: Das Heilige und die Gewalt. Aus dem Frz. v. Elisabeth Mainberger-Ruh, Zürich 1987.

GLASER, RENATE, u. MATTHIAS LUSERKE (Hrsg.): Literaturwissenschaft – Kulturwissenschaft. Positionen, Themen, Perspektiven, Opladen 1996.

GLUCKMAN, MAX: Les rites de passage, in: Ders. (Hrsg.), Essays on the ritual of social relations, Manchester 1962, S. 1–52.

Ders.: Politics, law and ritual in tribal society, Oxford – London 1965.

GOFFMAN, ERVING: Das Individuum im öffentlichen Austausch. Mikrostudien zur öffentlichen Ordnung, Frankfurt a. M. 1974.

Ders.: Interaktionsrituale. Über Verhalten in direkter Kommunikation. Übersetzt v. Renate Bergsträsser u. Sabine Bosse, Frankfurt a. M. [2]1991 (stw 594). [= [2]1991]

Ders.: Wir alle spielen Theater. Die Selbstdarstellung im Alltag. Aus dem Amerik. v. Peter Weber-Schäfer. Vorwort v. Ralf Dahrendorf, München – Zürich [7]1991 (Serie Piper 312). [= [7]1991]

GOODY, JACK: Against ‚Ritual': Loosely structured thoughts on a loosely defined topic, in: MOORE/MYERHOFF 1977, S. 25–35.

Ders.: Die Logik der Schrift und die Organisation von Gesellschaft, Frankfurt a. M. 1990.

GÖRICH, KNUT: Die Ehre Friedrich Barbarossas. Kommunikation, Konflikt und politisches Handeln im 12. Jahrhundert, Darmstadt 2001 (Symbolische Kommunikation in der Vormoderne).

GRAEVENITZ, GERHART VON: Literaturwissenschaft und Kulturwissenschaften. Eine Erwiderung, in: DVjs 73 (1999), S. 94–115.

GREENBLATT, STEPHEN: Verhandlungen mit Shakespeare. Innenansichten der englischen Renaissance. Aus dem Amerik. v. Robin Cackett, Frankfurt a. M. 1993 (Fischer Literaturwissenschaft).

Ders.: Kultur, in: BASSLER 1995, S. 48–59. [= 1995 a]

Ders.: Schmutzige Riten. Betrachtungen zwischen Weltbildern. Aus dem Amerik. v. Jeremy Gaines [u.] Robin Cackett, Frankfurt a. M. 1995 (Fischer Wissenschaft). [= 1995 b]

GREENFIELD, JOHN, u. LYDIA MIKLAUTSCH: Der ›Willehalm‹ Wolframs von Eschenbach. Eine Einführung, Berlin [u. a.] 1998 (de Gruyter Studienbuch).

GRIMES, RONALD: Typen ritueller Erfahrung, in: BELLIGER/KRIEGER 1998, S. 119–134.

GRUBMÜLLER, KLAUS: *ir unwarheit warbæren*. Über den Beitrag des Gottesurteils zur Sinnkonstitution in Gotfrids ›Tristan‹, in: LUDGER GRENZMANN, HUBERT HERKOMMER u. DIETER WUTTKE (Hrsg.), Philologie als Kulturwissenschaft. Studien zur Literatur und Geschichte des Mittelalters. Fs. für Karl Stackmann zum 65. Geburtstag, Göttingen 1987, S. 149–163.

HABERMAS, REBEKKA, u. NILS MINKMAR (Hrsg.): Das Schwein des Häuptlings. Sechs Aufsätze zur Historischen Anthropologie, Berlin 1992.

HANSEN, KLAUS P. (Hrsg.): Kulturbegriff und Methode. Der stille Paradigmenwechsel in den Geisteswissenschaften, Tübingen 1993.

Ders.: Kultur und Kulturwissenschaft. Eine Einführung, Tübingen – Basel 1995.

HAUG, WALTER: Parzivals *zwîvel* und Willehalms *zorn*. Zu Wolframs Wende vom höfischen Roman zur Chanson de geste, in: WERNER SCHRÖDER (Hrsg.), Schweinfurter Kolloquium 1972, Berlin 1975 (Wolfram-Studien 3), S. 217–231.

Ders., Parzival ohne Illusionen, in: DVjs 64 (1990), S. 199–217.

Ders.: Literaturtheorie im deutschen Mittelalter. Von den Anfängen bis zum Ende des 13. Jahrhunderts, Darmstadt ²1992.

Ders.: Literaturwissenschaft als Kulturwissenschaft?, in: DVjs 73 (1999), S. 69–93.

Ders.: Erwiderung auf die Erwiderung, in: DVjs 73 (1999), S. 116–121.

HAUPT, BARBARA: Das Fest in der Dichtung. Untersuchungen zur historischen Semantik eines literarischen Motivs in der mittelhochdeutschen Epik, Düsseldorf 1989 (Studia humaniora 14).

HAUSCHILDT, EBERHARD: Was ist ein Ritual? Versuch einer Definition und Typologie in konstruktivem Anschluß an die Theorie des Alltags, in: Wege zum Menschen 45 (1993), S. 24–35.

HAUSTEIN, JENS: ›Herzog Ernst‹ zwischen Synchronie und Diachronie, in: ZfdPh 116 (1997), Sonderheft: HELMUT TERVOOREN u. HORST WENZEL (Hrsg.), Philologie als Textwissenschaft. Alte und neue Horizonte, S. 115–130.

HELLMANN, MANFRED W.: Fürst, Herrscher und Fürstengemeinschaft. Untersuchungen zu ihrer Bedeutung als politischer Elemente in mittelhochdeutschen Epen. ‚Annolied‘ – ‚Kaiserchronik‘ – ‚Rolandslied‘ – ‚Herzog Ernst‘ – Wolframs ‚Willehalm‘, Diss. Bonn 1969.

HESS-LÜTTICH, ERNEST W. B.: Vom Grüßen. Rituale des Grüßens im interkulturellen Vergleich, in: BERND THUM u. GONTHIER-LOUIS FINK (Hrsg.), Praxis interkultureller Germanistik. Forschung – Bildung – Politik, Straßburg 1991, München 1993 (Publikationen der Gesellschaft für Interkulturelle Germanistik 4), S. 1000–1026.

HÖLSCHER, JULIAN: [Art.] Öffentlichkeit, in: OTTO BRUNNER, WERNER CONZE u. REINHARD KOSELLECK (Hrsg.), Geschichtliche Grundbegriffe. Historisches Lexikon zur politisch-sozialen Sprache in Deutschland, Bd. 4, Stuttgart 1978, S. 413–467.

HUCKER, BERND ULRICH: Kaiser Otto IV., Hannover 1990 (MGH. Schriften 34).

JENNINGS JR., THEODORE W.: Rituelles Wissen, in: BELLIGER/KRIEGER 1998, S. 157–172.

JETTER, WERNER: Symbol und Ritual. Anthropologische Elemente im Gottesdienst, Göttingen ²1986.

JOHANEK, PETER: Fest und Integration, in: ALTENBURG [u. a.] 1991, S. 525–540.

KAMP, HERMANN: Friedensstifter und Vermittler im Mittelalter, Darmstadt 2001 (Symbolische Kommunikation in der Vormoderne).

KANTOROWICZ, ERNST H.: Die zwei Körper des Königs. Eine Studie zur politischen Theologie des Mittelalters, München ²1994 (dtv wissenschaft).

KAUFMANN, EKKEHARD: [Art.] Formalismus, in: HRG 1 (1971), Sp. 1163–1168.

KIENING, CHRISTIAN: Umgang mit dem Fremden. Die Erfahrung des ‚französischen‘ in Wolframs ›Willehalm‹, in: JOACHIM HEINZLE, L. PETER JOHNSON u. GISELA VOLLMANN-PROFE (Hrsg.), Chansons de geste in Deutschland. Schweinfurter Kolloquium 1988, Berlin 1989 (Wolfram-Studien 11), S. 65–85.

Ders.: Reflexion – Narration. Wege zum ›Willehalm‹ Wolframs von Eschenbach, Tübingen 1991 (Hermaea N.F. 63).

Ders.: Anthropologische Zugänge zur mittelalterlichen Literatur. Konzepte, Ansätze, Perspektiven, in: HANS-JOCHEN SCHIEWER (Hrsg.), Forschungsberichte zur Germanistischen Mediävistik, Bern [u. a.] 1996 (Jahrbuch für Internationale Germanistik. Reihe C: Forschungsberichte zur Internationalen Germanistik 5/1), S. 11–129.

KLEIN, WOLFGANG (Hrsg.): Sprache und Ritual, LiLi 65 (1987).

KLUGE, FRIEDRICH: Etymologisches Wörterbuch der deutschen Sprache. 22. Aufl. […] völlig neu bearbeitet v. ELMAR SEEBOLD, Berlin – New York 1989.

KÖLZER, THOMAS: [Art.] Adventus regis, in: LexMA 1 (1980), Sp. 170f.

KOLB, WERNER: Herrscherbegegnungen im Mittelalter, Bern [u. a.] 1988 (EHS III/359).

KOZIOL, GEOFFREY: Begging pardon and favor. Ritual and political order in early medieval France, Ithaca – London 1992.

KRAUSE, BURCKHARDT: Zur Problematik sprachlichen Handelns: Der *gruoz* als Handlungselement, in: RÜDIGER KROHN, BERND THUM u. PETER WAPNEWSKI (Hrsg.), Stauferzeit. Geschichte, Literatur, Kunst, Stuttgart 1979, S. 394–406.

KÜHNEL, JÜRGEN: Zur Struktur des ›Herzog Ernst‹, in: Euphorion 73 (1979), S.248–271.

LANGER, SUSANNE K.: Philosophie auf neuem Wege. Das Symbol im Denken, im Ritus und in der Kunst, Frankfurt a.M. 1987.

LE GOFF, JACQUES, ROGER CHARTIER u. JACQUES REVEL (Hrsg.): Die Rückeroberung des historischen Denkens. Grundlagen der neuen Geschichtswissenschaft, Frankfurt a.M. 1994.

LENK, CARSTEN: Kultur als Text. Überlegungen zu einer Interpretationsfigur, in: GLASER/LUSERKE 1996, S.116–128.

LÉVI-STRAUSS, CLAUDE: Das wilde Denken, Frankfurt a.M. 1973 (stw 14).

Ders.: Strukturale Anthropologie. Übersetzt v. Hans Naumann, 2 Bde., Frankfurt a.M. 1978 (stw 276).

LEYSER, KARL: Ritual, Zeremonie und Gestik: das ottonische Reich, in: FMSt 27 (1993), S.1–26.

LOERZER, ECKART: Eheschließung und Werbung in der ›Kudrun‹, München 1971 (MTU 37).

LUGOWSKI, CLEMENS: Die Form der Individualität im Roman. Mit einer Einleitung v. Heinz Schlaffer, Frankfurt a.M. ²1994 (stw 151).

LUHMANN, NIKLAS: Gesellschaftsstruktur und Semantik. Studien zur Wissenssoziologie der modernen Gesellschaft. Bd.3, Frankfurt a.M. ²1998 (stw 1093).

MALINOWSKI, BRONISLAW: Magie, Wissenschaft und Religion. Und andere Schriften. Übersetzt v. Eva Krafft-Bassermann, Frankfurt a.M. 1983 (Fischer Wissenschaft).

MARQUARDT, ROSEMARIE: Das höfische Fest im Spiegel der mittelhochdeutschen Dichtung (1140–1240), Göppingen 1985 (GAG 449).

MELVILLE, GERT (Hrsg.): Institutionen und Geschichte. Theoretische Aspekte und mittelalterliche Befunde, Köln – Wien 1992 (Norm und Struktur 1).

MEVES, UWE: Studien zu König Rother, Herzog Ernst und Grauer Rock (Orendel), Frankfurt a.M. [u.a.] 1976 (EHS I/181).

MIKAT, PAUL: [Art.] Ehe, in: HRG 1 (1971), Sp.809–833.

MOORE, SALLY F., u. BARBARA G. MYERHOFF (Hrsg.): Secular ritual, Assen – Amsterdam 1977.

MORAW, PETER: Die Hoffeste Kaiser Friedrich Barbarossas von 1184 und 1188, in: UWE SCHULTZ (Hrsg.), Das Fest. Eine Kulturgeschichte von der Antike bis zur Gegenwart, München 1988, S.70–83.

MÜLLER, JAN-DIRK: Sîvrit: künec – man – eigenholt. Zur sozialen Problematik des ›Nibelungenliedes‹, in: ABäG 7 (1974), S.85–124.

Ders.: Woran erkennt man einander im Heldenepos? Beobachtungen an Wolframs ›Willehalm‹, dem ›Nibelungenlied‹, dem ›Wormser Rosengarten A‹ und dem ›Eckenlied‹, in: GERTRUD BLASCHITZ, HELMUT HUNDSBICHLER, GERHARD JARITZ u. ELISABETH VAVRA (Hrsg.), Symbole des Alltags – Alltag der Symbole. Fs. zum 65. Geburtstag von Harry Kühnel, Graz 1992, S.87–111.

Ders.: Ratgeber und Wissende in heroischer Epik, in: FMSt 27 (1993), S.124–146.

Ders.: Neue Altgermanistik, in: Jahrbuch der Deutschen Schillergesellschaft 39 (1995), S.445–453.

Ders. (Hrsg.): ‚Aufführung‘ und ‚Schrift‘ in Mittelalter und Früher Neuzeit, Stuttgart – Weimar 1996 (Germanistische Symposien. Berichtsband 17). [= 1996a]

Ders.: Ritual, Sprecherfiktion und Erzählung. Literarisierungstendenzen im späteren Minnesang, in: MICHAEL SCHILLING u. PETER STROHSCHNEIDER (Hrsg.), Wechselspiele. Kommunikationsformen und Gattungsinterferenzen mittelhochdeutscher Lyrik, Heidelberg 1996 (GRM. Beiheft 13), S. 49–76. [= 1996b]

Ders.: Mimesis und Ritual. Zum geistlichen Spiel des Mittelalters, in: ANDREAS KABLITZ u. GERHARD NEUMANN (Hrsg.), Mimesis und Simulation, Tübingen 1998 (Rombach Litterae 52), S. 541–571. [= 1998a]

Ders.: Spielregeln für den Untergang. Die Welt des Nibelungenliedes, Tübingen 1998. [= 1998b]

Ders.: Performativer Selbstwiderspruch. Zu einer Redefigur bei Reinmar, in: PBB 121 (1999), S. 379–405.

Ders.: Kulturwissenschaft historisch. Zum Verhältnis von Ritual und Theater im späten Mittelalter, in: GERHARD NEUMANN u. SIGRID WEIGEL (Hrsg.), Lesbarkeit der Kultur. Literaturwissenschaft zwischen Kulturtechnik und Ethnographie. Symposion Ascona, München 2000, S. 53–77. [= 2000a]

Ders.: Rez. zu ALTHOFF 1997, in: PBB 122 (2000), S. 140–144. [= 2000b]

MYERHOFF, BARBARA G.: We don't wrap herring in a printed page: Fusion, fictions and continuity in secular ritual, in: MOORE/MYERHOFF 1977, S. 199–224.

NELSON, JANET L.: Politics and ritual in early medieval Europe, London – Ronceverte 1986 (History Series 42).

NEUDECK, OTTO: Ehre und Demut. Konkurrierende Verhaltenskonzepte im ›Herzog Ernst B‹, in: ZfdA 121 (1992), S. 177–209.

NEUMANN, HANS: Die deutsche Kernfabel des ›Herzog-Ernst‹-Epos (1950), in: WALTER JOHANNES SCHRÖDER (Hrsg.), Spielmannsepik, Darmstadt 1977 (WdF 385), S. 259–288.

NORTHCOTT, KENNETH J.: Seeing and partly seeing: Parzival's encounters with the Grail, in: WILLIAM C. MCDONALD (Hrsg.), Spectrum medii aevi. Essays in early German literature in honor of George Fenwick Jones, Göppingen 1983 (GAG 362), S. 409–428.

OEXLE, OTTO GERHARD: Sehnsucht nach Klio. Hayden Whites ‚Metahistory‘ – und wie man darüber hinwegkommt, in: Rechtshistorisches Journal 11 (1992), S. 1–18.

Ders., HERBERT SCHNEIDER u. HANS HUBERT ANTON: [Art.] Ordo (Ordines), in: LexMA 6 (1993), Sp. 1436–1441.

OGRIS, WERNER: [Art.] Rechtsgeschäfte (Form), in: HRG 4 (1990), Sp. 294–298.

OTT, JOACHIM: Vom Zeichencharakter der Herrscherkrone. Krönungszeremoniell und Krönungsbild im Mittelalter: Der ›Mainzer Ordo‹ und das ›Sakramentar Heinrichs II.‹, in: BERNS/RAHN 1995, S. 534–571.

OTT, NORBERT H.: Zur Ikonographie des ›Parzival‹-Stoffes in Frankreich und Deutschland. Struktur und Gebrauchssituation von Handschriftenillustration und Bildzeugnis, in: JOACHIM HEINZLE, L. PETER JOHNSON u. GISELA VOLLMANN-PROFE (Hrsg.), Probleme der ›Parzival‹-Philologie. Marburger Kolloquium 1990, Berlin 1992 (Wolfram-Studien 12), S. 108–123.

OTT-MEIMBERG, MARIANNE: Kreuzzugsepos oder Staatsroman? Strukturen adeliger Heilsversicherung im deutschen Rolandslied, Zürich – München 1980 (MTU 70).

PARAVICINI BAGLIANI, AGOSTINO: Der Leib des Papstes. Eine Theologie der Hinfälligkeit. Aus dem Ital. übersetzt v. Ansgar Wildermann, München 1997 (C. H. Beck Kulturwissenschaft).

PEIL, DIETMAR: Die Gebärde bei Chrétien, Hartmann und Wolfram. ›Erec‹ – ›Iwein‹ – ›Parzival‹, München 1975 (Medium Aevum 28).

PETERS, URSULA: Historische Anthropologie und mittelalterliche Literatur. Schwerpunkte einer interdisziplinären Forschungsdiskussion, in: JOHANNES JANOTA [u.a.] (Hrsg.), Festschrift Walter Haug und Burghart Wachinger, 2 Bde., Tübingen 1992, Bd. 1, S. 63–86.

PETERSEN, CHRISTOPH: Ritual und Theater. Von der Liturgie zum geistlichen Spiel des Mittelalters, Diss. masch. München 2001.

PETERSOHN, JÜRGEN: Der König ohne Krone und Mantel. Politische und kulturgeschichtliche Hintergründe der Darstellung Ottos IV. auf dem Kölner Dreikönigenschrein, in: Ders. (Hrsg.), Überlieferung und Frömmigkeit. Bildung als Leitthemen der Geschichtsforschung. Vorträge beim wissenschaftlichen Kolloquium aus Anlaß des 80. Geburtstags von Otto Meyer. Würzburg, 25. Oktober 1986, Wiesbaden 1987, S. 43–76.

QUAST, BRUNO: Vom Kult zur Kunst. Öffnungen des rituellen Textes in Mittelalter und Früher Neuzeit, Habil. München 1999.

RAGOTZKY, HEDDA, u. HORST WENZEL (Hrsg.): Höfische Repräsentation. Das Zeremoniell und die Zeichen, Tübingen 1990.

REICHEL, JÖRN: Willehalm und die höfische Welt, in: Euphorion 69 (1975), S. 388–409.

RÖCKE, WERNER: ‚New Historicism‘: Perspektiven einer kulturwissenschaftlichen Mediävistik, in: LUDWIG JÄGER (Hrsg.), Germanistik. Disziplinäre Identität und kulturelle Leistung. Vorträge des deutschen Germanistentages 1994, Weinheim 1995, S. 214–228.

ROOS, RENATE: Begrüßung, Abschied, Mahlzeit. Studien zur Darstellung höfischer Lebensweise in Werken der Zeit 1150–1320, Diss. Bonn 1975.

SAURMA-JELTSCH, LISELOTTE E.: Zum Wandel der Erzählweise am Beispiel der illustrierten deutschen ›Parzival‹-Handschriften, in: JOACHIM HEINZLE, L. PETER JOHNSON u. GISELA VOLLMANN-PROFE (Hrsg.), Probleme der Parzival-Philologie. Marburger Kolloquium 1990, Berlin 1992 (Wolfram-Studien 12), S. 124–152.

SCHAUSTEN, MONIKA: Erzählwelten der Tristangeschichte im hohen Mittelalter. Untersuchungen zu den deutschsprachigen Tristanfassungen des 12. und 13. Jahrhunderts, München 1999 (Forschungen zur Geschichte der älteren deutschen Literatur 24).

SCHECHNER, RICHARD: Theater-Anthropologie. Spiel und Ritual im Kulturvergleich, Reinbek bei Hamburg 1990 (re 439).

Ders.: Ritual und Theater: Rekonstruktion von Verhalten, in: BELLIGER/KRIEGER 1998, S. 415–433.

SCHEUER, HANS JÜRGEN: Die Signifikanz des Rituals. Zwei Tristanstudien, in: PBB 121 (1999), S. 406–439.

SCHILD, WOLFGANG: Das Gottesurteil der Isolde. Zugleich eine Überlegung zum Verhältnis von Rechtsdenken und Dichtung, in: HANS HÖFINGHOFF, WERNER PETERS, WOLFGANG SCHILD u. TIMOTHY SODMANN (Hrsg.), Alles was Recht war.

Rechtsliteratur und literarisches Recht. Fs. für Ruth Schmidt-Wiegand zum 70. Geburtstag, Essen 1996 (Mediävistische Studien 3), S. 55–75.

SCHMIDT-WIEGAND, RUTH: [Art.] Haar, in: HRG 1 (1971), Sp. 1880–1884.

Dies.: [Art.] Hochzeitsbräuche, in: HRG 2 (1978), Sp. 186–197.

Dies.: Gebärdensprache im mittelalterlichen Recht, in: FMSt 16 (1982), S. 363–379.

SCHNELL, RÜDIGER: Rechtsgeschichte und Literaturgeschichte. Isoldes Gottesurteil, in: HEINZ RUPP u. HANS-GERT ROLOFF (Hrsg.), Akten des VI. Internationalen Germanistenkongresses Basel 1980, Teil 4, Bern [u. a.] 1980 (Jahrbuch für Internationale Germanistik. Reihe A: Kongreßberichte 8/4), S. 307–319.

Ders.: Gottfrieds ›Tristan‹ und die Institution der Ehe, in: ZfdPh 101 (1982), S. 334–369.

Ders.: Suche nach Wahrheit. Gottfrieds ›Tristan und Isold‹ als erkenntniskritischer Roman, Tübingen 1992 (Hermaea N. F. 67).

SCHRAMM, PERCY ERNST: Kaiser, Könige und Päpste. Gesammelte Aufsätze zur Geschichte des Mittelalters. Bd. III: Beiträge zur allgemeinen Geschichte. Dritter Teil: Vom 10. bis zum 13. Jahrhundert, Stuttgart 1969.

SCHREINER, KLAUS: „Er küsse mich mit dem Kuß seines Mundes" (*Osculetur me osculo oris sui*, Cant. 1,1). Metaphorik, kommunikative und herrschaftliche Funktionen einer symbolischen Handlung, in: RAGOTZKY/WENZEL 1990, S. 89–132.

SCHRÖTER, MICHAEL: „Wo zwei zusammenkommen in rechter Ehe …". Sozio- und psychogenetische Studien über Eheschließungsvorgänge vom 12. bis 15. Jahrhundert. Mit einem Vorwort v. Norbert Elias, Frankfurt a. M. 1985.

SCHULZ, MONIKA: *âne rede und âne reht*. Zur Bedeutung der *triuwe* im ›Herzog Ernst‹ (B), in: PBB 120 (1998), S. 395–434.

SIMON-PELANDA, HANS: Schein, Realität und Utopie. Untersuchungen zur Einheit eines Staatsromans (›Herzog Ernst B‹), Frankfurt a. M. [u. a.] 1984 (Regensburger Beiträge zur deutschen Sprach- und Literaturwissenschaft. Reihe B, 24).

SMITH, JONATHAN Z.: Ritual und Realität, in: BELLIGER/KRIEGER 1998, S. 213–226.

SOEFFNER, HANS-GEORG: Rituale des Antiritualismus – Materialien für Außeralltägliches, in: HANS ULRICH GUMBRECHT u. K. LUDWIG PFEIFFER (Hrsg.), Materialität der Kommunikation, Frankfurt a. M. 1988 (stw 750), S. 519–546.

Ders.: Auslegung des Alltags – Der Alltag der Auslegung. Zur wissenssoziologischen Konzeption einer sozialwissenschaftlichen Hermeneutik, Frankfurt a. M. 1989 (stw 785).

Ders.: Appräsentation und Repräsentation. Von der Wahrnehmung zur gesellschaftlichen Darstellung des Wahrzunehmenden, in: RAGOTZKY/WENZEL 1990, S. 41–63.

Ders.: Zur Soziologie des Symbols und des Rituals, in: JÜRGEN OELKERS u. KLAUS WEGENAST (Hrsg.), Das Symbol – Brücke des Verstehens, Stuttgart [u. a.] 1991, S. 63–81.

Ders.: Die Ordnung der Rituale. Die Auslegung des Alltags 2, Frankfurt a. M. ²1995 (stw 993).

STEVENS, SYLVIA: Family in Wolfram von Eschenbach's ›Willehalm‹: *mîner mâge triwe ist mir wol kuont*, New York [u. a.] 1997 (Studies on Themes and Motifs in Literature 18).

STROHSCHNEIDER, PETER: *nu sehent wie der singet!* Vom Hervortreten des Sängers im Minnesang, in: MÜLLER 1996a, S. 7–30.

STURM, DIETER (Hrsg.): Kultur und Kulturwissenschaft, Lüneburg 1991.

TENFELDE, KLAUS: Adventus: Die fürstliche Einholung als städtisches Fest, in: PAUL HUGGER (Hrsg.), Stadt und Fest. Zur Geschichte und Gegenwart europäischer Festkultur, Stuttgart 1987, S. 45–60.

THUM, BERND: Öffentlichkeit und Kommunikation im Mittelalter. Zur Herstellung von Öffentlichkeit im Bezugsfeld elementarer Kommunikationsformen im 13. Jahrhundert, in: RAGOTZKY/WENZEL 1990, S. 65–87.

TURNER, VICTOR: Das Ritual. Struktur und Antistruktur. Aus dem Engl. v. Sylvia M. Schomburg-Scherff. Mit einem Nachwort v. Eugene Rochberg-Halton, Frankfurt a. M. – New York 1989 (Theorie und Gesellschaft 10). [= 1989a]

Ders.: Vom Ritual zum Theater. Der Ernst des menschlichen Spiels. Aus dem Engl. v. Sylvia M. Schomburg-Scherff, Frankfurt a. M. – New York 1989. [= 1989b]

VANDERMEERSCH, PATRICK: Psychotherapeutische Rituale, in: BELLIGER/KRIEGER 1998, S. 435–447.

WACKERNAGEL, W. D.: [Art.] Ehering, in: HRG 1 (1971), Sp. 840–843.

WAHRIG, GERHARD: Deutsches Wörterbuch. Neu hrsg. v. RENATE WAHRIG-BURFEIND. Mit einem ,Lexikon der deutschen Sprachlehre', Gütersloh 1997.

WAPNEWSKI, PETER: Die Weisen aus dem Morgenland auf der Magdeburger Weihnacht. Zu Walther von der Vogelweide 19,5, in: HORST MELLER u. HANS-JOACHIM ZIMMERMANN (Hrsg.), Lebende Antike. Symposion für Rudolf Sühnel, Berlin 1967, S. 74–94.

WARNING, RAINER: Funktion und Struktur. Die Ambivalenzen des geistlichen Spiels, München 1974 (Theorie und Geschichte der Literatur und der schönen Künste 35).

Ders.: Hermeneutische Fallen beim Umgang mit dem geistlichen Spiel, in: WOLFGANG HARMS u. JAN-DIRK MÜLLER (Hrsg.), Mediävistische Komparatistik. Fs. für Franz Josef Worstbrock zum 60. Geburtstag, Stuttgart – Leipzig 1997, S. 29–40.

WENZEL, HORST: Zur Repräsentation von Herrschaft in mittelalterlichen Texten. Plädoyer für eine Literaturgeschichte der Herrschaftsbereiche und ihrer Institutionen, in: Ders. (Hrsg.), Adelsherrschaft und Literatur, Bern 1980 (Beiträge zur Älteren Deutschen Literaturgeschichte 6).

Ders.: Höfische Repräsentation. Zu den Anfängen der Höflichkeit, in: Soziale Welt, Sonderband 6: HANS-GEORG SOEFFNER (Hrsg.), Kultur und Alltag, Göttingen 1988, S. 105–119.

Ders.: Repräsentation und schöner Schein am Hof und in der höfischen Literatur, in: RAGOTZKY/WENZEL 1990, S. 171–208.

Ders.: Hören und Sehen, Schrift und Bild. Kultur und Gedächtnis im Mittelalter, München 1995 (C. H. Beck Kulturwissenschaft).

WERLEN, IWAR: Ritual und Sprache. Zum Verhältnis von Sprechen und Handeln in Ritualen, Tübingen 1984.

WHITE, HAYDEN: Auch Klio dichtet oder die Fiktion des Faktischen. Studien zur Tropologie des historischen Diskurses, Stuttgart 1986.

Ders.: Die Bedeutung der Form. Erzählstrukturen in der Geschichtsschreibung, Frankfurt a. M. 1990.

Ders.: Metahistory. Die historische Einbildungskraft im 19. Jahrhundert in Europa, Frankfurt a. M. 1991.

WINKELMANN, EDUARD: Philipp von Schwaben und Otto IV. von Braunschweig, 2 Bde., Leipzig 1873/1878 (Jahrbücher der deutschen Geschichte 19).

YOUNG, CHRISTOPHER: Narrativische Perspektiven in Wolframs ›Willehalm‹. Figuren, Erzähler, Sinngebungsprozeß, Tübingen 2000 (Untersuchungen zur deutschen Literaturgeschichte 104).

ZALLINGER, OTTO: Die Eheschließung im ›Nibelungenlied‹ und in der ›Gudrun‹, Wien – Leipzig 1928 (Sitzungsberichte d. Österreichischen Akademie d. Wissenschaften. Philos.-histor. Kl. 199/1).

Autoren- und Werkregister